WEBWRITING
e UX WRITING

BRUNO RODRIGUES

WEBWRITING e UX WRITING

Redação para a mídia digital

Editora Senac Rio – Rio de Janeiro – 2024

Webwriting e UX Writing: redação para a mídia digital © Bruno Rodrigues, 2024.

Direitos desta edição reservados ao Serviço Nacional de Aprendizagem Comercial – Administração Regional do Rio de Janeiro.

Vedada, nos termos da lei, a reprodução total ou parcial deste livro.

Senac RJ

Presidente do Conselho Regional
Antonio Florencio de Queiroz Junior

Diretor Regional
Sergio Arthur Ribeiro da Silva

Diretor de Operações Compartilhadas
Pedro Paulo Vieira de Mello Teixeira

Diretora Administrativo-financeira
Jussara Alvares Duarte

Assessor de Inovação e Produtos
Claudio Tangari

Gerente/Publisher: Daniele Paraiso
Coordenação editorial: Cláudia Amorim
Prospecção: Manuela Soares
Coordenação administrativa: Alessandra Almeida
Coordenação comercial: Alexandre Martins
Preparação de texto/copidesque/revisão de texto: Laize Oliveira
Projeto gráfico de capa e miolo: Priscila Barboza
Diagramação: Roberta Silva
Impressão: Imos Gráfica e Editora Ltda.
1ª edição: junho de 2024

Editora Senac Rio
Rua Pompeu Loureiro, 45/11º andar
Copacabana – Rio de Janeiro
CEP: 22061-000 – RJ
comercial.editora@rj.senac.br
editora@rj.senac.br
www.rj.senac.br/editora

CIP-BRASIL. CATALOGAÇÃO NA PUBLICAÇÃO
SINDICATO NACIONAL DOS EDITORES DE LIVROS, RJ

R611w

    Rodrigues, Bruno
        Webwriting e UX writing : redação para a mídia digital / Bruno Rodrigues. - 1.ed. - Rio de Janeiro : Ed. SENAC Rio, 2024.
        272 p. ; 23 cm.

        ISBN 978-85-7756-505-4

        1. Mídia digital. 2. Internet. 3. Redação técnica. 4. Sites da Web. I. Título.

24-89059   CDD: 004.678
                            CDU: 004.5:808.1

Gabriela Faray Ferreira Lopes - Bibliotecária - CRB-7/6643

A Marty Sklar, que me mostrou o caminho.

A Consuelo Sanchez, que me ensinou o real significado da frase "se der medo, vai com medo mesmo".

A Ana e Breno, que estão sempre comigo do início ao fim.

SUMÁRIO

PREFÁCIO	**13**
AGRADECIMENTOS	**17**
INTRODUÇÃO	**19**

PARTE 1 – WEBWRITING

1 PARA COMEÇAR	**23**
A experiência da escrita	23
Desmistificando a redação online: alguns esclarecimentos	23
Perguntas & respostas sobre Webwriting	24
Seus primeiros passos em Webwriting	25
Vale a pena ouvir os jornalistas mais velhos e experientes?	26
A "cozinha maravilhosa" do webwriter	28
Conselhos para os redatores	29

2 ALÉM DOS PRINCÍPIOS	**31**
Persuasão	31
Objetividade	32
Visibilidade	33
As camadas da "cebola"	35
Os elementos do texto	39
Outros formatos da informação	43

3 REDAÇÃO PARA ITENS ESPECÍFICOS	**49**
Uma atenção especial	49

8 WEBWRITING e UX WRITING

Conteúdos institucionais	49
Conteúdos sobre serviços	50
Conteúdos para "Fale conosco"	50
Conteúdos para a seção "Ajuda"	51
Conteúdos para a seção "Tutorial"	51

4 REDAÇÃO PARA INTRANETS   53

Como escrever para portais corporativos	53

5 REDAÇÃO PARA MÍDIAS SOCIAIS   57

O dom da palavra nas mídias sociais	57
Nas redes sociais, o relacionamento leva à informação	58
Nos microblogs, a informação leva ao relacionamento	58
Redação para microblogs	59
Redação para blogs corporativos	60
Entre site e rede social, escolha os dois	60
Site é lugar de informação fixa e estruturada	61
Rede social é lugar de informação flutuante e não estruturada	62

6 REDAÇÃO E JORNALISMO ONLINE   63

Jornalismo é redação ou apuração?	63
O que realmente é jornalismo online	64
No longo apocalipse do impresso, a permanência do editor	66

7 O MERCADO   69

Para lidar com a comunicação digital: somos todos pioneiros	69
Para lidar com a comunicação digital: três atributos indispensáveis	70
Para lidar com a comunicação digital: o que não merece – e o que merece – sua atenção	72
O que não merece sua atenção	72
O que merece sua atenção	73
Qual é o perfil do webwriter?	73
Como cobrar por trabalhos de Webwriting	75
Para enfrentar o cliente	76
O momento das propostas	77
Por que o redator não se recicla?	78
Todos podem escrever	80
(Ainda sobre) Todos podem escrever	81

| Somos todos vítimas do "achismo" | 82 |
| "Procura-se redator para a mídia digital" | 84 |

8 PENSANDO O CONTEÚDO — 87

O retorno da palavra	87
Seu conteúdo é uma célula	88
O conteúdo como produto	89
Ressuscite seu conteúdo	91
A verdadeira navegação intuitiva	93
Navegação intuitiva	94
Linguagem universal	94
Somos responsáveis pelo conteúdo	95
O usuário é o rei	96
Como conhecer o usuário	97
A linguagem na web	99
Site, portal, minisite e hotsite	101
A palavra, coadjuvante na web	103

9 MARKETING DE CONTEÚDO — 105

Cuidar da informação é fortalecer o relacionamento	105
Novos – e promissores – tempos	106
Faça seu conteúdo valer	108
A utilidade do conteúdo	110
Conhecendo seus públicos	118
Ainda sobre conhecer seus públicos	120
Público curioso, público exigente	122

10 CONHECIMENTOS ADJACENTES — 125

Sobre arquitetura da informação	125
Arquitetura da informação: como preparar seu site para crescer?	127
Usabilidade	128
SEO e Webwriting	129
Acessibilidade digital	131
Direito digital	132

11 ALERTA! — 133

| Confiamos demais na tecnologia? | 133 |

10 WEBWRITING e UX WRITING

PARTE 2 – UX WRITING

12 ADMIRÁVEL MUNDO NOVO (DE NOVO) — 139

Como pedaços de informação	140
Visto (e lido) em tela pequena	141
A microrredação como solução	141
Menos conversa, mais ação	142
Dos apps aos chatbots	142
Quando o foco é a orientação	143
Sobre a missão do UX writer	144
Em busca da palavra exata	145
A promessa do prazer	146
Modelo mental, do coletivo ao individual	147
Um ciclo de mudanças	147
Informação e conhecimento	148
À procura de acertos	150
Para ir além do assunto	150

13 SOBRE USUÁRIO, USO E UTILIDADE — 155

Sobre ser útil	156
Parâmetros de uso	157
No formato de UX Writing	160
Para ir além do assunto	160

14 O DESAFIO DAS INTERFACES — 163

O que é interface	163
A interface física	164
A interface virtual	164
Interface e conteúdo textual	164
A dura missão do design	165
No formato de UX Writing	166
Para ir além do assunto	167

15 A MISSÃO DA USABILIDADE — 171

A busca por padrões e convenções	171
O possível e o ideal	172
Aplicando testes	173

Sumário • 11

No formato de UX Writing 175
Para ir além do assunto 176

16 A REVOLUÇÃO DO CONTEÚDO DIGITAL 181

Sobre o universo da informação 182
Conteúdo e expectativa 184
No formato de UX Writing 185
Para ir além do assunto 187

17 A LEITURA E A TELA 191

A indexação para o olhar 192
O surgimento dos buscadores 192
No formato de UX Writing 193
Para ir além do assunto 194

18 O ELO PERDIDO DA INTERFACE MÓVEL 199

Dimensões dos aparelhos 199
Estímulos audiovisuais 200
Formato do conteúdo 200
No formato de UX Writing 201

19 PROFUNDO OU SUPERFICIAL? 203

No formato de UX Writing 204
Para ir além do assunto 205

20 SOBRE O "T" DE CONTEÚDO 209

No formato de UX Writing 211
Para ir além do assunto 212

21 O CONTEÚDO NA INTERFACE MÓVEL 217

Títulos 218
Textos 218
Fotografia e ilustração 219
Áudio e vídeo 219
No formato de UX Writing 221

12 WEBWRITING e UX WRITING

22 A PALAVRA COMO ORIENTAÇÃO — 225

No formato de UX Writing — 227

23 OS PRINCÍPIOS DO UX WRITING: SEMÂNTICA — 229

No formato de UX Writing — 230

Para ir além do assunto — 231

24 OS PRINCÍPIOS DO UX WRITING: MICRORREDAÇÃO — 235

No formato de UX Writing — 236

25 OS PRINCÍPIOS DO UX WRITING: ARQUITETURA DA INFORMAÇÃO — 237

No formato de UX Writing — 239

Para ir além do assunto — 240

26 OS CAMINHOS DO UX WRITING — 243

27 COM A MÃO NA MASSA: GENTE QUE FAZ O UX WRITING ACONTECER — 245

28 A PALAVRA COMO DESPEDIDA — 261

CONSIDERAÇÕES FINAIS — 263

POSFÁCIO — 267

REFERÊNCIAS — 270

PREFÁCIO

Atualmente, vivemos em tempos de grandes fluxos de dados e pouca contextualização. Por isso, saúdo a orientação didática aqui passada com envolvimento, compromisso e conhecimento de causa sobre a escrita de qualidade atemporal em telas digitais.

Esta obra é uma importante iniciativa de uma autoridade no assunto. Por autoridade, entende-se sua forma mais legítima – pela prática constante, com reflexão, visão crítica e permanente pesquisa em busca de aprimoramento. Bruno Rodrigues vem dedicando-se por três décadas a observar, testar, ensinar e continuar pesquisando a respeito da comunicação em plataformas digitais.

É preciso mesmo saudar quem se dispõe a oferecer boias, grandes e confortáveis, aos que estão lançados nas águas caudalosas da internet. Saudemos, então, os responsáveis pela produção de conteúdo, seja ele jornalístico, publicitário, didático, ou o que for que ainda não tenha nome.

Com leveza e humor, Bruno mostra como a palavra continua vital em meio à potência do design e da multimidialidade. É a palavra que direciona, mergulha e nada de braçada na nova estrutura de tempo e espaço que caracteriza os ditames das plataformas digitais.

Em *Webwriting e UX Writing: redação para a mídia digital*, o leitor é convidado a conversar a respeito de aspectos práticos da comunicação textual contemporânea. Com um estilo leve e coloquial, típico de quem está muito à vontade porque conhece bem o tema, Bruno Rodrigues, esse generoso professor de UX Writing, descreve a ininterrupta evolução de seu campo de conhecimento, sem esquecer de manter presentes fundamentos conceituais bem anteriores à era da computação.

Uma tendência de caráter mercadológico valoriza primordialmente o inédito (categoria discutível). Anunciam-se as novidades mais recentes, as técnicas de persuasão mais eficazes, muitas vezes deixando de lado o que nos atende em profundidade. Não me refiro a academicismos, mas a abordagens precisas e adequadas que nos fazem compreender coisas que vão longe na nossa condição de seres holísticos sencientes. O que queremos na condição de seres humanos? O que desenvolver para que recursos e ferramentas estejam sempre a serviço, da melhor maneira possível, de conforto, paz e uma compreensão que equilibre necessidades fundamentais de conhecimento? Bruno fala de linguagens e suas representações – elementos constituintes do que entendemos como universo referencial de informações, crenças e valores, em meio às conversas redigidas em plataformas digitais.

As muitas informações técnicas que surgem depois de reflexão e pesquisa são preciosas, mas não invalidam bases sólidas que venham referendadas do passado, em especial as que provêm do pensamento filosófico. Pelo contrário, é nos valores éticos e morais de origem filosófica que estarão ancoradas as raízes que mantêm a segurança do direcionamento correto das tecnologias que se renovam e, aliás, permanecerão se renovando cada vez em maior velocidade.

Seguirei um conselho do autor: deixar a objetividade para o próprio conteúdo e buscar aqui um tom que inspire nosso leitor. Vamos nos aventurar em trazer a filosofia para dentro de assuntos caros a Bruno – estilos de narrativa, dados, informação e conhecimento.

Na obra *A República*, Platão eterniza pensamentos de Sócrates abordando temas que ainda se mantêm polêmicos por girarem em torno de grandes questões humanas, como a perenidade do espírito, a verdadeira sabedoria e o exercício do poder. Com a maiêutica (sistema de perguntas e respostas para o exame crítico de um assunto), Sócrates aborda o desafio de codificar e decodificar linguagens para sermos claros em nossa comunicação.

Escrito entre 380 e 370 a.C., *A República* inclui reflexões, mitos, histórias e parábolas, recursos comumente utilizados pelos gregos para explicar fatos e fenômenos da natureza por meio da palavra. Essas ferramentas estão presentes ainda hoje nos processos de produção de qualquer redator de UX Writing.

Entre as histórias contadas por Sócrates e reproduzidas por Platão está "o mito de Er", um guerreiro que sucumbe, volta da morte e relata o que viu. Er descreve como é o conjunto de ações e escolhas passadas que definem a continuidade da existência das almas.

Essa exigência da escolha de caminhos, abordagens e palavras nos persegue todo o tempo, no passado e na contemporaneidade, ao produzir conteúdo. Simples assim, as escolhas sempre determinam o resultado de tudo que nos envolve. Para minimizar falhas, quem tem mais consciência dessa realidade procura o que pode auxiliar em decisões de toda natureza. Sistemas de busca eficazes estão na ordem do dia digital sem terem saído das prioridades humanas desde o princípio dos tempos.

No relato de Platão (replicando Sócrates), a complexidade de tantas e tão diferentes individualidades percebidas por Er na existência dos indivíduos dá margem a incontáveis circunstâncias vivenciais para o aperfeiçoamento espiritual. Pouco mudou. Há uma quase infinidade de modos de viver, pensar, existir. E não sabemos *a priori* qual é a melhor resposta para as dúvidas de momento de cada ser humano. O redator, como Bruno bem chama atenção, é um profissional da edição: instância da decisão do corte, do destaque, do descarte, da forma como se organiza o conteúdo. É o que o redator/editor faz. Ininterruptamente. Precisa seguir em frente, sem *deadline*, como funciona a internet, caminhando e decidindo, trocando pneus com o carro em movimento.

No momento em que a chamada "inteligência artificial" entra em cena, surgem pressupostos de facilitação, modelos referenciais para se chegar a algo perfeitamente compatível com a expectativa de resultados do usuário. São então instaladas imensas quantidades de dados em circuitos programados com sistemas de probabilidade. Com isso, não estamos pressupondo que eles tenham o dever de identificar modelos perfeitos? Que protótipos merecem essa qualificação? Aonde esse sistema "organizador", substitutivo turbinado que pretende acelerar a capacidade decisória humana, quer chegar, em meio a uma correnteza de informações permanentemente alimentada?

Para Sócrates, vivíamos em um mundo imperfeito que reproduzia o mundo das ideias, esse, sim, perfeito. Bruno Rodrigues não estabelece um modelo ideal congelado. Em *Webwriting e UX Writing: redação para a mídia digital,* o autor incentiva o socrático questionamento maiêutico (com perguntas e respostas) para que mergulhos na técnica e na intuição incentivem a busca do que pode ser ideal para cada ocasião. Contempla todos, colaborando para uma escrita consciente, em fluxo.

Voltando ao nosso guerreiro, Er diz ter visto que uma providência comum a todos os espíritos é imposta quando estes estão prestes a reencarnar: beber das águas do rio do esquecimento, o Lethe. Algo semelhante ao processo de reiniciar programas que acusam erros de execução nos computadores e quando voltam a rodar começam do quase zero...

No entanto, havia também um outro rio, destinado aos que poderiam cultivar uma consciência mais clara, o Mnemósine, o rio da memória, lugar mítico dos grandes arquivos de dados. Lethe significa literalmente esquecimento, ou ocultação, e dá origem à palavra grega para seu oposto, aletheia: verdade, desesquecimento ou desocultação.

A internet é um rio caudaloso onde nadam verdades e ocultações. O que tem valor e está sujeito a ser ou ter sido esquecido coexiste com novos dados, que chegam sem parar. Como hierarquizar o que interessa para quem vem pescar conhecimento de qualidade, buscando o verdadeiro aperfeiçoamento? Como facilitar a escrita de quem deseja a clareza da mensagem para se comunicar?

A construção do saber continua sendo um desafio para o ser humano. O profissional da comunicação vive navegando na correnteza, no fluxo de uma memória coletiva, em um caudal de informações, cada vez mais acessível a tantos pelas plataformas digitais.

Ainda recorrendo à imorredoura mitologia, sigamos um fio para sair do Labirinto: o da internet, a *world wide web*, rede que tanto captura quanto constrói. A web (rede, em inglês) recebeu esse nome por analogia a estruturas preexistentes na natureza, todas ligadas à sobrevivência de muitas espécies, como aranhas e bichos-da-seda. As raízes sempre vêm da natureza, e as tecnologias nos levam a sempre a consultá-la outra e outra vez...

Mais do que escrever um manual técnico a respeito do texto para a internet, Bruno Rodrigues oferece boias e faróis para o produtor de conteúdo. Veste a camiseta do salva-vidas para evitar afogamentos nesse rio amazônico de fios, possibilidades, dados, informações textuais e abordagens semióticas multimídia, além de direcionar a percepção do profissional que abraça a causa da clareza. Um guerreiro contemporâneo na batalha pela melhor escrita digital.

Boa leitura!

Cristina Rego Monteiro

Jornalista, doutora em Comunicação e Cultura, professora do Departamento de Expressão e Linguagens e do Programa de Pós-graduação em Mídias Criativas da Escola de Comunicação da Universidade Federal do Rio de Janeiro (ECO/UFRJ)

AGRADECIMENTOS

A quem iluminou cada degrau da escadaria em meus 30 anos de Comunicação Digital. Agradeço especialmente a Ana Canêdo; André Miceli; Denise Pilar; Edu Agni; Fernanda Hoffmann Lobato; Fernando Vilela, o FerVil; Fred Amstel; Geraldo Mainenti; Gilberto Braga; Guilherme Marques; Gustavo Barbosa; Horácio Soares; João Batista Ferri de Oliveira; Leandro Souza; Luiz Agner; Manuela Quaresma; Marcio Christ; Marco Pace; Mario Cavalcanti; Nino Carvalho; Patrícia Fraga; Renato "Minas" Buiati; Renato Kimura; Tamires Serra; Tiago Baeta; Vera Íris Paternostro; Vicente Tardin.

INTRODUÇÃO

Webwriting e UX Writing: redação para a mídia digital é o resultado de três décadas de trabalho e estudo do autor na área de inovação em escrita online. A obra, pensada para ser uma fonte abrangente de conhecimento sobre como criar conteúdo eficaz para a internet, divide-se em duas partes: a primeira com foco na escrita para o meio digital e a segunda, na experiência do usuário. Juntas, formam um material essencial para profissionais que buscam desenvolver ou aprimorar os talentos no campo da redação digital.

Em Webwriting, além de promover uma exploração da experiência da escrita digital, o livro discorre sobre os mitos no campo da redação online. Em uma narrativa clara e didática, os iniciantes na área poderão encontrar um passo a passo que destaca a importância de combinar texto, design e tecnologia de forma harmoniosa. Temas como persuasão, objetividade e visibilidade na mídia online, fundamentais para engajar o visitante e facilitar a navegação, também serão abordados. O leitor também será capaz de identificar como ocorre a distribuição da informação em um site, de modo a tornar possível estruturar o conteúdo em camadas — da apresentação ao detalhamento — para atender às necessidades do usuário. A primeira parte ressalta, ainda, a importância de temas como arquitetura da informação, usabilidade, SEO e acessibilidade digital, elementos essenciais para a criação de um conteúdo de sucesso.

A segunda parte do livro mergulha no universo que representa a evolução natural do Webwriting. Em UX Writing, é explicado o papel da escrita na criação de experiências de usuário positivas e o poder das palavras, que guiam e influenciam a interação do visitante em interfaces digitais. Também são apresentados os princípios básicos do UX Writing e aspectos mais complexos, como a microrredação e seu olhar atento à semântica e à escolha de termos que ressoem com diferentes públicos.

Ao longo de todo o livro, é reafirmada a importância de conhecer o usuário e de se elaborar conteúdo intuitivo e acessível que antecipe e responda às necessidades deste. Vai-se adiante, até: discute-se como o conteúdo digital pode – e deve – ser adaptado a diferentes plataformas, especialmente em ambientes móveis, em que a clareza e a concisão são ainda mais vitais.

Webwriting e UX Writing: redação para a mídia digital fornece uma base teórica sólida bem como insights práticos para redatores digitais, incluindo como lidar com clientes, cobrar por trabalhos e manter-se atualizado em um campo que evolui rapidamente. Por fim, a obra enfatiza a importância da reciclagem e do aprendizado contínuo para o profissional se adaptar às mudanças tecnológicas e às novas expectativas dos públicos. Que este livro seja, então, não apenas um guia, mas um companheiro de jornada na estrada de seu crescimento profissional. Boa leitura!

Parte 1
WEBWRITING

1 PARA COMEÇAR

A experiência da escrita

Nada em redação para a web irá ensiná-lo a escrever para a mídia digital. A escrita é uma atividade que deve ser desenvolvida diariamente, desde o colégio, e amadurecida ao longo de anos de tentativas e erros, a partir da experiência de um trabalho constante e de muita leitura.

A tarefa que recai sobre a redação para a web é ao mesmo tempo complexa e fascinante. Cabe a ela aliar texto, design e tecnologia e tratá-los como um componente único – a informação.

No universo do conteúdo para a web ainda há muito por vir. Ao chegar à última linha deste livro, não pense que já conhece o necessário. Continue estudando.

Desmistificando a redação online: alguns esclarecimentos

O estudo do texto para a mídia digital surgiu com a própria web. No entanto, ainda hoje é preciso esclarecer questões importantes sobre redação online para tornar esta tarefa tão útil quanto prazerosa.

Inclusive, um desses grandes questionamentos é: **redação para a web é diferente de redação para a mídia impressa?** Sim, são exercícios de escrita distintos, contudo, é preciso entender que o que as difere não são os princípios inéditos, revolucionários ou diversos das outras mídias. Afinal, um texto bem escrito é reconhecido pelo leitor em qualquer veículo, seja ele jornal, revista, rádio ou tv.

Da mesma forma acontece na web. Conceitos estabelecidos há décadas, como clareza, abrangência e credibilidade, também servem como norte na elaboração de um bom texto para a mídia digital.

Quais são as diferenças, então?

Multimídia é o termo criado para definir a junção de várias mídias num único ambiente. Esse conceito explica bastante a necessidade que o texto online tem de ir além, por exemplo, do que se produz na mídia impressa.

O texto de um site é, antes de tudo, parte de uma grande imagem na tela de um computador. Ou seja, é uma representação imagética complexa que, na maioria das vezes, inclui outros elementos, a começar pelo próprio menu principal, bem como ícones e banners, por exemplo – e todos sob a ameaça constante da dispersão do usuário. E se na tela o texto é imagem, ele precisa se sobressair o mais rápido possível. Para tal, é necessário levar em conta princípios agressivos de design.

Além disso, em um ambiente multimídia, o texto é uma entre as várias maneiras de dar acesso à informação. Não apenas foto e ilustração, mas áudio, vídeo e infográfico estão juntos em um mesmo local, cada um a sua maneira, servindo como pontos de acesso a um universo ilimitado de informações.

Nesta equação, o texto tem peso dois: leva vantagem porque os testes comprovam que os visitantes de sites preferem as informações básicas em formato de texto. Mas é preciso caprichar – os outros formatos estão bem ao lado, estimulando a continuidade da navegação.

Perceber o texto como um entre diversos formatos da informação para a mídia digital é a lição inicial. Além disso, é fundamental para entender a necessidade dos visitantes de sites web.

Perguntas & respostas sobre Webwriting

O que é Webwriting?

É o conjunto de técnicas que auxiliam na distribuição de conteúdo informativo em ambientes digitais.

Webwriting é a mesma coisa que jornalismo online?

Não. O jornalismo online é um dos ramos de atuação do Webwriting. Em geral, a produção de material noticioso online é feita por veículos de imprensa que também produzem materiais para internet.

Quem criou o Webwriting?

Ao falar sobre os primórdios dos estudos sobre Webwriting é imprescindível citar o nome de Jakob Nielsen. O cientista deu sua grande contribuição para o desenvolvimento do Webwriting ao criar métodos de usabilidade que são aplicados atualmente. Em março de 1997, Nielsen publicou em seu site – www.useit.com – o resultado da aplicação de testes voltados para o comportamento do texto no ambiente online. Assim, pôde provar que o usuário exige uma boa formatação de texto para a web e chamou a atenção para a necessidade de estudo e dedicação à área da informação digital.

Quem é referência em Webwriting?

Quando o assunto é Webwriting, o professor Crawford Kilian, autor do livro *Writing for the Web*, lançado em 1998, é outro nome de peso. Considerado o "norte" do Webwriting, por mais de duas décadas, ele desenvolveu estudos sobre interação homem-computador. Graças à sua experiência anterior em rádio e em assessoria de imprensa – Kilian começou a pesquisar comunicação digital após os 50 anos de idade –, o americano radicado no Canadá pôde mesclar com sucesso sua experiência em outras mídias com as peculiaridades do ambiente digital, criando uma obra essencial para se entender a escrita para meios digitais.

Seus primeiros passos em Webwriting

Você é um jornalista recém-formado e foi convidado por uma agência digital a concorrer a uma vaga de webwriter. Ótimo, maravilhoso, meus parabéns! Uma pergunta, porém, teima em martelar em sua cabeça, por mais que você se sinta extremamente envergonhado: "meu Deus, como se faz Webwriting?"

Agora você é a ovelha desgarrada da família. Seu pai, editor de economia de um grande jornal, e seu avô, redator publicitário em priscas eras, nem vão acreditar.

Arrasado, você chega em casa, mas decide dividir suas agruras. Seu pai se solidariza com tanta tristeza, liga para os amigos, mas ninguém sabe por onde começar.

Descobre-se, então, que Webwriting é uma atividade tão obscura para você quanto para os próprios redatores online. Então, você se recusa a escutar sugestões vazias, como "siga sua intuição".

Envolto em fumaça de cachimbo, seu avô parece querer se manifestar. O que um redator de reclames de décadas atrás teria a acrescentar?

Com a voz pausada de sempre, ele dispara:

– Meu querido, quando se tem um espaço reduzido, escreve-se pouco e objetivamente. E tenta-se ser o mais persuasivo possível. Tenho certeza de que a sua internet teria muito a aprender com as páginas de propaganda das revistas dos anos 1950.

Você teria ficado paralisado no sofá, não fosse o horário da entrevista...

Vale a pena ouvir os jornalistas mais velhos e experientes?

Já ouviu falar na síndrome do século XX? Sofremos desta doença aparentemente incurável desde as primeiras décadas do século passado. São dois os sintomas: a intolerância implacável das novas tecnologias com as anteriores e o pânico das antigas gerações com a chegada de novidades.

O surgimento da televisão era o atestado de óbito do cinema, e nada podia ser feito. Depois, sabemos o que aconteceu. Veio o videocassete, que iria superar o cinema em pouco tempo e desbancar as redes de televisão. Era a ordem natural das coisas.

Com a chegada da web, o papel – e, por consequência, o livro impresso – é que estaria totalmente ultrapassado. E como continuação dos avanços iniciados com a televisão, a rede seria o apocalipse das salas de cinema, da própria tv e do então recém-nascido dvd. Era a vitória da "nova tecnologia", portanto.

Tanta intolerância traz a reboque, também, um preconceito. Evidencia-se a ideia de que os profissionais que atuam em mídias ditas ultrapassadas devem ficar na poeira da história.

Como trabalho com web desde o seu início, sempre percebi o incômodo dos novos jornalistas com os profissionais de outras épocas. O motivo é lamentável. Como a primeira mídia a exigir do profissional um conhecimento muito maior da tecnologia que a movimenta, a web criou um aparente abismo entre a geração que cresceu absorvendo tecnologia e a que se desenvolveu profissionalmente passando ao largo da questão.

Sou de uma geração intermediária, e por isso observo os dois lados com tristeza. Assisti às redações serem invadidas pela "garotada" que dominava a tecnologia – e que achava que isso era uma grande vantagem, mas pouco sabia de jornalismo. Também testemunhei a migração de vários profissionais experientes rumo aos novos "veículos online".

O mercado foi cruel. De início, claro, os jovens se sobressaíram. Com a vantagem da tecnologia, eles tinham o perfil ideal para o novo momento. Entretanto, os profissionais veteranos, sábios, logo procuraram saber o que precisavam aprender com a "mídia emergente". Havia, de fato, algo novo, e era o surgimento do jornalismo online. Mas os jornalistas recém-chegados, detentores das chaves do reino – apesar de não terem preparo teórico ou prático para se dedicarem ao assunto, com raríssimas exceções – assumiram o comando. Assim, os demais profissionais não encontraram espaço. Decepcionados, retornaram à "mídia tradicional".

Não procure um culpado. Até porque, poucos anos depois, a experiência dos profissionais da antiga mostrou-se mais eficaz – e mais lucrativa. Os jornalistas experientes reingressaram na mídia online; foi apenas uma questão de tempo. Casou-se prática com tecnologia, e chegamos à web mais madura, com que convivemos e trabalhamos.

Desde a época de estágio até hoje, em meu dia a dia de trabalho, aprendi a admirar os profissionais anteriores a mim. Nem mesmo quando o computador começou a chegar às empresas, nos anos 1980, enxerguei o domínio de tecnologia como um diferencial – faz-se um curso, aprende-se e retorna-se ao trabalho.

O "papa" da redação online, Crawford Kilian é a prova de que a internet nunca foi nem será uma revolução, mas uma evolução. Apesar de não ser um jovem imberbe, seu nome ganhou destaque ao levar para a mídia digital a bagagem de décadas de experiência em outras mídias. Ele mostrou o que sabia, observou o que havia de novo na rede e virou referência. Nada mais natural.

Sigo os passos de Crawford Kilian e muitos estranham que, nos treinamentos que ministro, raramente uso o computador. "Como é possível um curso de Webwriting sem acesso à internet?" Eu aplico o que a tradição me ensinou: estude os conceitos, valorize a experiência, observe o novo e trabalhe.

Uma dica para os novatos: muitas das conquistas da área da comunicação social no Brasil foram alcançadas graças à interseção entre "velho" e "novo". Quem construiu esta ponte fomos nós, os profissionais, mais ninguém. Portanto, vale a pena olhar para frente de mãos dadas com quem veio antes. O resultado será melhor para todos, acredite – inclusive para os que estão por vir.

A "cozinha maravilhosa" do webwriter

Pronto para escrever seu primeiro texto para a mídia digital? Então anote uma receita de Webwriting infalível, que agradará em cheio seus "convidados", ou seja, seus leitores.

Procure por uma panela alta e larga – dependendo da sua quilometragem em comunicação, o conteúdo irá enchê-la até a borda. Primeiro, despeje na panela toda sua experiência em jornais diários e revistas semanais – lembre-se de não deixar nada na lata. Em seguida, parta sua experiência em textos publicitários em pequenos cubos e jogue-os na panela, lembrando-se de misturar o conteúdo continuamente.

Sabe aquele saquinho de matérias para rádio, que está na sua despensa há alguns meses e você não sabia como aproveitá-lo? Pois bem, acrescente mais esta experiência à panela. Para finalizar, coloque duas colheres de fermento de releases que você guardou da sua época de assessoria de imprensa. Misture a massa durante dez ou vinte minutos. Você notará que, no fundo da panela, irá se formar uma calda. Agora, congele a massa... e sirva a calda!

Voilà! A calda, *mon ami*, é o ponto principal dessa história. O resultado do mix de experiência que você adquiriu durante a sua vida profissional é a matéria-prima para um bom texto para a web. Boa parte dos webwriters traz uma vivência bastante diversificada em comunicação – muitos vêm do jornalismo diário, mas têm experiência em assessoria de imprensa; outros são redatores publicitários com prática em textos para house-organs, e por aí vai.

Mas, afinal, por que você precisa deste caldeirão borbulhante para escrever para a internet? Primeiro, porque Webwriting não é uma linguagem jornalística ou publicitária – é um misto das duas, por isso a necessidade desse *tour* pelo universo do texto. Depois, porque para embarcar nesta viagem é preciso um razoável domínio de redação.

O webwriter que todas as agências digitais desejam é aquele que já tem, no sangue, experiência com a escrita. Só assim ele poderá se dedicar ao melhor da profissão, o "brincar" com o texto. Em outras palavras, dedicar-se a ser criativo ao redigir um texto para a web, seja ele para uma página institucional de uma pequena empresa ou para uma grande multinacional voltada para o comércio eletrônico.

É claro que você pode incrementar sua "calda" de Webwriting com alguns "confeitos" bem interessantes... Afinal, essa receita não é nenhum segredo de Estado, e seus "convidados", com certeza, irão querer o melhor que você pode oferecer. Quais são estes "confeitos"? Bem, *mon cher*, é só continuar a ler este livro.

Conselhos para os redatores

Há muito tempo, fiz amizade com um jornalista inglês chamado Steve Giliardt. Como ainda eram os primeiros dias da redação para a web, trocávamos impressões não apenas sobre a nova mídia, mas sobre o trabalho do redator, em geral.

Ambos, eu e Giliardt, já trabalhávamos com web. Por isso, pudemos perceber que uma coisa não havia mudado com a chegada dos novos tempos: a pouca valorização que os redatores davam ao próprio trabalho.

Também notei, de imediato, que esse não era um problema brasileiro ou inglês. Pela quantidade de participantes que se manifestaram, o ego do redator era baixo no mundo inteiro.

Muitos anos se passaram, e eu ainda vejo muitos redatores "vendendo texto"; como eu costumo dizer, se oferecendo quase como um "faz-tudo" da redação. É claro que o grande problema não é oferecer o trabalho de redação – esse é o nosso ganha-pão –, mas sim a *forma* como nos mostramos no mercado.

2 ALÉM DOS PRINCÍPIOS

Há questões que envolvem a produção de conteúdo para sites que podem parecer subjetivas, mas tornam-se práticas e bem concretas desde que se olhe para a informação com a atenção necessária. Desse modo, antes de iniciar a elaboração de textos para a web, leve sempre em consideração **os princípios do Webwriting.**

Persuasão

A persuasão é o primeiro dos princípios a serem observados. Para o pescador, é uma técnica simples: basta colocar uma isca no anzol e ficar em silêncio na beira do rio até que o peixe morda a isca – e ponto-final.

Na web, fisgar o usuário é uma tarefa que merece muito mais cuidado e atenção. Não há nada mais precioso e eficaz do que um discurso bem amarrado em argumentos sólidos. Vale, literalmente, o que está escrito.

Para executar a tarefa de atrair o usuário, é importante perceber que está na mão do redator boa parte da responsabilidade de fazer com que os usuários acessem um site. Não importa a informação a ser apresentada. Seja uma notícia em tempo real, um serviço de utilidade inquestionável ou um texto institucional esclarecedor, é o redator web quem precisa criar interesse ao que está sendo apresentado e tornar clara a informação.

Por isso:

- Dê total atenção ao que é produzido. Trate com enorme importância a informação que está sendo oferecida.
- Disponibilize dados completos e aborde todos os aspectos possíveis sobre o tema. A ideia é esgotar todas as possibilidades.
- Garanta que o visitante se sinta bem atendido e ele sempre voltará, pois estará clara a atenção que os redatores do site têm com a informação.
- Entenda as sensações e expectativas de seu usuário.

Se você o está encaminhando para a oferta de um serviço, fale da praticidade de estar consultando via internet; se forem informações difíceis de encontrar em outras mídias, valorize-as. Deixe a objetividade para o próprio conteúdo: no bom discurso web, o tom emocional é que cativa e cria o visitante fiel.

Explicite os benefícios

Por que consultar informações e utilizar serviços via internet? Muitas vezes, a praticidade destas tarefas não fica tão clara ao longo de um site, e muito se perde em persuasão. É preciso que o usuário seja constantemente lembrado das vantagens do ambiente virtual.

O acesso imediato, o conforto indiscutível, a atualização constante, a abrangência das informações oferecidas e a rapidez no contato são os principais benefícios que merecem ser repetidos sempre que possível.

Peça retorno

O que fortalece o conteúdo de um site é o retorno do usuário, seja por meio de uma pesquisa, contato pelo Fale Conosco ou mensagem em perfis nas redes sociais.

A internet reavivou o contato do usuário com as instituições, e por isso deve-se estimular a cada instante a opinião do usuário. É ele o termômetro de informações e serviços que você disponibiliza.

A partir da interação constante com o visitante e das adaptações realizadas no conteúdo, sempre que necessário, é que se constrói o sucesso de um site – e de toda a presença digital de uma marca.

Objetividade

Um outro princípio importante em Webwriting é a objetividade. Ir direto ao ponto, fornecer a informação sem rodeios – isso é objetividade. Na web, contudo, o conceito de objetividade vai além e abrange o atendimento às expectativas do usuário. "Será que as informações estão completas?", "Faltaria algum aspecto a abordar?", "Há dados em excesso?"

É comum o redator, ao estruturar o conteúdo, deparar-se com estas questões, comuns ao universo da informação das outras mídias. Esses questionamentos são extremamente importantes no ambiente virtual.

Lembre-se de que a web é um enorme, imenso arquivo. Tudo o que o visitante busca é acesso à informação.

A ajuda fundamental que o redator web pode oferecer ao usuário é fechar o cerco aos aspectos da informação que ele deseja e dar-lhe exatamente o que precisa – sem ruído, sem lacuna, sem sobra.

Mais que auxiliar o usuário a encontrar o que procura, a função do redator web é lapidar a informação, oferecendo apenas os aspectos de real interesse e descartando o que não tem funcionalidade.

Por exemplo, ao elaborar um texto, uma forma bem simples de ser objetivo na informação que se pretende passar e facilitar sua leitura é lidar com uma ideia em cada parágrafo.

Se a ideia desenvolvida torná-lo extenso em demasia, desdobre-a e transforme o parágrafo em dois. Você verá como a leitura fica muito mais agradável.

Ler textos em uma tela é como fixar o olhar em uma lâmpada, ainda que com uma luz tênue, durante um tempo prolongado. É função do redator auxiliar na leitura tranquila dos textos, que é cansativa para o usuário, por mais que ele não perceba de imediato.

Visibilidade

A visibilidade é um princípio que merece bastante destaque. Imaginar um site como uma loja é a melhor maneira de ressaltar a importância da visibilidade das informações nas páginas web.

O visitante espera ser seduzido ao ser apresentado a um site, assim como o consumidor deve ser atraído por uma boa vitrine.

E, em uma loja, uma vitrine deve ser bem montada, para que o possível cliente identifique com facilidade o produto que chamou sua atenção, e visualize rapidamente o preço. Tudo exposto em um ambiente visualmente agradável que o faça desviar de seu caminho e entrar na loja para – de preferência – comprar.

A ideia de que seu conteúdo é um produto, e o usuário, um possível cliente, modifica a relação do redator web com seu trabalho. Ou seja, a visibilidade é importante ainda que as informações elaboradas em seu site sejam institucionais ou para serviços, e não relacionadas a algo, de fato, vendável.

O que colocar na vitrine, então? Somente os lançamentos? Ou também o que precisa ser vendido?

Todo conteúdo tem um ciclo de vida. Assim como um produto, ele é lançado com destaque, depois é amplamente divulgado durante um período para, após algum tempo fora da vitrine, retornar, muitas vezes para uma grande liquidação.

É natural que o redator web dê destaque a uma informação recém-inserida em um site no momento do seu "lançamento". Assim como ele sabe que a chamada para o conteúdo deve permanecer o tempo necessário na primeira página para que sua entrada seja vista pelo maior número possível de visitantes.

Mas, e depois?

É preciso destacar o que não é mais novidade. Embora todo site seja um "arquivo de informações", a ideia não pode ser levada ao pé da letra. O risco de se transformar em um cemitério de informações é grande.

Por isso, após um tempo fora da zona de destaque, é preciso que uma informação readquira a relevância e retorne à primeira página do site.

Muitos são os conteúdos esquecidos nos sites, porque o redator não percebe que há postagens interessantes – e úteis – ao longo das páginas.

As notícias, por exemplo, recebem destaque durante algum tempo. Entretanto, lidar com o conteúdo de um site como se tudo fosse material noticioso é uma característica da mídia impressa que não se aplica ao ambiente virtual.

O redator web corre o risco de deixar de "vender" informação se não perceber que, periodicamente, cada um de seus conteúdos precisa recuperar o destaque na primeira página. Isso vale tanto para conteúdo institucional quanto para serviço.

Ainda assim, é possível trabalhar para tornar visíveis as informações de um site sem contar apenas com o revezamento de chamadas na primeira página.

Um portal pode se apoiar em uma bem-estruturada organização hierárquica da informação. Desse modo, o usuário, por meio de elementos como o menu principal, consegue prever intuitivamente o conteúdo que está adiante.

Tornar visíveis as informações de um site, na primeira página ou além, é uma tarefa minuciosa e fundamental. É a função da Arquitetura da Informação (AI).

Com a arquitetura da informação – assunto que veremos adiante –, um site é estruturado editorialmente. Além disso, ela possibilita que as informações se tornem mais visíveis, mesmo aquelas presentes nas camadas mais profundas.

As camadas da "cebola"

Sobre a distribuição da informação em um site

O comportamento do texto online difere ao longo de um site. É um engano achar, por exemplo, que todos os conteúdos para a web precisam ser curtos para funcionar – depende do nível, da profundidade em que eles estão.

Para começar a perceber estas diferenças e saber aplicá-las quando necessário, nada melhor que a imagem de uma cebola. Ela é a metáfora perfeita para demonstrar como os níveis de um site funcionam.

Imagine a primeira camada de uma cebola como a primeira página de um site, seu nível inicial. Esta é a chamada camada de apresentação, onde são expostos os aspectos mais persuasivos da informação que virá logo a seguir.

As páginas que vêm após a primeira camada, tenham sido elas apontadas por chamadas ou itens de menu, constituem a camada genérica. Nela são respondidas questões básicas sobre a informação em questão – mas apenas o essencial.

Às camadas e páginas que vêm posteriormente, com os múltiplos aspectos da informação, dá-se o nome de camadas de detalhamento. Nessas páginas estão todos os detalhes sobre a informação abordada.

Cada página ou camada de um site deve ser vista como um capítulo de novela. Em outras palavras, sua informação precisa atender às expectativas do usuário e provocar nele o interesse em continuar a navegação. Ela é a parte de um todo, que é o próprio site.

> **Fique atento!**
>
> Contudo, é importante ter noção de que quanto mais profunda é a camada onde está a informação, maior é o risco de o usuário não encontrá-la durante a navegação. Por isso, tente criar poucas camadas em um site.

1ª Camada: apresentação

A camada de apresentação é como uma vitrine, onde são oferecidos os conteúdos mais interessantes e úteis de um site. Preocupar-se com a apresentação do conteúdo, desde a primeira camada, muda a relação do redator web com o que ele está produzindo.

Os destaques de primeira página de um site, razão de ser da camada de apresentação, são derivados das chamadas das primeiras páginas dos jornais impressos.

Além do menu principal, é pelos destaques que um visitante acessa uma página web, seja apenas para conhecê-la ou com um objetivo já bem definido. Essa seção utiliza os principais aspectos da informação a ser apresentada como um atrativo para o usuário clicar e acessar a camada genérica, a segunda de um site.

Antes de redigir um destaque, analise o texto principal e selecione o que tem maior apelo junto ao público-alvo ou o aspecto que resume a informação que será apresentada.

Este recurso não só é a base para uma boa persuasão, também auxilia na visibilidade do conteúdo que o usuário está procurando.

Embora sejam textuais, as chamadas páginas web contam com a ajuda de elementos de apoio para reforçar a persuasão.

As mais comuns são a imagem e a legenda. Ambas devem servir como novos espaços que o redator irá aproveitar para apresentar aspectos da informação que o texto da chamada não abordou.

2ª Camada: genérica

A segunda camada apresenta ao visitante do site os aspectos mais importantes do assunto abordado, e o texto principal é o coração dessa categoria.

A camada genérica tem este nome porque é acessada por todo o tipo de usuário. É visualizada pelo curioso, por quem deseja informações básicas e por quem pretende usar o conteúdo como porta de entrada para um mais aprofundado sobre o assunto em questão.

Existem duas funções para o texto principal da camada genérica: contextualizar o usuário sobre o tema em questão e estimular que ele conheça mais sobre o assunto. Para criar contexto, ele precisa responder todas as questões jornalísticas básicas e assim atender o usuário com a objetividade desejada.

As questões jornalísticas básicas deixam claro sobre o que é o assunto, quando ele ocorreu, quem está envolvido, como foi, onde ele transcorreu e o porquê de ele ter acontecido. Embora sejam assim denominadas, elas não dizem respeito apenas à estrutura de textos noticiosos.

As questões jornalísticas também servirão para orientá-lo no momento de redigir um texto sobre as características de um novo serviço ou a explicação de uma nova lei, por exemplo.

Deve-se tomar cuidado para não deixar nenhuma destas questões de fora, pois a falta de um elemento pode ocasionar uma dificuldade de entendimento do assunto.

Além de ter a missão de contextualizar o usuário, o texto do conteúdo genérico precisa prender sua atenção. Nada garante que o leitor irá ler o texto até o fim, por isso a necessidade de fisgar a atenção logo de saída.

É bom lembrar que, na tela de um computador, é mais lento o processo de absorção das informações. Por isso, trabalhe para que, em cada parágrafo, seja desenvolvida uma ideia apenas.

Alongar-se demais significa que você pode estar entrando em detalhes sobre as informações, e este é o objetivo da camada de detalhamento, e não de textos genéricos.

Para muitos visitantes que vêm de mecanismos de busca, é comum que a camada genérica seja a porta de entrada de um site, e não a camada de apresentação. Assim, note que a persuasão se faz necessária não apenas na primeira página de um site, mas também ao longo das camadas seguintes.

3ª Camada: detalhamento

Páginas de camadas de detalhamento incluem aspectos da informação que vão além das questões jornalísticas básicas, já respondidas na camada anterior. Por essa razão, também são conhecidas como páginas de "leia mais".

É comum que os textos de detalhamento sejam acompanhados por tabelas, gráficos e links para documentos, pois são itens que ajudam a complementar o assunto. Nesse sentido, esse compilado de informações pode abrir mão de uma das maiores preocupações com relação aos textos: o número de linhas.

Isso difere a camada de detalhamento da camada de conteúdo genérico. Nesta, o objetivo é ser sucinto, não é preciso atentar para este aspecto nos textos do conteúdo expandido. Naquela, o usuário espera encontrar o máximo de informações possíveis sobre o assunto desejado, portanto, não há limite para a extensão dos textos. Contudo, o bom senso deve prevalecer.

O conteúdo expandido não deve ser visto como um repositório de informações, mas sim como a continuidade do trabalho do redator em informar e persuadir o usuário. Isso não precisa se resumir a uma página, apenas. Por vezes, a solução mais engenhosa para textos longos é o desdobramento destas informações em páginas subsequentes.

Apenas lembre-se de que textos muito extensos devem ser disponibilizados em outras páginas. Assim, o usuário pode apreender o assunto em etapas, em vez de receber todas as informações de modo denso. Afinal, a leitura pode ficar cansativa e desestimular o leitor.

Os sites de serviços mais acessados são justamente os que conseguem fazer uma boa estruturação dessas informações em camadas. Essa organização permite criar uma relação de confiança com os usuários, e essa conexão entre os sites e os usuários está justamente nos detalhes das informações que são oferecidas. Assim, o usuário encontra o que precisa e na profundidade que deseja, e não só se torna cliente do site, como o recomenda para outras pessoas.

Existem camadas de detalhamento que só podem ser acessadas com uso de login e senha; elas constituem a camada restrita. Os tipos de conteúdo presentes em área restrita oferecem informações especiais, privadas e/ou confidenciais, e por isso só podem ser vistos por determinados usuários.

Ao criar páginas de conteúdo restrito, é preciso ter atenção: para o usuário que acessa o conteúdo genérico, não há nada pior que se deparar com páginas de acesso fechado sem ter sido avisado previamente. É preciso, então, deixar claro, na página anterior, que o conteúdo a seguir é restrito, e que para consultá-lo é necessário login e/ou senha. Mais do que evitar que o usuário abandone o site, é uma atitude que demonstra respeito e a preocupação em orientá-lo sobre cada espaço da página web que ele está navegando.

Trabalhar com conteúdo restrito faz-se necessário para realizar um atendimento segmentado, ou para ações de marketing de relacionamento com públicos determinados. É cada vez mais comum na rede que as áreas reservadas sejam utilizadas quando o objetivo é a comunicação dirigida, seja ela individual ou coletiva.

Como é uma área para comunicação direcionada, uma das premissas do conteúdo restrito é a atualização rígida das informações. Independente do modo como estas páginas forem alimentadas. Áreas reservadas com informações que não estão em dia são um desserviço total ao usuário, e prejudicam gravemente a imagem de um site.

Os elementos do texto

Um tripé essencial

É de notório conhecimento entre os redatores que o título, o texto e o link são os elementos essenciais para a visibilidade e a boa distribuição das informações em um site. No entanto, essa não é a única função desses recursos. Esse tripé tem a importante função de sinalizar conteúdos, não apenas para usuários, mas também para mecanismos de busca. Logo, entender como estes três elementos devem ser elaborados é fundamental para quem produz informação para a mídia digital.

Títulos para textos de destaques

Na primeira página de um site, é preciso auxiliar o usuário a selecionar, entre tantas informações, quais as mais relevantes. Nesta tarefa, o título do destaque é fundamental: ao passar os olhos rapidamente pela página, são as palavras contidas nos títulos que irão ajudar o usuário a indexar as informações.

Por isso, os títulos precisam incluir a palavra-chave que define o aspecto dessa informação que será apresentada logo a seguir, no texto do destaque. Este recurso auxilia o usuário a escolher o que deseja saber entre os outros dados que lhe são apresentados na página.

Textos de destaques

Destaques, em sua maioria, são compostos por título, texto, imagem e legenda. Como a função do destaque é fazer com que o usuário acesse a informação, todo o esforço é bem-vindo.

Dessa forma, não há por que repetir aspectos de uma informação em cada um dos elementos do destaque. Ou seja, se o título do destaque aborda um determinado aspecto de um assunto, no texto do destaque isso não deve se repetir.

Entre a imagem e a legenda não é diferente. Embora tenham uma relação óbvia, uma legenda não deve apenas descrever o que há na imagem, também é importante acrescentar novos dados sobre a informação a que o destaque se refere.

Na verdade, nunca deve haver repetição entre os elementos de um destaque. Assim, serão quatro chances inéditas de o usuário se interessar pelo que há adiante, na camada genérica.

O texto do destaque da camada de apresentação deve ser econômico, tanto pela necessidade de objetividade da informação a ser acessada, como por uma questão de espaço. Isso não impede sua função persuasiva: por isso, estimule a ação e abuse de verbos e expressões como "conheça", "descubra", "consulte" etc.

Além disso, a atratividade é importante, pois os destaques dividem a tela com elementos típicos de uma página web, como menu principal, banners e a logomarca da instituição.

Em ambientes em que a dispersão é comum, como o digital, o usuário precisa ser orientado em sua navegação. Cabe ao produtor de conteúdo do site guiá-lo por meio de estratégias de Webwriting, como as já mencionadas, *call to action* (CTA) e títulos atrativos.

Títulos para textos principais

O texto principal deve ser visto como uma ficha com as informações básicas sobre o assunto. Mas, para que os leitores cheguem até ele, o título precisa funcionar como um identificador, como uma aleta em uma pasta de um arquivo.

Além disso, é preciso que a palavra-chave ou expressão-chave do assunto esteja presente no título do texto principal. Exatamente como ocorre no título do destaque da camada de apresentação. Isso facilita a assimilação imediata de qual tema será tratado no texto a seguir.

Outra dica importante é: fuja de palavras e expressões subjetivas para sinalizar o conteúdo de um texto. Os termos precisam ser precisos em sua definição.

Por sua vez, testes de uso de sites comprovam que repetir o título do destaque como título do texto principal ajuda na fluidez de navegação entre as camadas. Contudo, não é preciso repeti-lo palavra a palavra; o importante é que a palavra-chave ou expressão-chave esteja presente.

Textos principais

Para prender a atenção do usuário, aborde o aspecto mais interessante no primeiro parágrafo, e só depois apresente os outros. As primeiras linhas do texto principal precisam ser elaboradas como um misto de discurso publicitário e jornalístico, ou o usuário perderá o interesse.

Como a leitura em monitores de computador ocorre da esquerda para a direita, é recomendável posicionar o termo mais importante de cada sentença – especialmente o da primeira – no começo da frase. Essa técnica visa atrair a atenção do leitor e facilitar a leitura do conteúdo.

É importante também, dentro do possível, restringir cada parágrafo a uma ideia apenas e estruturar o conteúdo em itens e não em texto corrido. Assim, será possível criar textos em "pedaços", facilitando a leitura na tela e a absorção da informação.

Realce, de preferência em negrito, a palavra, expressão ou trecho-chave que define cada parágrafo. Ao passar os olhos rapidamente sobre a página, o usuário poderá saber quais são os aspectos abordados sobre o assunto ao longo do texto. Mas atenção: marque apenas uma palavra, expressão ou trecho-chave; grifar mais de um elemento invalida a capacidade de indexação do texto para o olhar.

Por fim, o texto principal precisa ser breve, mas sem deixar de responder às questões jornalísticas que se aplicam ao assunto abordado.

Títulos para textos de detalhamento

A maioria dos conteúdos em um site é granular, como uma forma de o redator distribuir o conteúdo de maneira eficaz. Um conteúdo granular é uma informação que se desdobra, camada após camada, guiando o leitor e prendendo a atenção.

Os títulos dos textos podem auxiliar para que esta granularidade seja coesa. Em cada título de conteúdo que está sendo desdobrado, basta não se esquecer de inserir a palavra ou expressão-chave. Afinal, ela irá identificar o exato aspecto da informação que está sendo tratado naquela página. Depois, a cada título/camada deste desdobramento, some cada nova palavra-chave àquela usada anteriormente.

Conteúdos com granularidade bem trabalhada em títulos são um grande estímulo à continuidade da navegação. Todavia, para que a qualidade da redação do título não seja prejudicada com esta associação contínua de palavras, crie subtítulos para abrir espaço na tarefa de sinalizar conteúdos.

É bom lembrar que, hoje em dia, cada vez mais os usuários chegam aos sites a partir de mecanismos de busca. Ou seja, os visitantes acessam diretamente as páginas de detalhamento, sem passar pelo texto principal. Logo, o trabalho de granularidade de conteúdo é essencial para criar contexto e facilitar a compreensão do visitante sobre o assunto tratado nestas páginas.

Textos de detalhamento

O conteúdo de detalhamento não precisa ficar restrito a uma página, é possível criar desdobramento de informações em páginas e camadas subsequentes. Entretanto, deve-se levar em conta o interesse dos usuários nas categorias de informações que serão oferecidas – é preciso que elas sejam, antes de tudo, úteis.

Links

Uma das principais funções do redator web é agir como o guia de turismo dos sites. Todavia, para que os usuários façam uma boa viagem, é preciso que a página web seja estrategicamente pensada.

Quando o conteúdo é bem trabalhado, o redator apresenta uma informação de forma múltipla. Além de fatos essenciais, ele sugere aspectos que possam complementá-los e aponta assuntos correlatos. Quando as possibilidades se encerram, recomenda outro site onde o usuário possa expandir esse conhecimento.

Para criar esta rede de conexões, contudo, é preciso estar atento aos detalhes. No centro deste raciocínio, está o link. É ele que difere o texto do hipertexto – formato-chave da informação no ambiente digital – e permite ao usuário navegar entre as páginas.

Há duas formas de navegação: a linear e a não linear. Na navegação linear, o usuário segue a estrutura sugerida, acessando um conteúdo da primeira página à última, em ordem, e sem desviar de seu caminho. Na não linear, o visitante acessa o conteúdo na ordem que deseja. Ele lê a primeira página de uma matéria, logo a seguir a última, desta ele vai até a segunda e retorna à inicial, por exemplo. Ou então ele pode visitar outro site, a partir de um link indicado em uma página, e retornar à anterior, se for o caso.

Contudo, há o momento e local certo para inserir um link que redireciona para outra página. Até porque, um link mal utilizado pode mudar o foco do usuário, seja ao visitar um site recomendado, ou até mesmo posts diferentes de um mesmo site. O visitante pode dispersar e não retornar à página de origem.

De modo a evitar a perda dessa audiência, atente-se para alguns detalhes. Ao sugerir páginas do próprio site, só inclua um link ao longo do texto quando for abordar outros aspectos que possam complementar a própria informação.

Nunca gere um link para uma informação que não seja afim ao tema do seu texto. Para assuntos correlatos, que auxiliam na expansão do conhecimento do usuário sobre o assunto abordado, a indicação de leitura deve vir sempre após o texto.

Caso contrário, o campo de raciocínio do usuário se expandirá para outro tema, indo além dos limites da informação já acessada, e ele não retornará. Ao final do post, o leitor já acessou todo o conteúdo pretendido. Logo, não há problema que ele acesse posts ou links externos, já que o objetivo é justamente a expansão do conhecimento em outras páginas.

Ao sugerir páginas de outro site, não basta criar um link de acesso. É preciso explicitar quais informações o usuário encontrará para que fique claro o porquê da sua indicação. Insira uma frase explicativa junto ao link, então.

Não crie o link direto para uma página interna do site sugerido. O autor do site em questão pode suprimir a informação da página apontada, e o usuário será prejudicado. Sempre indique a primeira página do site e, na frase explicativa do link, insira uma palavra-chave. Assim, ele poderá associar esse vocábulo específico aos elementos presentes na primeira página do site a ser visitado, como os itens do menu, por exemplo. Isso fará com que o usuário encontre com mais facilidade a informação.

> **Fique atento!**
>
> Nem sempre utilizar a navegação não linear é o melhor recurso para apresentar uma informação, por mais que isso pareça contraditório no ambiente online. Algumas ideias precisam ser rigidamente encadeadas ao longo das camadas de um site. Em uma navegação não linear, essas ideias podem ter sua assimilação prejudicada caso o usuário acesse diretamente um capítulo ou item sem ter que passar por camadas anteriores.

Outros formatos da informação

A informação além da palavra: imagem, áudio e vídeo

O redator web não é responsável pelas imagens e conteúdos em áudio e vídeo de um site. Entretanto, precisa aprender a enxergar a informação produzida nestes formatos, e distribuí-la com eficiência ao longo das camadas.

O futuro da informação para a mídia digital está no áudio e no vídeo – por isso, é fundamental saber lidar com estes formatos.

Imagem: fotografia e ilustração

Como interface gráfica da internet, a web é, antes de tudo, visual. Por isso, sempre que possível, fotografia e ilustração devem ser utilizadas em todas as camadas de um site. A imagem é um elemento essencial para a persuasão, em especial na primeira camada, onde a empatia precisa ser estabelecida de imediato com o usuário.

A partir da segunda camada, a imagem divide com os outros componentes da informação na web a responsabilidade pela informação. Na primeira página, a imagem também é muito importante, é, inclusive, decisiva para a visitação do site, sendo um apoio fundamental à chamada.

E, lembre-se: fotografia e ilustração devem complementar a informação textual, nunca repetir o que já foi dito. Ou seja, sua função é apresentar aspectos da informação que ainda não foram abordados pelo texto. Repetir um aspecto é desperdiçar componentes da informação em uma página web – e, portanto, espaço. Os componentes da informação para a mídia digital – imagem, texto, vídeo e áudio – são complementares, fechando, cada um a seu modo, o cerco à informação.

Atente para o tamanho da fotografia e da ilustração dispostas em uma página. Aparentemente, imagens em tamanho médio ou grande podem ser veiculadas em camadas genéricas ou de detalhamento sem problema algum. Contudo, dependendo dos elementos que compõem a imagem, não é possível observar detalhes. Assim, sempre dê a opção de ampliá-la.

Quanto à camada de apresentação, deve-se tomar mais cuidado. Com exceção da imagem de maior destaque, que normalmente é veiculada em tamanho médio ou grande, as outras são publicadas em tamanho menor, e por isso devem ser escolhidas e tratadas de outra forma. Privilegie imagens que lidem com detalhes (um rosto, por exemplo) ou que sejam autoexplicativas (logomarcas). Descarte imagens panorâmicas ou com muitos elementos, portanto.

Para utilizar imagens que sejam, de fato, relevantes e que complementem a informação textual, alguns cuidados devem ser tomados.

Ao lidar com os personagens da informação (o líder de um projeto, por exemplo), a legenda deve citar nomes e cargos, caso não tenham sido descritos no texto.

Se a imagem abordar o aspecto central da informação (o projeto que está sendo lançado, por exemplo), lembre-se que a legenda deve apresentar aspectos que a imagem não abordou. Evite repeti-los. Ainda assim, esse texto deve estar sempre associado à imagem, pois esta é a característica básica de qualquer legenda.

Caso a imagem aborde elementos adjacentes à informação (a cerimônia de lançamento de um projeto, por exemplo), atenção para o excesso de elementos visuais. Grupos de personagens, fundos/cenários de imagem e pequenos detalhes são apenas alguns exemplos de elementos. Há uma grande possibilidade de se criar um ruído para a informação.

Imagem: Ícone

A fotografia e a ilustração buscam capturar ou recriar visualmente a realidade de maneira detalhada ou estilizada. O ícone, no entanto, visa destilar elementos até sua forma mais essencial, visando transmitir uma mensagem de modo imediato e intuitivo. É justamente a força dessa representação o ponto a se tomar cuidado na utilização de ícones.

A fotografia, por ser um espelho do real, comunica-se diretamente com o usuário sem necessidade de interpretação. A imagem que compõe um ícone, no entanto, precisa ser reconhecida pela mente do usuário para ser assimilada de maneira eficaz.

A dificuldade na criação de um ícone está exatamente na obrigatoriedade de ser compreendido por todos, sem exceção. Caso não seja universalmente interpretado, ele fracassa na tarefa de comunicar-se com o usuário.

É possível criar ícones que se destinem apenas para públicos específicos, ou seja, aqueles voltados para nichos, nos chamados sites verticais. Ainda assim, é bom saber que eles só serão compreendidos por um determinado grupo. Isso poderá ser um problema para um visitante interessado no assunto, mas que ainda não é um especialista a ponto de compreender a simbologia que envolve o tema.

Imagem: Infográfico

Criar um infográfico, seja para a mídia online ou impressa, é extrair da informação o que existe de essencial e utilizar recursos da comunicação visual para veiculá-la. Na prática, existem duas funções para o infográfico: ser um instrumento de resumo para a informação e uma alternativa ao texto como forma de comunicação. Logo, ao criar um infográfico, leve em consideração que o entendimento do que está sendo transmitido deve ser imediato, já que se deseja o máximo de objetividade e clareza.

Além disso, procura-se persuasão, ou seja, atrair o usuário com a informação textual em meio à imagem. Então, seja foto ou ilustração, ela precisa harmonizar com palavras ou expressões que a pontuam. E são justamente as palavras em um infográfico que, na mídia digital, fazem toda a diferença.

A possibilidade de utilizar recursos interativos aumenta a capacidade de informar. Um exemplo disso são palavras que dão acesso a detalhes sobre um dado, dentro do próprio infográfico.

Lembre-se: é a informação o principal elemento em um infográfico, e não a imagem – ela deve servir apenas como pano de fundo, ainda que tenha grande relevância. Cuidado ao selecioná-la, portanto.

Imagem: Banner

Embora seja tarefa do designer criar um banner, é responsabilidade do redator web elaborar o texto da mensagem que será veiculada. Em um banner, não cabem longos períodos, mas sim palavras, expressões e frases curtas, e todas precisam ser informativas e persuasivas.

Um cuidado deve ser tomado ao se veicular um banner, pois ele é um elemento de apoio em uma página web, e não seu maior foco de atenção. Então, há uma distinção entre o que deve ser elaborado para uma área de destaques e para um banner. Editorialmente, o destaque de primeira página é o recurso utilizado para captar a atenção do usuário para as informações mais importantes que se deseja veicular.

O banner, por sua vez, lida com informações que não são as mais urgentes ou as mais importantes. O foco são os dados que podem ser assimilados sem problema após o usuário ter checado os destaques. Banners são perfeitos para servir de apoio à divulgação de eventos e novos serviços e como peças de reforço online para campanhas.

Fique atento!

Procure não criar banners cujos links levem para outros sites. Em uma página web, ele deve servir como mais um elemento de comunicação para o conteúdo do próprio site, não como forma de evasão do usuário.

Cuidado, também, com a estrutura de uma informação a ser veiculada em banners com animação. Apesar de possibilitar a sucessão de frases e imagens em um mesmo banner, muitas vezes, essa movimentação se torna excessiva para quem o visualiza.

Áudio

A primeira mídia que nos aproximou da informação foi o rádio. Até então, jornais e revistas levavam a informação ao leitor com a confiança que era exigida, embora de maneira editada, retrabalhada.

A radiodifusão nos aproximou da realidade ao criar o tempo real, deslumbrando os ouvintes ao fazer a notícia chegar "viva" aos ouvidos. Era a informação pura e sem interpretação, finalmente.

Este fascínio de estar diretamente em contato com a fonte de uma informação, em tempo real ou não, é que estimula a popularidade dos arquivos em áudio na web. Nos meios digitais, as entrevistas e opiniões de especialistas fazem a vez dos programas de rádio.

Décadas já provaram que a informação veiculada em áudio pode ser mais persuasiva que o texto. Então, dependendo do que se tem em mãos, ofereça ao visitante do site a informação em áudio.

Por isso, a entrevista com uma autoridade, o trecho de um discurso ou a fala de um usuário, disponíveis em áudio, podem funcionar como complemento à informação textual. Este recurso torna o texto mais real, o que é fundamental para a persuasão.

É bom lembrar: nem sempre é possível para o usuário ouvir o arquivo em áudio no computador, ou mesmo baixá-lo para aparelhos portáteis. Desse modo, é imprescindível oferecer a transcrição do arquivo para que o usuário nunca perca o acesso à informação.

Vídeo

O vídeo institucional online deve ser utilizado quando uma informação transmite grande impacto emocional. Ao registrar e difundir em imagem em movimento, os produtores de conteúdo conseguem abarcar a informação sem perder um aspecto que seja. Em outro formato, esse material não possuiria o mesmo impacto.

Um detalhe importante sobre os vídeos é o fato de contarem com a ajuda integral dos sentidos que garantem a observação e a atenção do usuário: a visão e a audição. Além disso, muitos deles lidam diretamente com a origem da informação: sua fonte, seja um indivíduo ou um fato jornalístico.

Quando relacionado à web, mídia conhecida por quebrar barreiras entre a informação, quem a produz e quem a consome, os vídeos ganham ainda mais relevância. Nesses casos, ao oferecer acesso direto à fonte da informação, a utilização do vídeo garante transparência e credibilidade ao site. Logo, também é relevante na construção da empatia com o usuário.

Uma vantagem dos arquivos de áudio e vídeo é a possibilidade de serem baixados em aparelhos portáteis. Assim, permitem aos visitantes de sites ouvi-los ou assisti-los longe do computador. Apesar dessa facilidade, ainda é comum que muitos acessem estes arquivos nos próprios sites.

Nesse cenário, arquivos com vários minutos de duração são um incômodo, já que, na maioria das vezes, o usuário deseja ouvir apenas trechos específicos. Para resolver essa questão, edite os arquivos em capítulos de curta duração e crie pequenos resumos em texto para cada um deles. É uma tarefa que pode parecer trabalhosa, mas é uma maneira muito eficaz de facilitar o acesso à informação.

3 REDAÇÃO PARA ITENS ESPECÍFICOS

Uma atenção especial

Esclarecer e orientar o usuário em um site são tarefas adjacentes à elaboração da informação digital, mas nem por isso menos importantes. Existem conteúdos que precisam receber atenção especial do redator web.

São itens que se repetem na maioria dos sites; padronizar sua apresentação é uma forma de facilitar o entendimento. Para o usuário, a criação de modelos para conteúdos é sempre uma vantagem. Presentes em todos os perfis de sites desde a criação da web, seções como "Fale Conosco", "Ajuda" e "Visita Guiada" também devem receber atenção especial do redator web.

Conteúdos institucionais

Tão comuns em peças impressas, os conteúdos que apresentam empresas, órgãos e entidades, assim como suas atividades, têm exposição diversa no meio digital. Na web, a informação chega a um público muito mais amplo e merece um tratamento mais direto e objetivo. Desta forma, torne interessante, útil e prático o que muitas vezes poderia ser extenso e detalhado em excesso.

Valem as seguintes sugestões, portanto:

- Evite textos introdutórios: apresente imediatamente o material prometido no link de acesso.

  As páginas com conteúdos institucionais devem funcionar como cartões de visitas de um site. Por isso, aspectos de redação web como persuasão e objetividade precisam ser ressaltados. Afinal, esses itens são, normalmente, os primeiros a serem acessados pelo usuário.

- Evite granularidade de informação, ou seja, a criação de subitens desnecessários em menus. Solicite que itens como "Quem é quem" fiquem no mesmo nível de menu que itens genéricos como "Sobre a empresa", por exemplo. Isso ajuda na visibilidade do conteúdo e no acesso rápido aos dados.

  Conteúdos institucionais são os que mais correm risco de oferecer erroneamente informações voltadas para o público interno de uma empresa, órgão ou instituição. Vale sempre lembrar que o público-alvo primordial de um site é o usuário. É claro, pode, como consequência, atender os funcionários da empresa, mas o foco sempre será o público externo.

- Criar páginas que listem arquivos sem inserir textos que os apresentem e/ou expliquem sua utilidade é um desserviço ao usuário. Ainda que em poucas palavras, é obrigatório apresentar o conteúdo de uma página desse tipo.

Conteúdos sobre serviços

Páginas que precedem o acesso a serviços online devem facilitar sua compreensão e apresentar informações sobre:

- o que é o serviço a ser prestado;
- a quem ele se destina;
- a documentação necessária para que ele possa ser prestado;
- uma lista com as dúvidas mais frequentes sobre o serviço;
- a legislação associada ao serviço, se houver.

O objetivo é disponibilizar dados claros e sucintos que poupem o tempo do usuário. Assim, ele percebe se o que procura é de fato oferecido pelo site e pode dar continuidade ou não à navegação.

Conteúdos para "Fale conosco"

A internet reavivou o contato do usuário com as instituições, e por isso deve-se estimular a cada instante a opinião desse visitante. Ela é o termômetro das informações e dos serviços que um site disponibiliza. O que fortalece o conteúdo de um site é esse retorno do usuário, e ele se dá por meio da seção "Fale conosco".

Primeiramente, é importante, antes de disponibilizar o formulário de envio, oferecer ao usuário o acesso à seção "Ajuda" do site. Afinal, é provável que já haja resposta para muitas das perguntas sobre o conteúdo das páginas. Esse recurso funciona como filtro para as mensagens que serão ou não encaminhadas via "Fale conosco".

Além disso, sempre informe ao usuário:

- em quanto tempo uma resposta será enviada;
- o horário de trabalho da equipe que lida com o "Fale conosco";
- um número de telefone para contato, caso ele exista, e o horário de atendimento.

É a partir da interação constante com o visitante e das adaptações realizadas no conteúdo, sempre que necessário, que se constrói o sucesso de um site.

Conteúdos para a seção "Ajuda"

É preciso criar grupos de perguntas e respostas para auxiliar na busca à informação que o usuário procura. Listar as perguntas e respostas, apenas, sem nenhum recurso de agrupamento ou indexação, só confunde o visitante da seção.

Nesta tarefa, então, vale analisar os itens de menus, sejam eles o menu principal ou o secundário, de camadas subsequentes. Desse modo, como itens de menu já são recursos de agrupamento, vale a pena checá-los e, se for o caso, repeti-los como itens da seção "Ajuda".

> **Em tempo**
>
> Muitas perguntas que chegam pelo "Fale conosco" e são incluídas na seção "Ajuda" resultam da falta de visibilidade de algumas informações. Neste caso, a melhor forma de responder às questões é criar um link direto para a página que o usuário procura.
>
> Como apoio aos itens da "Ajuda", é possível criar a seção "Tutorial", que será apresentada a seguir.

Conteúdos para a seção "Tutorial"

O tutorial é a seção que serve como recurso de contextualização para o visitante que está conhecendo o universo de informações que compõe as páginas de um site.

Seja em texto, áudio ou vídeo, o "Tutorial" não pode deixar de:

- explicitar o objetivo do site, o teor de suas informações e o perfil dos serviços;
- apresentar as seções, em especial as apontadas pelos itens do menu;
- pontuar as seções fixas de comunicação e relacionamento, como "Fale conosco" e "Ajuda";
- ressaltar a utilidade de itens de visualização de informações, como "Mapa do site" e "Busca".

Embora o "Tutorial" seja mais eficaz no período de lançamento de um site, ele pode permanecer como seção fixa. Afinal, é uma boa forma de apresentar o conteúdo das páginas aos novos visitantes.

4 REDAÇÃO PARA INTRANETS

Como escrever para portais corporativos

Caso você ainda esteja começando a atuar com redação para meios digitais talvez não saiba que o Webwriting para intranets tem especificidades. Sim, existe um Webwriting específico para os chamados portais corporativos. E todas as dicas são desdobramento de um único atributo, típico de redes internas, que você deve ter em mente antes de tomar nota de toda e qualquer regrinha.

Qual é este *ponto zero*? Simples: estamos lidando com um ambiente de limites bem demarcados. Desde o início, já se sabe o número de usuários, seus dados e existe uma boa noção do que este público deseja. Caso surja alguma dúvida, basta, em boa parte das vezes, descer ou subir escadas, adentrar salas adjacentes, discar um ramal ou acessar o comunicador instantâneo.

Por isso, o Webwriting deve ser adaptado a este ambiente restrito. De certa forma, isso torna o ato de escrever para portais corporativos uma atividade mais simples do que redigir para a web. De início, você tem apenas uma noção de quem irá acessar seu conteúdo – e este provavelmente será imensamente superior ao público de uma rede interna.

Mas não pense que é algo que se aprende em uma semana. Há ainda um "porém" importante. Se, por um lado, lidar com um ambiente digital interno é um facilitador, por outro, é preciso ter cuidado redobrado no trato com o cliente.

As informações valiosas que, em última instância, servirão para o desenvolvimento da companhia no mercado são inseridas na web. Já nos portais corporativos, são inseridos dados que podem atrapalhar o dia a dia dos empregados se não forem veiculados da melhor maneira possível. Tudo isso irá afetar diretamente os processos da empresa.

Impossível imaginar algo mais grave. Portanto, fique atento aos pontos principais de redação para intranets, apresentados a seguir.

Consulte os *house-organs*

Não tente reinventar a roda. O ponto-chave do Webwriting para portais corporativos é saber falar a língua da empresa – leia-se saber os termos exatos que circulam pela empresa. Nada melhor para servir de fonte segura do que o *house-organ*, ou seja, o veículo interno da companhia. Folheando-o, você terá em mãos uma lista básica de terminologias. Nele, você encontrará detalhes básicos, como a forma como a empresa se autodenomina (corporação, companhia, empresa etc.). Além disso, poderá conter informações mais detalhadas, como a maneira de usar expressões como *conference call* (videoconferência), por exemplo.

Inclusive, muitas agências que produzem *house-organs* fazem pesquisas periódicas sobre os assuntos tratados nas edições. Assim, tem-se a noção de quais pontos podem ser abordados com mais profundidade nos portais corporativos, e vice-versa.

Aprenda a "falar" vários dialetos

Como cada departamento das empresas tem um foco determinado, cada área da intranet "fala" um dialeto dentro de uma mesma linguagem. No caso de quem vai trabalhar com apenas uma destas páginas da rede, é bom mergulhar de cabeça nos dialetos específicos que são usados.

O problema é mais complexo, contudo, para quem cuida de "portas de entrada" de portais corporativos, aquelas que oferecem vias de acesso a todas as outras. Colocar no liquidificador todos os dialetos e tirar disso um denominador comum é impossível. Entretanto, há um truque: chamadas individuais para o destaque do dia ou da semana de cada uma das áreas do portal corporativo. Comece por essa dica – a aprovação será geral.

Adapte o Webwriting

Não caia na tentação, muito comum entre desavisados, de esquecer o que está sendo feito em matéria de textos lá fora, na internet. O Webwriting pode e deve ser a mola mestra na redação de qualquer portal corporativo.

Por isso, enumero a seguir os pontos cardeais da redação online e os detalhes fundamentais do Webwriting que não devem faltar no *checklist* de qualquer redator:

a) Arquitetura da informação

Pense em dados e serviços oferecidos de bandeja: não complique a estrutura editorial, portanto. Deixe sempre à mostra para os empregados a entrada para os documentos mais importantes ou qualquer informação essencial para o dia a dia da empresa. Todo o resto vem depois. Lembre-se que muitas vezes o empregado está com um superintendente da empresa em pé ao seu lado, aguardando que ele encontre um dado importante em milésimos de segundos.

b) Navegabilidade

Agrupe os assuntos em camadas, para que, assim que o visitante acessar a página, ele já possa ter uma pista de que caminho tomar para encontrar a informação que deseja. Siga desta maneira, como se estivesse descascando uma cebola.

c) Visibilidade

Esteja sempre por dentro do que está acontecendo dentro da empresa, para colocar na superfície as informações da sua área que estão sendo (ou serão) as mais procuradas. Peça para o designer criar um ícone do mapa do site bem visível, também.

d) Objetividade

Este é o item principal de todo e qualquer portal corporativo. Não enrole, não se estenda, seja claro e breve (quando preciso). Dê ao empregado exatamente o que ele quer – e ponto-final.

e) Design

Explore o design: peça para o designer usar e abusar de ícones. Eles serão os seus melhores amigos para oferecer de forma bem chamativa o que for mais importante.

f) Tecnologia

Pop-up é o recurso tecnológico número um dos redatores de intranet, infelizmente banalizado na internet. Quando precisar veicular algo urgente, não titubeie: peça uma janela bem caprichada.

g) Criatividade

Use com parcimônia. Lembre-se que um portal corporativo é – ou deveria ser – uma ferramenta de trabalho.

h) Ortografia

Você está na linha de tiro de dezenas (ou centenas) de empregados. Revise mil vezes. Se possível, peça a ajuda de um bom revisor.

Não pense que para por aí. Até porque a internet é um único ambiente (por mais imenso que seja), enquanto portais corporativos são incontáveis ambientes que diferem entre si.

5 REDAÇÃO PARA MÍDIAS SOCIAIS

Há tempos sabemos que a informação se desdobra em ambientes digitais que vão muito além de sites e portais. É possível conhecer muito mais sobre marcas e instituições por meio das mídias sociais: blogs corporativos, redes de relacionamento, microblogs e agregadores de vídeo. Todavia, para potencializar, nestes ambientes, a comunicação com o usuário, há boas práticas que devem ser seguidas.

O dom da palavra nas mídias sociais

Imagine uma sessão de hipnose. Na penumbra, estão um voluntário e você, o mágico. Na sua mão direita, um pêndulo balança incessantemente. Antes que um de vocês perceba, a experiência surte efeito.

Agora transponha a situação para as mídias sociais: você tem a missão de fisgar o usuário, que está ali de livre e espontânea vontade. É no uso da palavra que você tem a ferramenta mais eficaz para a tarefa – seu "pêndulo digital", portanto.

Entenda como pêndulo o enorme esforço de persuasão que é necessário despender nas mídias sociais para criar a comunicação textual com o usuário. Por isso, é essencial saber conversar com os mais diferentes perfis.

Em resumo, todo o esforço de "hipnose" corre o risco de ir por água abaixo se a persuasão não passar de intenção. Ou seja, se você não souber fazer o pêndulo se movimentar. Mais uma vez, é bom lembrar: é a palavra que move a persuasão nestes ambientes.

Então, vamos à experiência: palavra como força motora para a persuasão; de um lado, está a informação; do outro, o relacionamento. O pêndulo se movimenta: a informação leva ao relacionamento, o relacionamento leva à informação, esta leva novamente ao relacionamento.

Um ponto leva ao outro, e quanto mais informação e relacionamento trocam figurinhas, mais a palavra toma força e a persuasão conquista o usuário. Para lá, pra cá, com rapidez e eficiência. Que fique claro: informação e relacionamento existem nos dois ambientes mais conhecidos das mídias sociais: redes e microblogs – o que não é novidade para ninguém.

Para que o movimento do pêndulo não pare no meio, contudo, é preciso enxergar além do óbvio. É necessário perceber que, dependendo do ambiente, é a informação ou o relacionamento quem manda o pêndulo de volta.

Em um dos ambientes a informação atrai a palavra, a utiliza como veículo e manda o pêndulo de volta. No outro, é o relacionamento quem usa a palavra e empurra o pêndulo para a informação.

Mas em que extremo, em que ambiente manda a informação? E em qual deles o relacionamento dá as cartas?

Nas redes sociais, o relacionamento leva à informação

É no contato mais próximo possível com uma marca que o usuário conhece seus produtos, serviços e a própria empresa, e nenhum ambiente é tão propício quanto uma rede. Mas só existe interesse se há informação; e só há informação se os embaixadores da marca estão presentes na rede todo o tempo. É a conversa que gera o interesse pela marca nestes ambientes; quanto mais contato, mais persuasão.

Mas, atenção: informação perene e organizada mora em sites, e não em redes – o que não impede que elas também estejam lá, é claro. Papo e palavra levam à persuasão, que, por sua vez, leva à informação, onde ela estiver.

Nos microblogs, a informação leva ao relacionamento

Poucos caracteres e uma precisão cirúrgica sobre o que dizer. Em um *post* de um microblog, quem faz contato é a informação. O usuário passa rápido, assimila o que quer e o que pode. Continuidade não existe; a fidelidade só existe na teoria, lá atrás, quando o usuário começou a seguir o perfil da marca. Por isso, não conte com encadeamento de ideias. Dê seu recado e continue o trabalho. Dê o que o usuário deseja ali mesmo, e trabalhe pelo relacionamento.

Sempre que possível, encaminhe-o para as redes, onde haverá mais informação e contato. E, mais uma vez, valorize o site, pois lá estão as informações mais profundas, e – que não caia no esquecimento – as tradicionais ferramentas de relacionamento.

Nunca esqueça: para lá, pra cá, com rapidez e eficiência. O usuário, feliz da vida – assim como você e sua marca –, estará sob seu controle.

Redação para microblogs

A base do sucesso dos microblogs é justamente o limite reduzido de caracteres que se tem à disposição para elaborar uma mensagem. No máximo, há espaço para uma frase. Este formato objetiva a informação e torna a comunicação rápida e eficaz.

Desta forma, perceba que ninguém assiste a um microblog como assiste à televisão. Ou seja, não poste uma mensagem considerando que o usuário tenha visto a mensagem anterior, ainda que ela tenha sido publicada alguns segundos antes. É pouco provável que você seja a única marca ou empresa que ele segue.

Então, para evitar esses e outros equívocos siga as seguintes dicas:

- Use seus *posts* para estimular a visitação do site: não se esqueça de incluir o link para o site, portanto;
- Veicule somente informações relevantes: o que tiver pouca importância é ignorado pelos usuários dos microblogs, independentemente da fonte;
- Na maioria das vezes, o título de uma notícia serve como a frase a ser publicada no microblog, chamariz para a visitação do site. Mais uma vez, não se esqueça de incluir o link;
- Não apenas notícias servem como atrativo em *posts*: avisos sobre informações recém-incluídas também são úteis para o usuário;
- Crie uma periodicidade para a veiculação de informações: o ideal é publicar três a cinco *posts* diários;
- Tenha parcimônia nas publicações: o excesso de *posts* diários pode desestimular o usuário de microblogs, que costuma acompanhar diversas fontes de informação.

Redação para blogs corporativos

A função de um blog corporativo é aproximar o usuário de uma marca ou instituição. Para isso, com frequência é utilizado um tom mais informal na veiculação das informações. O principal atributo a ser trabalhado nesse tipo de conteúdo é a transparência – o que, se bem realizado, ajuda a reforçar a credibilidade da marca ou instituição.

O recomendado é que um profissional de destaque se comprometa com a autoria dos *posts*. Um blog corporativo atinge seu objetivo quando tem uma "voz", um "rosto" relevante, alguém que represente a opinião da marca ou instituição.

É comum em blogs corporativos que os textos sejam produzidos em conjunto entre o responsável final pelo *post* e um assessor de imprensa. Ou seja, por quem aprova o assunto e assina o texto e por um profissional de comunicação ou redator, que é quem redige o *post*, de fato.

Dessa forma, muitas vezes o assessor de imprensa, profissional de comunicação ou redator é o real responsável pela manutenção de um blog corporativo. Esses profissionais sugerem os assuntos, redigem os textos, publicam o material e dão retorno aos usuários que comentam os *posts*. Em suma, mantêm o blog atualizado.

Assim, é importante ter boa noção dos assuntos que merecem virar *posts*:

- Temas que não costumam ser abordados pela mídia impressa ou mesmo pelo site da empresa ou instituição;
- Explicações adicionais ou esclarecimentos sobre notícias veiculadas na imprensa;
- Artigos assinados pelo responsável pelos posts que não serão veiculados por outros meios, ou seja, exclusivos do blog;
- Entrevistas com profissionais da empresa ou instituição que estejam envolvidos em projetos de interesse do usuário; como, por exemplo, o desenvolvimento de um novo produto ou serviço.

Entre site e rede social, escolha os dois

Em comunicação o que importa é alcançar a maior faixa de público possível. Não há esforço em excesso; se a mensagem chegou consistente, fantástico. Com a informação transmitida, o objetivo foi alcançado.

Por isso, nunca ignore uma mídia ou veículo. A não ser que nestes ambientes não exista ninguém que seja parte do público que se quer alcançar – quase impossível –, nunca despreze chances de comunicar.

Pergunte a um profissional de mídia se, tendo uma enorme verba na mão, deixaria de lado uma possibilidade que fosse. Ele centraria mais em determinadas mídias, investiria em ambientes onde seus públicos mais consomem informação. Mas jamais diria não a uma possibilidade sequer.

Público se alcança e se cria onde a informação está. É como uma flor atraindo uma abelha: uma precisa do outro. Poético, mas real. Por isso, quando for criar uma estratégia de presença digital, não pense em site ou rede – trabalhe com os dois.

Sites não irão acabar. Daqui a anos é provável que estes ambientes tenham outro nome e que os consumidores de informação nem saibam que eles existem. O que importa, e cada vez mais será assim, é encontrar o que se procura. Ou seja, não importa mais de onde vem a informação, mas ela precisará sempre de uma base. Assim, para traçar a estratégia correta, é preciso entender o porquê de cada um dos ambientes, sites e redes, existirem.

Site é lugar de informação fixa e estruturada

O "x" da questão do trabalho da informação no meio digital é perceber que tipo de informação é momentânea e descartável – mas nem por isso de menor importância. Ou então como identificar quando sua utilidade está associada à perenidade e ao "estar sempre à mão". Nestes casos, o site é o indicado.

Se um usuário deseja absorver informação sobre um produto ou um serviço, será em um ambiente em que ele sabe que a informação está lá, fixa, que ele irá procurar. Ou seja, em um site.

O visitante, baseado na lógica de uma boa arquitetura da informação, perceberá, intuitivamente, em que área está a informação que procura. Assim como, apenas checando a hierarquia apresentada pelo menu, ele terá uma noção do universo de informação presente no site, o que será um estímulo ao retorno.

Rede social é lugar de informação flutuante e não estruturada

Nas redes sociais está o público – e para lá precisamos levar a informação. Não é preciso que a informação permaneça. Ela passa, é consumida instantaneamente pelo usuário – piscou, perdeu – e atinge seu objetivo: servir como instrumento de construção de relacionamento.

Ao informar em uma rede social, uma marca se faz vista. Mas, ao criar uma promoção relâmpago, utiliza o recurso imediato da viralização, se faz conhecida e azeita suas ações de relacionamento com o público. Ali, naquele momento, em contato direto com os interessados.

Nas redes sociais, a informação é semente, é como um *flyer* bem-produzido e distribuído – e disputado a tapa – em uma avenida movimentada. Leu, informou-se do necessário, jogou o *flyer* no lixo. Missão cumprida.

Neste ambiente a hierarquia é horizontal, não há por que pensar em arquitetura da informação e seu trabalho de desdobramento vertical. Tudo o que é informado pode ser consumido com a mesma importância, em um mesmo nível.

Em resumo, continuar a ter um site ou estar presente ou não em uma rede social não é uma questão: ambos são ambientes de informação que possuem objetivos diversos. O primeiro pretende criar um espaço de esclarecimento; o segundo, de relacionamento. Em ambos, a matéria-prima é a informação. Embora seja raro, às vezes podemos ter tudo – e por isso mesmo não podemos desperdiçar a oportunidade.

6 REDAÇÃO E JORNALISMO ONLINE

Jornalismo é redação ou apuração?

A indagação é antiga, separa o joio do trigo e os que vivem do passado dos que enxergam o futuro: jornalismo, afinal, é redação ou apuração? Sempre esbarro nesta pergunta. Há tempos percebi que a eterna questão das redações esfumaçadas ainda sobrevive e insiste em se agarrar à mídia digital, infelizmente.

E é regra: toda entrevista que fazem comigo aborda jornalismo como sinônimo de redação. Respiro fundo e corrijo a observação. É muito pobre associar a atividade jornalística à redação. E é perigoso, também.

Nem todo mundo que escreve (e é publicado) é jornalista. Alguma novidade até aí? Nenhuma. Mas bem sabemos, esta é uma questão tão batida quanto mal resolvida. E, portanto, muito escorregadia.

Não há um redator de comunicação empresarial que não tenha passado por essa situação clássica. Um belo dia, um gerente qualquer dispara à queima-roupa que "se tivesse tempo, escreveria uma matéria".

Poderia ele escrever? É claro que sim – escrever, o simples redigir. Mas para por aí. Ainda assim, poderia até sair um texto razoável. É exceção? Ah, sim, claro que é – mas longe de ser impossível um gerente produzir um bom texto.

Muito cuidado com o que valorizamos na atividade jornalística. Um jornalista não é jornalista porque ele tem um bom texto. É o cúmulo, a essa altura, continuarmos associando jornalismo a "saber português". Assim como outros conhecimentos básicos, o "saber a língua" é essencial, mas isso é apenas o *feijão com arroz* da atividade.

O que faz do jornalista um profissional único é a capacidade de apuração que ele apresenta. É o conhecimento e a técnica que, aprendidos e desenvolvidos, têm o poder de transformar a sociedade.

Se o jornalista continuar a focar apenas na redação, será uma atividade sem futuro. Jornalismo sempre será páreo para outras profissões desde que o profissional assuma que o principal em sua profissão é o talento e a técnica da apuração.

Não acredito na sobrevivência do jornalismo como "fabriquinha de textos". O texto jornalístico é a consequência, é pôr no papel o que foi apurado. E ponto-final. O que faz do jornalista um profissional único e fundamental é a apuração.

Esta é a mesma visão que tenho do jornalismo online: para mim, é um conjunto de novas ferramentas para se apurar e divulgar uma informação. **Definitivamente, jornalismo online não é sinônimo de Webwriting.** Texto deste lado, apuração do outro, seja na mídia impressa ou digital. É como pai e filho, cada um sabendo o seu lugar, respeitando a hierarquia.

Às vezes penso que falta ao jornalista pensar em quão especial ele é.

O que realmente é jornalismo online

Quando o avião se chocou contra a primeira torre, Elisa estava trabalhando em casa, com a tv ligada. A programação foi interrompida, e a bióloga girou a cadeira, ainda sem entender o fogaréu que saía do World Trade Center. Ela ficou apática por alguns segundos, até que pulou de supetão e soltou um berro:

– Credo!

Neste mesmo instante, seu filho Joca acessava, no quarto, todos os sites noticiosos que podia, em busca de qualquer nova informação. Foi então que o outro avião arrebentou com a segunda torre. Os dedos pararam no teclado, e ele sussurrou alguma coisa que parecia ser...

– Meu Deus...

Elisa e Joca se esbarraram no corredor, trocaram um rápido "já soube?" e foram até a cozinha – não sem antes formar um rápido conselho de família.

– Antes que sua vó saiba o que está acontecendo, é melhor prepará-la. Um acidente horroroso como este choca qualquer um, ainda mais--

– Que acidente, o quê! Foi ataque terrorista, gente!

Os dois olharam para a porta da cozinha, e vó Carlotinha descascava batatas tranquilamente.

– Em que planeta vocês estavam? Estou com o meu radinho ligado há um tempão e eles entraram direto de Nova Iorque. Ah, e caiu outro avião em Washington.

Elisa e Joca ainda tiveram tempo de se imaginar como dois seres de uma estranha era jurássica, antes que a boa vovozinha desse a punhalada final.

– Desliguem a televisão e o computador! O mundo está terminando e vocês nem para economizar energia, meu povo! Meu radinho é a pilha, sabiam?

Esta pequena anedota serve para exemplificar que ainda nos orgulhamos do jornalismo online como ápice do esforço de apuração. No Everest da comunicação, está fincada a bandeira do "tempo real" da internet, quando deveríamos perceber que, ao lado, tremulam há tempos as bandeiras do rádio e da televisão.

Noticiário em "tempo real" – ou *real time* – não é nem nunca foi o grande avanço do jornalismo online. O século XX consagrou este estilo mais do que necessário de apuração, o que mudou para sempre a face do jornalismo. Mas em seu panteão, sempre estarão, lado a lado, rádio e televisão.

Sim, há lugar para nossa cria, mas neste pódio subiremos para receber um honroso terceiro lugar. Mais uma vez, com a internet fizemos e faremos a evolução – mas nunca a revolução, pois esta já foi feita por outros pioneiros, há muitas décadas...

Nesta cadeia evolutiva, temos um fantástico campo a explorar, e o horizonte vai muito além do – indispensável, diga-se de passagem – *real time*.

O jornalismo online é diferente porque:

Traz perenidade à notícia. A notícia da TV, do rádio ou do impresso é volátil, se esvai no ar. Você viu e ouviu, mas passou, ou então virou embrulho de pão. Na internet, ela permanece, novos aspectos são agregados e criam-se células de informação, como minúsculas agências de notícias específicas sobre um determinado assunto. Eternamente, se necessário.

É ferramenta para pesquisa. Há tempos o grande *The New York Times* constatou que o conteúdo mais acessado é sempre o banco de notícias – em bom português, a "notícia de ontem". Desse modo, já é hora de nos preocuparmos com o que foi destaque na primeira página e hoje está acumulando poeira nos porões dos nossos sites, onde jaz, possivelmente, um reluzente pote de ouro. Curioso que, no suposto reino do real time, seja o passado que garanta um futuro glorioso, e não o presente.

No longo apocalipse do impresso, a permanência do editor

Os fatos surgem a cada ano, ainda que a conta-gotas. O jornalismo impresso começa a dar seus últimos suspiros, por mais que ainda convivamos com ele durante alguns (bons) anos. Não há o que lamentar; de longe, não é o último capítulo da história.

A comunicação se reinventa há mais de cem anos, e não é uma trombada com o bisneto mais moderno – a mídia digital – que fará com que a atividade jornalística se enfraqueça. É hora, contudo, de o jornalista entender que sua atividade é muito mais importante do que o veículo e a mídia em que trabalha.

A missão de apurar, editar e redigir sempre esteve ligada em exagero às empresas onde os profissionais atuam. Em sua grande maioria, o jornalista nunca foi o "João, excelente repórter de economia", mas "João, excelente repórter de economia da Gazeta Centro-Sul".

Por isso, é bom que esta atitude mude. Seja para onde se olhe, modelos de negócio se esfacelam, estruturas seculares de redações de jornal perderam o sentido e tiveram que ser reinventadas da noite para o dia. Acima de tudo, e apesar de tudo, sobreviveu o jornalismo.

Basta olhar para o lado e constatar, por exemplo, como a televisão acompanhou as transformações das últimas décadas enfrentando as outras mídias, por muitas vezes superando-as. Na televisão fez-se a primeira grande mudança no jornalismo, mostrando que a atividade, sim, está acima da mídia.

Vamos então, separar o profissional do meio onde atua. O jornalista sempre será necessário. A sociedade precisa de alguém que se aproxime dos fatos e extraia deles o que é mais relevante, que transforme em informação, que a adapte aos diversos meios por onde será transmitida. Precisa-se, sobretudo, que o jornalista não tema sua missão, mas que, pelo menos por enquanto, tenha uma distância respeitosa de quem compra seu trabalho e seu tempo.

Deve-se abandonar as redações? Longe disso. Mas é preciso notar que o mundo sempre será vítima do caos da informação da internet. E, diante do caos, só o jornalista – valorize-se, portanto! – é capaz de salvar o leitor de uma barafunda mental completa. Duvida?

Então, vamos lá: os usuários da internet – todos nós – precisam de alguém que separe o que é ótimo, bom e razoável do que é lixo. Em um ambiente em que é cada vez mais comum a liberdade de produção de conteúdo, o papel do editor é fundamental. Leia-se aqui editor com a visão mais ampla da palavra, ou seja, aquele que seleciona a informação a partir de determinados parâmetros, alguns até nossos.

Neste cenário, é vital um profissional com esta visão de "filtro", que facilite o acesso à informação. Se não for assim, será como procurar agulha em palheiro – e isso seria um retrocesso, sob o ponto de vista do acesso à informação. Afinal, a questão aqui não é busca da informação – resolvida há tempos pelos buscadores –, mas a seleção da informação. E é aí que entra o (indispensável) jornalista.

7 O MERCADO

Para lidar com a comunicação digital: somos todos pioneiros

Na maioria das vezes, nós, profissionais de comunicação, somos bem coerentes. Talvez porque lidemos com uma área cercada de subjetividade por todos os lados, precisamos muito bem saber o porquê de cada uma das questões que nos são apresentadas.

Mas, quando entramos no terreno do novo, somos um zero à esquerda – haja incoerência. Afinal, faz algum sentido que profissionais que lidam diariamente com imprevistos, jogo de cintura e criatividade tenham medo do novo?

Caso duvide do que estou falando, dou um exemplo. Já virou parte do anedotário tecnológico o perfil de jornalistas que, no final dos anos 1980, se agarravam à máquina de escrever em resistência ao recém-chegado computador. Como se no "tec-tec" estivesse contido o âmago da atividade jornalística, como se um texto jamais se tornasse texto caso fosse criado em outro tipo de máquina.

Era uma espécie de charme, assim como eram as redações envoltas em fumaça de cigarro. Ambos, o cigarro e a máquina de escrever, foram banidos das empresas jornalísticas, mas o que ficou – vergonha – foi mesmo o lado (lamentavelmente) antropológico da história.

Repito, haja incoerência. Pode o mesmo profissional que fez história criando ponte entre o secular jornalismo impresso e a reportagem televisiva, há pouco mais de cinquenta anos, ainda ter receio da web, décadas após sua criação? Não há mês que eu não receba uma mensagem de incômodo, desprezo ou ironia de colegas de profissão que desconfiam da comunicação digital.

Para estes, é tudo embromação, enrolação, e não vale a pena prestar atenção ao que acontece neste mercado. A ladainha é sempre a mesma: para os resistentes, não há nada novo para aprender com a comunicação digital, o que se vê atualmente são roupagens novas para temas antigos, apenas o meio é que muda.

E não é que concordo? A área de comunicação sempre foi e sempre será movida a novas mídias. A cada novidade que surge, uma nova geração de profissionais corre para entendê-la e criar a transição entre a mídia anterior e a recém-chegada. Assim foi com o cinema, o rádio, a tv, a web. O que pode parecer uma correria para entender o aspecto técnico de uma nova mídia é, na verdade, um movimento para tentar retrabalhar o que de fato importa: a transmissão da mensagem, a informação.

Por isso, concordo que são roupagens novas para temas antigos. O que nos torna especiais é a capacidade de recriar a mensagem e levá-la, sempre intacta, do emissor ao receptor, não importando a tecnologia e a mídia.

No rádio, era a voz; na televisão, a imagem; na web, voz, imagem, texto, navegação, relacionamento e muito mais. Mais uma vez, nós criamos a ponte e fomos bem-sucedidos.

Então, por que ainda há resistência quando falamos em redes sociais e até do bom e velho blog? Não gostaria, de coração, que mais uma vez fôssemos incoerentes e que, tal qual o "tec-tec" de anos atrás, criássemos uma imagem contraditória do que realmente somos: pioneiros.

Para lidar com a comunicação digital: três atributos indispensáveis

Como em todo nicho de mercado, a comunicação digital pede do profissional da área atributos que também lhe são exigidos em outras áreas de trabalho. O que difere esta atividade de outras é o nível de exigência que se pede de algumas das habilidades.

Enumero a seguir três atributos que considero os mais significativos, as habilidades que representam melhor o trabalho do profissional de mídia digital. Após tantos anos vivenciando a área, vejo nestes três itens a eficiência necessária para encarar os desafios do mercado. A eles, então:

- Humildade
  Não existe verdade absoluta nesta área. Como legítima filha da informática, a internet – e, por consequência, a web – apresenta novidades tecnológicas e de comunicação a cada mês. Isso, quando não surge algo

novo a cada semana – mesmo. Logo, é muito arriscado afirmar que uma determinada ação é a recomendada para se atingir um determinado objetivo. Ela é a mais adequada *naquele momento*; é possível que, pouco tempo após, surja uma nova tecnologia que transforme a anterior em antiquada. Ou pior, que a tentativa que você fez acabe se provando ineficaz.

É importante ficar claro que, embora todos vendam a web como uma mídia madura, ainda há muito para se descobrir, acertar e errar nesta área. Como medida de segurança para não invalidar o trabalho e o investimento do cliente, cheque o que já foi feito na área com as ferramentas que você irá utilizar. Sempre haverá o risco, mas ele será minimizado.

- Curiosidade

  Se você deseja ficar em dia com o que acontece neste mercado, não adianta fazer um curso a cada semestre, checar mensalmente as publicações da área e trocar ideias com os colegas. Este método de atualização vale para outras áreas da comunicação, mas não em um mercado cujo conhecimento se altera em um piscar de olhos. Eleja sites, portais e blogs nacionais e internacionais que você irá checar diariamente; inscreva-se em grupos de redes sociais; participe de congressos e cursos online. Aproveite que os recursos para atualização nesta área estão quase todos na própria web e vá em frente.

- Flexibilidade

  Nunca, em nenhuma outra mídia, foi tão necessário interagir com o público para entendê-lo. É preciso, mais que realizar pesquisas, travar contato direto – se possível individual – com os jovens das (eternas) novas gerações, os que mais lidam com a mídia digital. Em decorrência disso virá a mudança de comportamento – a nossa mudança de comportamento.

  Há alguns anos não entendíamos o porquê de se ter um perfil no Orkut (lembra?); há tempos é essencial estarmos nas principais redes sociais para compreender este público. Smartphones? Ainda vamos usá-los muito além do que já usamos. Não há como lidar com as novas gerações sem realizar um trabalho de imersão.

Para lidar com a comunicação digital: o que não merece – e o que merece – sua atenção

É como um carro em alta velocidade: você, parado na calçada, tenta enxergar alguma coisa, mas pouco vê do veículo – quanto mais quem está dentro. Assim é o mercado de comunicação digital: por mais que você tente congelar o que acontece ao redor, nunca será possível entender 100% o que está acontecendo.

Não, de maneira alguma estou desestimulando profissionais a ingressar nesta área, pelo contrário. Meu objetivo é, sim, clarear a situação e colocar em suas mãos a escolha de fazer ou não parte deste mercado.

Então, para encerrar esta série, listo a seguir pontos que você deve deixar passar em comunicação digital, e outros em que é preciso criar um *slow motion* mental para não ficar na poeira da evolução do mercado.

O que não merece sua atenção

Multidisciplinariedade

Esqueça. Isso é papo para consultor de RH: em comunicação digital, é preciso optar por uma área de estudo e dedicar-se a ela. Por quê? Simples: são inúmeras as possibilidades de atuação neste mercado (o que é bom), mas é impossível abarcar tudo (o que é ruim).

Para atender bem os clientes, foque em um segmento, seja desenvolvimento, marketing de relacionamento ou redes sociais, por exemplo. Só consegue lidar com "tudo ao mesmo tempo agora" quem tem muita quilometragem na área. Ou seja, especialização ainda é a palavra-chave.

Competitividade

Ser competitivo é uma coisa, achar que em comunicação digital as empresas se estapeiam por um cliente, é mentira deslavada. Embora o mercado não tenha a calma de uma pracinha do interior, ele está longe de ser tão selvagem quanto a disputa de uma conta de agência de publicidade.

Dessa forma, ainda há espaço para errar – um status que pode mudar em poucos anos. Sendo assim, experimente: ofereça serviços inovadores, crie métodos que ninguém ousou aplicar, aproxime-se do cliente de uma forma inédita. Hoje, são poucas as empresas de comunicação digital que fazem um bom serviço, e quem as sonda e contrata já sabe farejar aquelas que entregam um resultado satisfatório. Aproveite.

O que merece sua atenção

Equipe

A mistura entre autodidatas e os que têm MBA tem bom resultado: o nível das equipes da empresa de comunicação digital é de dar orgulho. Outras áreas do setor, às vezes, resvalam para a intuição e a criatividade e esquecem o foco no negócio do cliente. Muito mais preparadas que essas equipes, os núcleos web já mexem com o perfil dos profissionais do mercado em geral. É um diferencial que não pode ser ignorado.

Futuro

Como adivinhar se um nicho de mercado irá estagnar? Comunicação interna, por exemplo, teve seu "boom" no final dos anos 1970 e início dos 1980 e depois ficou parada no tempo até se reinventar. Assessoria de Imprensa era vista como "prima pobre" até recentemente, no início do século XXI, e hoje é um segmento mais que estabelecido e acreditado.

A comunicação digital é promissora porque mexe com uma mídia nova, simples assim. Isso significa que ainda há muito que explorar nesta área. E, embora este caminho – assim como o das outras mídias – possa ser acidentado (até já foi, vide o estouro da bolha de 2000, e ainda será), as perspectivas são muito boas.

Pronto: agora está em suas mãos. Pese prós e contras e, se for a sua praia, respire fundo e vá em frente.

Qual é o perfil do webwriter?

Há alguns anos participei de um trabalho sensacional. Criado pela USP, o projeto *Cidade do Conhecimento* oferecia vários desafios a quem se dispusesse a arregaçar as mangas. O mais interessante deles era a construção de um Dicionário do Trabalho Vivo, que propunha a criação de fóruns online para a redação de verbetes, atualizados periodicamente, que servissem como um retrato fiel do mercado profissional.

Fui convidado a ser mentor do verbete "webwriter", e iniciou-se um dos momentos mais prazerosos de minha carreira. A equipe reunida ao redor desta tarefa dedicou-se com afinco e, pouco tempo depois, estava pronto o verbete que reproduzo a seguir. O texto foi elaborado com maestria por Ricardo Saldanha, hoje profissional reconhecido na área de portais corporativos. O que mais me impressiona é como enxergamos longe, e ainda hoje o verbete é atualíssimo. Para quem quer entender mais sobre o perfil deste profissional, é uma ótima referência.

Webwriter

Profissional que atua em mídias digitais, tendo como objeto de trabalho não só o texto propriamente dito, mas também toda e qualquer informação textual ou visual que seja veiculada. Sendo assim, sua preocupação não deve estar restrita à precisão, qualidade e criatividade do texto, mas também a questões ligadas à organização e facilidade de acesso à informação.

Tendo em vista atuar em um segmento típico da Era do Conhecimento, necessita adotar uma postura diferenciada em relação aos redatores tradicionais, assumindo um paradigma construtivista, onde promover, instigar e facilitar o diálogo seja uma prioridade constante.

Para isso, necessita dominar uma série de técnicas ligadas ao meio (com destaque para o conhecimento de ferramentas de CMS, os gerenciadores de conteúdo) e ainda conhecer conceitos de áreas afins, com destaque para as noções de webdesign, arquitetura da informação, usabilidade e gestão do conhecimento. Tal exigência torna-se ainda mais importante quando se constata que o trabalho do webwriter quase sempre está inserido em uma equipe multidisciplinar, sendo fundamental a multiespecialização, a fim de viabilizar o diálogo entre os membros do grupo. Vale lembrar, entretanto, que as técnicas têm tido uma evolução vertiginosa, não havendo verdades absolutas quando o tema é Webwriting, mas sim indicações que servem como bússola ao profissional.

O webwriter também não pode esquecer que nas mídias interativas o poder está todo nas mãos do usuário, o que faz com que seu texto precise sempre assumir uma postura persuasiva, característica mais próxima do texto publicitário do que do informacional. Assim, conhecimentos de marketing são fundamentais para um bom desempenho profissional, bem como intimidade com o meio digital. Sendo o usuário o centro das atenções, torna-se fundamental conhecê-lo a fundo. Para tal, conhecimentos de estatística e de softwares de medição de audiência também são importantes para o profissional dessa área.

Quanto à formação, não resta nenhuma dúvida de que se trata de um profissional da área de Comunicação. O ideal seria que, no futuro, as universidades oferecessem uma nova especialização, ao lado das que conhecemos hoje:

Comunicação com especialização em Mídia Digital. Assim, vários profissionais poderiam estar reunidos no mesmo curso, cada qual buscando seu enfoque peculiar – e o Webwriting seria um deles.

Como cobrar por trabalhos de Webwriting

No mundo de hoje, ainda *mezzo* offline, *mezzo* online, é difícil escapar totalmente do vício de tomar o mercado impresso como exemplo para cobrar por um trabalho de Webwriting. Mas há algumas opções criativas, que podem ser conferidas.

Ainda assim, estamos todos, webwriters e clientes, tateando no escuro – o que significa que um ou outro acabará perdendo dinheiro, não há jeito. Por isso mesmo, para orientar os leitores, há os ícones ☺ e ☹ antes de cada opção. Tais símbolos informam o "benefício" que cada uma das sugestões proporcionará aos interessados na história, o webwriter e o cliente.

Como eu disse, você irá notar que sempre um dos dois sairá contrariado. Sinto muito, assim é a vida! Não vou sugerir quantias. O que é muito para mim pode ser pouco para você – e vice-versa. Além disso, há mil variáveis envolvidas, como o porte do cliente, por exemplo.

Lauda do Sindicato dos Jornalistas ☹☺

É uma opção óbvia e inevitável. O preço da lauda é tabelado, o que vale ouro em um mercado como o de Webwriting, em que não há nada "oficial" para propor ao cliente. Ele vai espocar champagne de tanta felicidade, mas quem sairá "espumando" é você. Por quê? Como o trabalho do webwriter vai muito além da redação propriamente dita – afinal, o redator web também preocupa-se com aspectos subjetivos como navegabilidade, visibilidade etc. – você vai receber pouco, ao traçar um paralelo com o número de horas que teve que despender.

Cobrar por página (tela) produzida ☺☺

Não é a paz universal, mas a tendência desta opção provocar sorrisos em ambos os lados é grande. Cobre por tela com textos até 20 linhas, com a decência de não contabilizar telas com textos de menos de cinco linhas. Dê descontos progressivos: de 50 a 100 telas, 5% de desconto; de 100 a 200 telas, 10%; e assim sucessivamente. É uma tabela para ser entregue antes, até para o cliente perceber o valor a ser gasto. É a opção mais moderna, palpável e negociável. O contratante pode gastar um pouco mais do que esperava, sim, mas pelo o que se tem visto, o final é feliz.

Preço de pacote pré-acordado ☹ ☹

Trabalho com tamanho (ainda) invisível, com valor pré-acordado? Não, não e não! Fuja desta opção – que muitas vezes é sugestão. Ou você faz pouco, e o cliente reclama em pagar o valor total, ou faz-se muito e você se sente explorado. Quem faz pacote é agência de turismo, e ponto-final.

A sua opção ☺ ☺ ☺ ☺ ☺ ☺

Lembre-se: o mercado ainda é novo, então toda ideia será bem-vinda. Se alguém descobrir uma opção que proporcione a webwriters e clientes o número de sorrisos aí de cima, é só disseminar a ideia. Ela existe e está em algum lugar, tenho certeza.

Para enfrentar o cliente

Se o e-commerce é, até hoje, motivo de desconfiança, imagine o Webwriting. Texto para a web? Besteira. É a velha história: pega-se aquele folheto ali, junta-se com uns textinhos prontos acolá, e está ótimo. "Para que um webwriter?", pensam alguns (muitos). Estou sendo até gentil. A pergunta que melhor cabe nesta história é: "O que é mesmo um webwriter?". Lamentável, mas você, com certeza, já passou por isso.

O maior inimigo do webwriter é o próprio cliente, ou aquele que você quer como cliente – o que fica mais complicado ainda quando o seu alvo é sua fonte de trabalho e dinheiro. Mas há como desviar destes problemas.

A seguir, há cinco dicas preciosas que, é claro, não valem para velhas raposas já bem colocadas no mercado ou para quem está procurando trabalho em agências digitais e jornais online. Mas, para quem está começando ou deseja realizar um ataque frontal às empresas, "control C + control V" nelas!

Dica 1

Tenha postura de vendedor. Você está oferecendo um produto novo, nunca se esqueça disso. As empresas não conhecem o que você está vendendo, têm pouca noção do que se trata e precisam acreditar que vale a pena gastar dinheiro com texto para a web. É preciso muita, muita persuasão. Gaste saliva, tenha paciência, insista.

Dica 2

Coloque tudo no papel. Persuasão, só, não adianta. Qualquer companhia, para absorver uma ideia nova, precisa de uma boa explicação. Descreva, ainda que em tópicos, uma definição de Webwriting, sua visão sobre o assunto e, principalmente, os benefícios que essa prática pode trazer para um website.

Dica 3

Crie uma página como exemplo. Às vezes, não há lábia ou lápis que funcione. Para que isso não aconteça, crie um site fictício com o que seria um bom Webwriting – no caso, o seu bom Webwriting. Navegue pelo site com o seu prospect, ou pelo menos insista para que ele entre em seu endereço.

Dica 4

Mostre o que outras empresas estão fazendo. Dê exemplos de sites empresariais com um bom texto, isso irá demonstrar como as companhias estão dando atenção ao conteúdo e o quão saudável para a imagem das empresas é ser bem compreendido.

Dica 5

Mostre o Webwriting como prolongamento do jornalismo. Não deixe seu possível cliente perdido. Explique para ele que você ainda é da área de comunicação (e não de informática) e continue a aplicar alguns princípios básicos da redação tradicional. Em resumo, acalme-o explicando que você conhece muito sobre internet, mas que sua alma ainda é a de um comunicólogo.

O momento das propostas

Como em toda área de trabalho ainda em construção, é preciso ficar atento na hora de procurar – ou ser procurado – para uma vaga de webwriter. Afinal, estamos em um mundo novo, com todo tipo de "perigo" à espreita, e é bom tomar cuidado. Então, anote:

78 WEBWRITING e UX WRITING

1) Crie um *personal plan*

Parece frescura? Não é. Primo-irmão do *business plan* – plano de negócios que norteia a trajetória de qualquer boa empresa, virtual ou não –, o *personal plan* será sua bússola em um mar de oportunidades. Trace uma reta do momento atual até o ponto em que você quer chegar e esquematize a trajetória até o topo. E siga, tim-tim por tim-tim, os itens que você colocou no papel. Mas, por favor, faça tudo com calma e classe: nada de virar uma metralhadora giratória em formato de currículo.

2) Cheque o conteúdo do presente

Lindos portais, conceitos revolucionários, destaque na mídia. Ótimo para quem é dono da ideia, mas nem sempre para quem sua diariamente por trás dela. Em outras palavras, não seja vítima de um *cavalo de Troia*. Tente conversar ao máximo com aquele que será seu chefe direto, sonde com seus futuros colegas de trabalho como é o clima da equipe e – importante – confira como horários, finais de semana e feriados são considerados. Empresas ligadas à tecnologia muitas vezes confundem pessoas com máquinas.

3) Você não é um astro – ainda

Não estamos em Hollywood, portanto cuidado com promessas de salários astronômicos em empresas que mal existem. Tem gente recebendo uma grana que nem vice-presidente de multinacional consegue botar a mão em dez, quinze anos de trabalho. Adoro dinheiro, mas saltar de um a um milhão em dois milésimos de segundo é para ficar com cem pés atrás. Claro que você é ótimo, o funcionário do ano, o profissional de comunicação digital do século, mas sua experiência é o degrau para salários mais altos. Já é hora de ganhar os tubos? Ou não?

Por que o redator não se recicla?

Não há como escapar. O redator, seja ele jornalista ou publicitário, tem sempre a mesma história para contar. Como é que ele, ainda novinho, adotou lápis, caneta e teclado como companheiros inseparáveis.

Tudo começa nos primeiros anos de colégio, lá pela terceira, quarta série, quando a "tia" costumava apontá-lo como uma beleza em redação. E – veja só! – em toda data especial ele subia ao palco do auditório para ler um texto, digamos, sobre Duque de Caxias. Como mamãe sentia orgulho!

Aliás, em casa, nem Camões era melhor que nosso pequeno redator, e na família ele era conhecido como "o que escreve muito bem".

Na adolescência, se a turma da rua se reunia para comemorar o aniversário de alguém, a responsabilidade de escrever o cartão ia para as mãos do nosso escriba, o que o conferia um charme e tanto. No cursinho pré-vestibular, não tinha pra ninguém – na aula de redação, só dava A, 10, 100, excelente. Nosso amigo era um abençoado, o futuro da língua escrita.

Durante a faculdade, o estágio naquele jornal ou agência só veio confirmar que escrever era a sua seara. Quando se formou, canudo debaixo do braço, só precisou encontrar a pessoa certa, aquele que percebeu que tinha um expert diante de si, e foi natural contratá-lo. Depois disso, só sucesso. Aumentos de salário, prêmios, reconhecimento dos coleguinhas do mercado, propostas para mudar de emprego.

Algum problema nesta trajetória? Pelo contrário. Nosso amigo teve o apoio dos professores e o estímulo da família, dos amigos e de quem mais você possa imaginar. O ponto crítico é outro.

Você já deve ter percebido que existe uma constante na vida de engenheiros, médicos e profissionais de tecnologia da informação: reciclagem. Durante todo o tempo, e assim que se formam, estes profissionais procuram estar em dia como o que há de novo em sua área. Tudo isso não só para evitar perder o bonde da história, mas também para evoluir como profissional e oferecer um trabalho cada vez melhor – o que, de fato, acontece.

Por que isso não ocorre com quem escreve? Poucos são os redatores que frequentam cursos de reciclagem, e é muito provável que, enquanto eu termino esta frase, muitos de nós, redatores, façamos a pergunta: "reciclagem de quê?".

De **redação**, santo Deus! Escrever é um dom como qualquer outro, e não um sopro do Espírito Santo que nos transforma em semideuses. Exatamente por isso, precisamos treinar, treinar, treinar – e principalmente aprender a enxergar o que é preciso melhorar em nossos textos. E aprender novos estilos, novas maneiras de se relatar uma história, novas formas de elaborar uma matéria etc.

Em resumo, o fato de termos ouvido desde crianças que escrevemos bem jamais poderia ter o efeito sobre nós como quando, por exemplo, vovó dizia que éramos "lindinhos". Sem nenhuma ponta de ironia, uma observação como essa é essencial para o ego e alimento – ainda que sutil – para a vida toda. Mas fazer uma opção profissional porque a mamãe, a titia do colégio e a turma da rua diziam que seu texto era maravilhoso é um pouco demais. E mais: sentar-se sobre os louros e dar por encerrada a história é pior ainda.

Não apele para o "não tenho tempo". Os livros e colunas sobre a língua portuguesa, por exemplo, já são um bom início, e não vão afetar tanto assim o seu precioso tempo. Somos redatores, não artistas. Repito: não somos artistas, e somos substituíveis, sim. Ou seja, espane a poeira. Porque atrás vem gente, pessoal.

Todos podem escrever

A redação online não tem reserva de mercado. O que significa que não apenas jornalistas podem escrever para a mídia digital, mas todos aqueles que precisam elaborar textos para a rede.

Lamento aqueles que acreditam que é necessário ter formação em jornalismo para tornar-se um redator web (isto funciona – e bem – em outras mídias). Em comunicação digital, o canudo ficou em segundo plano.

Por quê? Há dois motivos bem simples. Em primeiro lugar, redação online vai muito além de veículos informativos como jornais e revistas. Há sites de comércio eletrônico, de entretenimento, páginas financeiras, portais, blogs e até mecanismos de busca que utilizam, e bastante, o trabalho de redação. Nestes ambientes, o que vale mesmo é o talento, e muitíssimas vezes o conhecimento sobre algum assunto específico.

O outro motivo que coloca o canudo em segundo lugar no pódio é a necessidade. São administradores de empresas, economistas, engenheiros, técnicos em informática e até médicos que se veem obrigados, no dia a dia das empresas, a lidar com a redação online, seja incluindo conteúdo em sites intranet ou alimentando sites na internet.

Em resumo, escrever para a mídia digital é possível e acessível a todos. Basta pensar só um pouquinho para perceber que este ímpeto de liberdade é nada mais, nada menos, que a filosofia de todo o mercado.

> **Em tempo**
>
> É a pura verdade que nada supera o talento, a vocação e a experiência. Os profissionais de comunicação estão na dianteira quando o assunto é escrita, seja para a web ou não – afinal, nesta área respira-se (em teoria) redação. Ainda assim, é bom tomar cuidado...

(Ainda sobre) Todos podem escrever

Mexer com a formação do profissional de comunicação social é meter a mão em um vespeiro. Se o caso é o diploma de jornalismo, então, é como atear fogo ao vespeiro e ainda sair com queimadura de terceiro grau. Já vi muita gente que eu considerava calma e ponderada quase babar de ódio com a simples menção do assunto.

Como jornalistas, publicitários, relações públicas, sabemos que é preciso entender do riscado para trabalhar na área. Tenho algumas décadas de profissão e, se nesse tempo já ficou claro para mim que não é qualquer um que pode executar bem um trabalho na área de comunicação, imagine para quem tem 50 anos de estrada...

Não é fácil nem rápido atuar na área. É seleção natural, e a grande maioria sabe disso. Em resumo, pelo menos para mim, a vivência já responde à questão. Ou seja, não vou me estender, porque este aspecto da discussão é tão bobo e óbvio, que não vejo razão para gastar o teclado. Talvez, um dia, em uma mesa de chope, se faltar assunto.

Como trabalho com comunicação digital, ficou mais fácil enxergar o que realmente vale a pena investigar. Na mídia digital muito do que vale para tv, rádio, revista e jornal não se encaixa. Quem escreve para um portal de uma empresa, lidando com material institucional, precisa ser jornalista? Então ser jornalista é... escrever? Mesmo? A atividade se diluiu tanto ao longo dos anos que terminou como escrita?

Já comentei que escrever não é dom divino. As reações são sempre pesadas. Alguns reagem indignados e afirmam que, sim, a escrita não é para todos, é vocação, é inspiração, é mexer com as entranhas, é sofrer, é... (Peraí... Mas isso não é Literatura?)

Quem tem tempo para pensar em inspiração, quando o fechamento de uma edição de jornal se aproxima perigosamente? Ou até mesmo na web, quando há vários textos para um hotsite que precisam ser entregues no dia seguinte? Há espaço para tanta subjetividade?

Uma vez, participou de um de meus cursos uma simpática profissional do Sindicato dos Jornalistas do Rio. Já na época, a questão do diploma na web veio à tona. Com toda a calma de quem observa as mudanças sem medo, ela foi clara:

– Jornalismo é apuração, não é redação, gente...

Isso! Então chegamos à questão que vale a pena perder tempo, gastar teclado e varar a madrugada tagarelando em uma mesa de chope. Apuração é talento, mas um talento que se aprende, ou deveria, se as faculdades de jornalismo centrassem seus esforços nesta direção.

Não coloquem a culpa nas universidades e nos professores, apenas. Levante a mão quem não quis ser jornalista porque escrevia bem. O ruído começa do início. (Intervalo: não preciso dizer aqui que é óbvio que o texto do redator precisa ser bom, preciso? Então está dito).

Não dá para argumentar pela escrita. Argumente pela apuração. Ela é a alma do jornalismo, seja na web ou na mídia impressa, no rádio ou na tv. A apuração é digna, ela se aprende, se desenvolve. É ela quem coloca a atividade jornalística no patamar de uma medicina, de uma engenharia. A sociedade não se move sem a apuração – ou andaria às cegas, sem ela. Batalhemos por "Faculdades de Apuração", então!

A redação foi o meio que a apuração encontrou para a notícia chegar ao leitor. E só. O resto diz respeito a ego, a maior das armadilhas...

Somos todos vítimas do "achismo"

Certa vez, participei de uma longa reunião em um escritório de um cliente em que a maioria dos funcionários eram profissionais de comunicação. Muitos deles – obrigado, Senhor! – tinham noção das idiossincrasias do meio digital, mas outros nem tanto. No cômputo final, eu consegui me fazer entender – até a página dois, é claro.

Quando eu me aproximei perigosamente do item "comportamento do usuário no meio digital", foi como se tivesse ateado fogo à sala. Eu esperava por isso, a bem da verdade. Tocar neste assunto é como pedir que todo ser humano comece a operar uma equação há muito passível de erro, mas irresistível.

Quem sabe dessa vez eu aprendo? Não é fácil lidar com o "achismo", ainda mais em uma área digital, em que a teoria ainda é muito insípida. E, pior, essa teoria vem toda a partir de aplicação de testes – o que, sejamos sinceros, é um campo de estudo que só começou a ser aceito pela comunicação nas empresas há pouco mais de uma década.

Afinal, comunicação é o reino do *feeling*, da experiência profissional, do benchmarking. O que os outros fazem e o que a maioria faz é o que norteia as ações. Mas a visão pode ser melhor – e é, ainda bem.

Muitas empresas, pequenas e grandes, já usam a aplicação de testes para medir a receptividade de suas ações de comunicação. O resultado é sempre benéfico, mas incomoda em muitos casos, pois, às vezes, o que se achava sobre determinada ação mostra-se o oposto. E haja profissionalismo para admitir o erro e reajustar a rota.

Na área de mídia digital, a aplicação de testes tem um nome: **usabilidade.** O objetivo dessa técnica é justamente testar a eficácia de um site junto aos usuários. Checa-se tudo, do design ao texto, do uso da tecnologia à facilidade de navegação. Como a interface de um site é algo bem complexo, colocá-lo no ar sem aplicar testes é abrir caminho para retrabalho. Ou seja, é como jogar dinheiro fora.

Bonito, não é? Há anos institutos de pesquisa mostram que muito do que pensamos sobre o comportamento do usuário na mídia digital é bem diferente do que achamos e distante dos clichês que repetimos à exaustão. Agora, como explicar isso em meio a uma reunião com uma dúzia de pessoas?

As crianças só nascem "sabendo navegar na internet" se houver alguém para ensiná-las. O fato de elas viverem imersas em um mundo digital é um facilitador, desde que, no ponto zero da aprendizagem, exista a figura do pai ou do professor. Sobre este tópico, em especial, as pesquisas são feitas e refeitas, e os clichês continuam se repetindo.

Todavia, para um grupo de "especialistas", o que importa é a facilidade com que os sobrinhos lidam com a web ou como os mais idosos "nem chegam perto do computador" (a essa altura, mentira deslavada). Pior ainda, importante é como é a sua própria experiência com internet que rapidamente vira o denominador comum mundial.

Não é difícil entender por que há essa visão pessoal em excesso. Um portal é uma peça de comunicação com detalhes de enlouquecer, e mesmo alguns testes não conseguiram ainda chegar a determinadas conclusões. Por isso, é mais fácil e tranquilizador olhar ao redor (amigos, filhos etc.) para definir a experiência de um usuário na internet.

O reino do achismo se restringe à mídia digital? De forma alguma. Quem lida com texto, produz house-organs e cria peças publicitárias, por exemplo, sabe bem o que é ser tragado pelo buraco negro da subjetividade.

Não é à toa que insisto que a experiência é a base, mas falta ao profissional de comunicação teoria para defender seus pontos de vista com mais sustância. E, quando for possível, aplicar testes para medir a receptividade de suas ações. Muitos dizem que fazem, mas não fazem, ou sempre deixam para depois.

Terminei a reunião atordoado, mas venci a batalha. Em um determinado momento, pedi a palavra e expliquei como é, de fato, o comportamento do usuário no meio digital. A maioria entendeu e o fogaréu cessou. Mas sempre haverá um ou outro que continuará achando que o norte a seguir é o seu próprio umbigo – sobre este, apenas lamenta-se.

"Procura-se redator para a mídia digital"

Já ajudei muita gente. Mesmo. O juramento que fiz ao adentrar a área de mídia digital foi a de que eu iria ajudar ao máximo quem eu pudesse, de recém-formados aos que precisassem se recolocar no mercado. Nunca cheguei a ser uma filial da Madre Teresa de Calcutá, mas – ah, sim! – como tem me dado prazer, desde então, dar uma forcinha a quem precisa.

Você sabe que isso não é comum. Quem dera fosse. Eu teria dezenas de exemplos para dar se fosse contar histórias sobre profissionais que conheço, competentíssimos, boníssimos e simpaticíssimos, mas que escorregam na casca de banana quando é hora de "dar a mão". Não movem um dedo para enviar um e-mail sequer a algum contato que poderia ajudar um amigo – quanto mais um conhecido. São "pau pra toda obra" quando são eles que precisam se recolocar no mercado, mas são de uma frieza e exigência terríveis quando alguém pede que se exponham – ohhhhh! – para ajudá-lo. É ruim, hein, colocar a própria imagem em perigo? E, por favor, eles têm mais o que fazer...

Eu também sempre tive muito que fazer. Às vezes em excesso. Mas, como dizia um amigo mais atarefado que qualquer um que esteja lendo este texto – sem exagero –, quem quer, arruma tempo para tudo. E ele arruma.

Para ajudar os outros, então, uma vez ele chegou a marcar um jantar com um diretor de uma multinacional, chato de doer, apenas para ajudar o sobrinho de um amigo a arranjar emprego. Não sei se o rapaz conseguiu algo, mas não importa. O que deve ser levado em consideração é a admirável boa vontade. Um dia eu chego lá, mas, enquanto isso, uso meus anos de comunicação para mostrar o caminho das pedras a quem precisa, evitando que amigos e conhecidos tropecem aqui e ali.

Entre os perigos, há os perfis de profissionais que algumas empresas solicitam e que são quase ultrajantes. Ao jovem redator online, principalmente, pedem que saiba de tudo um pouco. Além do básico, que é escrever bem, exigem experiência com softwares de gestão de conteúdo (leia-se, aqui, publicadores), noções profundas de HTML, de ferramentas de arquitetura da informação, de Photoshop, de editores de áudio e vídeo e por aí vai. Só falta pedirem experiência com máquinas de café expresso e massoterapia.

Eu, que conheço o mercado de mídia digital do avesso, sei que um perfil assim é senha para "vai trabalhar muito e ganhar pouco". Como todos sabem que os novatos se esgoelam para conseguir uma vaga qualquer, vale tudo. E os pobres que nem sonhem em "subir na empresa" que, de tão limitada (em todos os sentidos), só tem a oferecer o elevador. E, vale observar, aprender a lidar com ferramentas como as que são necessárias para produção de conteúdo, até um dálmata bem treinado consegue em uma semana. Quem irá usá-las é que faz a diferença.

Sim, claro, nem todas as empresas são assim! Fosse essa a realidade, minha missão de ajudar os outros não teria saído da intenção. Há muita gente decente que cria e/ou administra empresas cuidando bem dos novatos, e até dos mais experientes. Não prometem mundos e fundos, até porque ainda não os têm, mas também não pedem loucuras na hora de contratar. Contam com os que já estão na empresa para treinar os recém-chegados, mas têm como meta investir em treinamento. Podem até pagar pouco, mas a troca é justa. Curiosamente, são essas que crescem e aparecem. Seria algo como "dá e recebereis" – uma adaptação da velha máxima.

Ser o padrinho dos outros não é nada mal. Experimente: "adote" um profissional, novo em folha ou já tarimbado, e abra espaço na sua agenda para ajudá-lo. Nem precisa se levantar da cadeira; por e-mail ou rede social, quase tudo se resolve. Lembre-se: amanhã pode ser seu irmão, sua namorada, seu filho, seu melhor amigo – ou até mesmo você.

8 PENSANDO O CONTEÚDO

O retorno da palavra

Passei anos afirmando para os meus alunos que os tempos tinham mudado na seara do Webwriting. Sempre disse que o estudo da informação para a mídia digital havia ampliado os horizontes, indo muito além da redação online. Agora, era preciso pensar a informação como algo bem mais abrangente: fotografia, ilustração, ícone, gráfico, tabela, áudio e vídeo teriam, na balança, o mesmo peso que o texto no meio digital. Afinal, era assim que o presente – e o futuro – se configurava.

Então, como mágica, a necessidade de um relacionamento mais estreito entre as pessoas, e entre elas e a informação, rearrumou as peças do tabuleiro mais uma vez. Buscar pessoas e informação virou nosso objetivo – era o fim infância da internet e havíamos passado a dominá-la, finalmente. O conceito de web participativa era a semente das mídias sociais, que germinou e transformou nossas vidas e a relação com o meio digital. No centro da mudança, estava a palavra.

Confesso que me pegou de surpresa. Que o Google havia dominado o mundo todos já sabiam, mas que os usuários da web fossem dominar seu uso, isso muitos não esperavam – inclusive eu. As empresas logo perceberam que era prioridade nível zero ter uma boa posição no ranking, e a otimização de mecanismos de busca (SEO) estourou. A intrincada tarefa de otimizar sites e blogs para os mecanismos de busca virou *default* para o mercado e conhecimento essencial para os webwriters.

Mudou, também, a relação com a palavra. Quem antes se via apenas como redator, precisou rever seus princípios. Entender a palavra como um sinalizador, muito além de um elemento de comunicação, foi a grande (e difícil, para muitos) virada. Aquele que era redator, amante da frase, precisava se ver dali em diante como um gestor da informação digital, amante da palavra.

Mas as mudanças não pararam por aí. A web inicialmente era um quase sempre caótico emaranhado de informações, e estávamos quase nos acostumando com isso. Com o tempo, houve uma evolução para um universo em vias de se tornar estruturado. Foi exatamente nessa passagem que as mídias sociais nos apresentaram o Twitter. A rede, que agora chama-se X, surgiu para reafirmar a palavra como agulha que costura a relação entre as pessoas, e entre elas e a informação. Xeque-mate.

Quando o Twitter surgiu, cheguei a duvidar que a ferramenta pudesse ser abraçada por públicos que fossem além do que chamo de quadrilátero digital. Ou seja, estudantes e professores de comunicação social, profissionais da área de comunicação e marketing digital e geeks, é claro. Quebrei a cara – muitíssimo satisfeito, a bem da verdade!

Mais uma vez, aí está a palavra a mostrar que não tem vocação para coadjuvante, que é recurso básico e principal da comunicação. No X, por exemplo, é a palavra que dá acesso aos outros formatos, e voltamos ao início.

O texto – assim como a sua alma, a palavra – dá ao ser humano o que ele mais precisa da informação, o básico, o essencial, o principal. Por isso, hoje, trago uma pergunta que não sai da cabeça: até quando a palavra será nosso norte, nossa ferramenta primordial, nosso guia rumo ao universo da informação digital? A palavra será, mesmo, eterna? Até ontem, não era o vídeo que ia comandar a informação? Onde foi parar a ideia de que tudo viria a partir da imagem em movimento?

"No princípio era o Verbo" – seria para sempre, então?

Seu conteúdo é uma célula

Parabéns! Você alugou o apartamento dos seus sonhos: três quartos espaçosos, uma sala bem arejada, um banheiro razoável e uma cozinha pequena, porém funcional. É hora de dar vida à arrumação que você sempre quis.

Primeiro, nos dois quartos mais espaçosos, vamos abusar: móveis grandes e pesados. Para o terceiro, o menor deles, pouco mobiliário, e tudo em compensado de madeira. Para a sala? Como a luz bate em quase toda a área, a escolha é por quadros coloridos, sofá e poltronas amarelas. Na cozinha, de nada serve aquele enorme armário que você trouxe do outro apartamento, venda-o. Afinal, já há dois pequenos instalados. Você está feliz da vida, quando vem a notícia: o proprietário quer o apartamento de volta e você tem pouco tempo para sair.

Dois meses depois, você é o perfeito pateta: a nova casa tem dois quartos bem pequenos. O que fazer com a mobília pesada, meu Deus? A sala fica nos fundos. Alguém viu o sol por aí? A cozinha, bem, sabe-se lá por quê, é enorme, caberia direitinho aquele armário imenso...

O que quero mostrar com este exemplo? Às vezes, nos preocupamos em criar conteúdos muito identificados com uma determinada formatação, com o design da página e com a arquitetura de informação daquele momento. Só a ideia de mudar um milímetro sequer desta estrutura nos dá arrepios! Mas, para o cenário atual, enxergar a distribuição de conteúdo desta maneira é apocalipse na certa – e sem volta.

Hoje, não é mais aceitável que um conteúdo seja criado em função da área onde está locado – o que importa é a página individualmente, o conteúdo celular. Assim, toda página deve ser imaginada como um item que é pinçado de um grande conjunto de informações. Posteriormente, a operação se repete de outra maneira, com outro raciocínio de escolha, por outro público.

O conteúdo celular não é apenas uma nova maneira de pensar o conteúdo, mas todo um novo Webwriting. Nele, a distribuição de conteúdo pelas páginas não é mais engessada, são deixadas para trás as amarras das "caixinhas" de conteúdo. Agora, o que importa é a informação.

Utilizando o raciocínio do conteúdo celular, você verá que fica muito mais fácil enxergar a funcionalidade de cada informação, ou seja, entender se ela é útil ou não. Além disso, é possível nomear a página e, com isso, saber se o título reflete mesmo o conteúdo da página. Outra vantagem é perceber cruzamentos de informações e, por exemplo, entender se o assunto se assemelha com outros do mesmo site, e em quais páginas estão.

Com o conteúdo celular, a ideia de um site ou portal como um grande banco de dados, advinda da informática, funde-se com a visão da comunicação. Nesta, o objetivo primordial é dar ao receptor o que ele deseja.

O conteúdo como produto

Site sem interatividade é site morto – isso você já sabia. O público é tudo na web, e deixá-lo de fora é um erro fatal. Mas deixe durante alguns segundos seus usuários em paz, e olhe para os lados. Você não está sozinho. Há outros sites, diferentes em perfil e proposta dos seus, mas prontos para negociar com você o que há de mais precioso em uma página – o conteúdo.

WEBWRITING e UX WRITING

As informações de um site são o grande diferencial que irá fazer com que um usuário acesse este, e não aquele site. E aí está o x da questão: se o produto feito em casa é bom, por que não comercializá-lo?

Vamos supor que eu queira disponibilizar em meu site de turismo as condições de tempo das principais cidades do país. Por que eu optaria por locar toda uma equipe de conteúdo para elaborar o material se algum dos www.site-do-tempo.com da vida já possuem o pacote pronto para venda? Essa deve ser a visão de quem cuida do conteúdo de um site.

Os dados são feitos para serem comprados, vendidos e trocados, o que deixará sua equipe de pesquisadores e redatores livre para se dedicar ao negócio principal do seu site. Voltando ao exemplo da página de turismo, o objetivo da sua página é dar boas dicas sobre as melhores cidades do mundo, e não ficar ligado se vai chover em Paris ou Tiradentes...

Para que você possa entender melhor como funciona o *c-commerce* (*content commerce*), apresento a seguir os quatro movimentos mais comuns neste universo de troca-troca de informações.

Conteúdo agregado

É quando um site adquire um pacote de informações de seu site. Mas, cuidado! Se seu conteúdo vai *viajar*, então exija que sua grife vá junto. Negocie que a logo de seu site esteja perto das informações que você está fornecendo.

Conteúdo veiculado

É quando você utiliza um veículo para agregar seu conteúdo a uma formatação de dados semelhante. Pode ser um jornal online ou um portal, o que importa é que seja uma grande via de informações. Exemplo: um portal de meio ambiente está preparando um minisite sobre a vida do elefante africano. A sua empresa é, há anos, a principal patrocinadora de um programa mundial de apoio ao simpático paquiderme. Ou seja, você tem informações riquíssimas sobre o assunto. Então, por que não participar ($) do minisite e tornar seu apoio ainda mais visível?

Conteúdo adquirido

É quando seu site compra conteúdo de terceiros. Muita atenção, contudo: informação adquirida é dinheiro investido, portanto avalie periodicamente os resultados desta parceria.

Conteúdo expandido

É quando você chega à conclusão de que não existe nada pior que jogar um visitante de sua página para outro site só porque a informação sobre tal assunto esgotou em sua página. Não seria melhor entrar em acordo com o dono do link para que quem veio ao seu site tenha a informação de forma clara, objetiva e formatada no seu site? É óbvio que não estou falando de qualquer assunto ou site, mas uma página que possa fornecer dados relevantes e que complementem a informação que seu visitante está procurando.

Ressuscite seu conteúdo

Você já foi à Disney? Se não, esta é uma boa chance de saber como funciona um parque temático e – depois você compreenderá o porquê – como o conteúdo informativo de um site deve se comportar.

Qualquer um dos parques da Disney – categoria Magic Kingdom – é estruturado em *lands* (terras). Há, por exemplo, a Adventureland, focada nas histórias de aventuras contadas pelos estúdios Disney; a Tomorrowland, uma visão do que seria nosso futuro, entre outras.

Cada *land* tem seis ou sete atrações que satisfazem a gregos e troianos, com carrosséis, montanhas-russas, simuladores, casas mal-assombradas etc. Mas há um detalhe que faz a grande, imensa diferença: cada uma delas passa por um *refurbishment* periódico.

Refurbishment, que em bom português significa polimento, é, há anos, uma estratégia de marketing e ponto pacífico entre os executivos da Disney. Assim, cada *land* é repensada a partir de algumas variáveis, como o tempo que cada atração está disponível, o apelo que ainda tem entre o público e o espaço que ela ocupa no parque.

Estas observações resultam em novas atrações nos lugares das antigas, pavilhões remodelados e *lands* inteiras reformuladas. Mas, por que esta necessidade, quase obsessiva, de tanta novidade?

Visite o "mundo Disney" e olhe ao redor: quase metade dos visitantes dos parques retorna em um curto espaço de tempo, entre um e sete anos. Ou seja, para um frequentador – leia-se cliente – não é nada agradável ou estimulante deparar-se toda vez com as mesmas atrações. O eterno retorno, repleto de novidades, é a fixação dos engravatados da Disney e seus engenheiros criativos, os *imagineers*.

Isso deveria acontecer em todo site e portal – mas não é o que se vê, infelizmente. Então, sabendo que um site não é um cemitério de informações, indico três caminhos para transformar páginas web em ambientes sempre renovados e repletos de atrativos. Eles farão do seu visitante um cliente fiel.

Conteúdo original

Saber criar desdobramentos para a arquitetura de informação é o grande diferencial em um site. Exemplo: todo site sobre Brasília indica pontos turísticos, dá dicas de hotéis e restaurantes, aponta parques ecológicos. Mas por que não ir além? É possível explorar a engenhosidade arquitetônica da capital, comparando seu traçado com o de outras cidades planejadas como Washington. Ou então sugerir roteiros alternativos e divertidos pelas cidades-satélites e contar lendas sobre a capital, como a do visionário Dom Bosco.

Então, é só comemorar: esse conteúdo só você terá, por um bom tempo. É a criatividade e a pesquisa a serviço da originalidade – e você à frente dos outros. Este deve ser um movimento constante, o de criar um conteúdo sempre mais completo que o do site do vizinho.

Conteúdo dinâmico

A informação ficou antiga? Não há como atualizá-la? Existe uma ótima solução: transforme-a em pauta jornalística para o próprio site. Em outras palavras, abra a embalagem e deixe a informação falar por si mesma. Por exemplo, as informações sobre o relatório anual da empresa, disponíveis desde meados do ano, estão no "porão" do site, criando poeira. Que tal apurar qual é o processo de organização deste documento, sua real utilidade, quem o consulta etc.?

É o valor adicional ao conteúdo – expande a informação, traz novos motivos para que ele seja visitado e demonstra atenção em relação ao material disponibilizado. É como dar uma descarga de vida ao seu conteúdo, até então condenado ao esquecimento.

Conteúdo recriado

Não há como injetar criatividade no conteúdo? Não existe o que pesquisar? O assunto não gera pauta? Há uma saída que atende pelo nome de conteúdo recriado. É simples.

Vejamos um exemplo: uma página vende, digamos, um aparelho de blu-ray, mas a estrutura editorial está montada no formato "Informações sobre este modelo", "O que é blu-ray", "O diferencial da marca". Troque tudo de lugar. Que tal atrair a atenção do visitante com o primeiro item, "O que é blu-ray"? Por incrível que pareça muitos ainda podem desconhecer todas as funcionalidades e diferenciais deste aparelho (até mesmo possíveis compradores).

Depois, parta para "O diferencial da marca" e feche com "Informações sobre este modelo". Você estará dizendo a mesma coisa, na mesma página, mas, apenas com esta inversão de estrutura, terá fisgado um público diverso daquele que tentava atrair antes.

A verdadeira navegação intuitiva

Era uma vez um grande recipiente de informação denominado portal. Eldorado da web quando surgiu, na alvorada da própria web, o portal era a via de entrada para um mundo de notícias, entretenimento, comércio e novos contatos.

O portal havia nascido para reinventar a rede, para ser sua mais perfeita definição, um pequeno grande exemplo do que a internet era capaz de oferecer. Lá, grupos de internautas, sempre fiéis à morada escolhida, se encontrariam para comprar, bater papo, ler o jornal do dia – viver, enfim. Era o ápice do mundo virtual, a felicidade eterna dos primeiros empreendedores da web, tudo o que eu e você jamais poderíamos ter sonhado.

Não deu certo? Claro que sim! E, então, começa o problema. Os portais passaram a dominar a rede, e seu conteúdo passou de grande a imenso, enquanto a competição de conteúdo ficava cada vez mais acirrada. Era preciso oferecer tudo o que o usuário pudesse vir a necessitar. Com isso, em um pulo, boa parte dos portais se transformaram em descomunais buracos negros.

Ainda que de modo caótico, esse movimento fez nascer o conceito de conteúdo global. Ou seja, a ideia de que todo o conteúdo informativo de um site deve ter alguma ligação entre si. Por mais que os sites de um mesmo portal abordem temas totalmente diferentes, e ainda que esta interseção venha a ser sutil.

Mas é um desafio e tanto. O portal ainda é hoje o maior desafio da internet, o grande abacaxi a ser descascado. Realizar o trabalho de achar semelhanças entre alhos e bugalhos consome neurônios e muito, muito tempo.

Muitos são os que tentam solucionar esta difícil equação, mas outros conseguem cometer erros crassos. E há dois problemas sérios, complicados de serem resolvidos, sobre o qual nos debruçaremos nos tópicos a seguir: navegação intuitiva e linguagem universal.

Navegação intuitiva

Então fica combinado assim: um profissional cria um portal de 3 mil páginas, com 60 camadas de informação e 48 sites verticais. Para esse portal, foram criados 2 ou 3 menus da primeira página com itens como "Revistas", "Lojas" ou "Comunidades".

Como o usuário vai enxergar todo este conteúdo? "É simples", explica o criador do portal. "A navegação é intuitiva, o internauta sente, ou percebe por associação, o que vem adiante". Só há um detalhezinho: navegação intuitiva existe, sim, mas é bom não confundir com navegação "paranormal", em que o visitante do site precisa ser "tomado por um espírito" e enxergar o que há adiante, em meio àquele emaranhado de informações. Mas é fácil falar – difícil é tornar atraente tanta informação.

Como resolver? Existem tratamentos interessantes. Um exemplo é sugerir que, em vez de pôr em um menu apenas o título de uma revista, o profissional o substitua pelo título e o slogan da publicação, que apresentará o conteúdo à frente. Não dói e faz uma diferença e tanto.

Linguagem universal

A partir do momento em que você clicou em alguns dos sites oferecidos por um portal, estamos em casa. Espera-se que lá todos falem a sua língua, que seu dialeto seja a moeda corrente.

Mas, e na primeira página de um portal, como chamar a atenção para tanto conteúdo diferente? Atenção: não estou falando de atrair o chamado *known-item user*, aquele que já conhece onde é seu canto, mas sim do internauta que deseja encontrar sua tribo.

Como resolver este problema? O antídoto atende pelo nome de *personagem* e é um velho conhecido seu. Isso mesmo: é aquele bichinho fofinho que chama a atenção de todo mundo na televisão, que tem o poder de seduzir da primeira à terceira idade.

Soa infantil? Pois é, tenha cuidado: ao criar um personagem para seu site, passe ao largo do infantil. Mas aposte no lúdico, pois ele é capaz de unificar, ainda que por um instante, toda a ideia do portal. E utilize-o quando preciso (e se for possível) em cada um dos sites verticais, como um guia de turismo ou um tira-dúvidas. Funciona.

Somos responsáveis pelo conteúdo

Uma das fábulas mais interessantes (e menos conhecidas) de Esopo conta a história de dois castores que pouco se falavam, mas moravam em rios que corriam paralelos.

> Um dia, em meio à construção de um enorme dique para conter o rio que teimava em se encher com a água da chuva, o castor do Rio da Direita notou, exausto, que a madeira dos galhos estava terminando. Sem graça, gritou, então, ao castor do Rio da Esquerda, se ele poderia doar madeira.
>
> Voaram dois galhos por sua cabeça, que o castor agoniado tratou de enfiar pelo amontoado que já começava a notar sinal de fraqueza. Desesperado, o castor tratou de ajeitar os galhos aqui e ali, até que, em pânico, perguntou mais uma vez ao castor do Rio da Esquerda se ele poderia jogar dois ou três galhos. Nem bem os galhos voaram para o seu lado, o castor nervoso encaixou-as em meio à pilha que agora tremia como uma geleia, e estancou paralisado, à espera do pior.
>
> Alucinado, gritando por socorro, pela primeira vez em sua vida o castor do Rio da Direita subiu a encosta do seu rio, e já ia descer correndo para dentro do Rio da Esquerda, quando parou, chocado com o que via. No Rio da Esquerda havia outro dique, enorme e resistente, a conter a força da água. Deitado sobre ele, roendo calmamente uma folha de árvore, estava o outro castor, que observava as centenas de galhos que haviam sobrado, flutuando à sua frente...
>
> Antes que o castor do Rio da Direita pudesse se arrepender de algo, o seu pobre dique arrebentou, em questão de minutos o rio transbordou, afogando o apavorado castor e cobrindo com enormes ondas o Rio da Esquerda – que engoliu o outro castor, sua folhinha de árvore e as centenas de galhos que haviam sobrado.

Para nós, webwriters, a lição que se pode tirar da história é que não adianta querer cuidar do seu rio/conteúdo sozinho, já que todo assunto ou tema é gerado por alguém que não é você. Todos os lados precisam se comunicar e, mais importante que tudo, todos têm sua responsabilidade sobre o que é disponibilizado.

Em termos práticos, o webwriter tem suas funções, assim como quem gera o conteúdo. Quem gera pode mexer direto no conteúdo? É claro que sim! Mas quais seriam as vantagens em ter dois cozinheiros preparando o mesmo prato? Comprometimento, atualização e envolvimento.

- **Comprometimento** – Você é o redator e pensa a melhor distribuição de conteúdo, mas o "pai" dos assuntos abordados em uma página web deve ser quem gera o conteúdo. Você é o padrinho, no máximo. Não importa em que perfil de site você trabalha, construa uma tabela de responsabilidade de conteúdo e defina quem cuida do quê. O grande benefício? A qualidade do que é disponibilizado melhora sensivelmente, já que toda palavra e todo parágrafo têm dono, e ninguém gosta de ser o culpado por erros.

> **Em tempo**
>
> Você é o castor do rio do lado, portanto não fique achando que você passou a bola para frente e ponto-final. Cheque se este trabalho está realmente sendo feito, e não reclame se for obrigado a cobrar se houver furo – você faz parte de uma equipe.

- **Atualização** – Se quem gera o conteúdo fica exposto, a atualização passa a ser, também, uma das prioridades, você verá. Na tabela de responsabilidade, abra um campo para periodicidade. Não fique achando que só "um castor faz o verão", já que atualização é um trabalho hercúleo. Prontifique-se a ajudar quem gera o conteúdo.
- **Envolvimento** – Se a lição da história é que dois castores que trabalham em conjunto não morrem afogados, imagine você e quem produz o conteúdo pensando juntos... Quantas boas ideias podem surgir! Para alcançar este patamar, contudo, é preciso que haja vontade e envolvimento, e estes sentimentos só florescem com comprometimento.

Ah, sim! A fábula acima não é de Esopo, fui eu que criei especialmente para ilustrar este texto. Pois é, vê o resultado de só ficar lendo sobre o mundo digital? Adquirir cultura geral é bom – olhe que o dique do lado pode arrebentar!

O usuário é o rei

Quando a máxima "o conteúdo é o rei" começou a varrer a internet, há alguns anos, muitos a encararam com desdém, enquanto outros a assumiram como verdade absoluta. Duplo exagero. Os tempos mudaram, e o que ficou de bom foi a merecida importância que passou a ser dada à produção de conteúdo informativo para a mídia digital.

Desde então, a web mudou, o relacionamento transformou-se no centro do mundo digital, e uma nova palavra de ordem passou (com toda a razão) a definir os novos tempos – o rei, hoje, é o usuário.

Muitos "protecionistas" do conteúdo online ainda rangem os dentes, mas a coroa de quem decide os caminhos da web e do conteúdo é quem o consome. Parece óbvio? Nem tanto. O gestor de conteúdo que enxerga seu trabalho como um (bom) rascunho, sempre aberto às demandas dos usuários, ainda é um profissional em construção. Egos exacerbados e uma (ainda) falta de costume impede que enxerguemos a produção de conteúdo como uma obra em aberto.

Não é heresia alterar o que se faz em função do gosto do receptor. Na web, passa-se a gerar mais visitação e empatia; na tv, audiência e permanência. Como em tudo na história da comunicação, só amadurecemos quando aceitamos a existência do outro, aquele que interfere, reclama, pede, exige.

Precisamos aprender a "pendurar o ego atrás da porta" antes de nos sentarmos à mesa para trabalhar, e a refletir se produzimos conteúdo para nós mesmos ou pelo prazer da tarefa. Repensar e reescrever o que foi feito deveria ser regra, uma tarefa corriqueira, resultado natural de nosso talento e da busca – madura – de sucesso.

Como conhecer o usuário

Flávia Pipoca é antenada. Editora de conteúdo de um grande portal na internet, para Flávia não há dúvida quando o assunto é Webwriting. Nossa colega participa de workshops sobre o tema no Brasil e no exterior, é figurinha fácil nas redes sociais e mestre em criar textos objetivos, criativos e impecáveis. Informação digital é com ela, e o mundo online corre em suas veias. Ou seja, Flávia Pipoca é tudo!

Mas – coitada! – ela está angustiada. Suas noites têm sido um horror, terríveis pesadelos a atormentarem sua mente. A equipe de Flávia já percebeu que sua líder anda nervosa, estressada, irritada. Mas não há o que fazer – o usuário a descobriu.

Pelo que se ouve nos corredores, tudo teria começado com um comentário de um acionista sobre um texto do site. "Quanto blá-blá-blá", ele esbravejava em letras garrafais. Foi então que Flávia Pipoca pirou. Começou a falar sozinha, e muitos juram tê-la ouvido sussurrando frases que sempre terminavam em "O meu conteúdo!". Quem ousava encará-la era fuzilado com ódio, como um espião em território inimigo. A cada comentário ou e-mail "abusivo", novas olheiras, mais ranger de dentes, outros olhares.

Contudo, na noite de ontem, anunciou-se a tragédia. Era final de expediente quando mais uma mensagem adentrou a caixa de e-mails de Flávia Pipoca. "Nunca vi informações tão resumidas sobre um assunto tão importante", reclamava um pesquisador sobre as páginas de responsabilidade social do site.

Flávia dispensou a carona do estagiário, mandou às favas o *happy hour* com as amigas, e rumou para casa. Sentou-se no sofá da sala, as luzes apagadas, e contou cada segundo no relógio até meia-noite. Havia um estranho sorriso em seus lábios quando saiu de casa, de volta ao escritório.

Pelo que o faxineiro contou à polícia naquela madrugada, deve ter sido uma cena aterradora. Rodopiando entre os computadores, gargalhando alto, Flávia comemorava a execução do recurso final. O site agora enviava uma delicada mensagem de agradecimento pela constante visitação a cada um dos usuários cadastrados no site... Contudo, anexado ao e-mail, seguia, sorrateiro, o temido vírus *tô_nem_aí.exe*, pronto para a vingança. A partir daquela noite, nenhum usuário poderia mais enviar novas mensagens pelo "Fale conosco" do site da vitoriosa Flávia Pipoca!

Ela estava livre: nenhuma sugestão, nenhuma reclamação. Nossa amiga foi internada em uma unidade de terapia intensiva da clínica de Figmund Seud, especialista em distúrbios da internet. Sim, aquele que, há uma década, cuidou de executivos em frangalhos com a quantidade indecente de e-mails a responder.

Ao longo de várias semanas, o doutor Seud explicou à transtornada Flávia Pipoca os conceitos da nova realidade em que vivemos. Nela, o usuário não só pode como deve interferir em todo o conteúdo informativo dos sites.

Para a nossa querida amiga, foram recomendados alguns tratamentos contra estresse. Destaco a seguir três bons conselhos que surtiram efeito ao longo do tratamento de Flávia e que podem ajudá-lo a entender o novo momento.

O usuário é seu cliente. Não há como adivinhar de que seu usuário precisa – há que perguntar a ele. A equação certa para um conteúdo sempre perfeito deve ser o equilíbrio entre o objetivo do site, qual tipo de informação o usuário necessita e uma análise criteriosa das métricas. Assim, todos saem ganhando: o site, que comunica o que é essencial, e o usuário, que acessa um conteúdo sem excessos.

O usuário é seu chefe. Como a informação deve ser disponibilizada é tarefa que precisa envolver um trabalho árduo. Essa tarefa envolve as áreas de arquitetura da informação e aplicação de testes de usabilidade ao site. O usuário deve mandar e desmandar em que posição deseja achar a informação. Percebe-se, então, que construir a estrutura editorial de uma página web sem a participação do usuário é como achar que o site está bom apenas porque a informação está lá – em algum lugar.

O usuário é você. Questione – sempre. Coloque-se no lugar do presidente da empresa, e ao mesmo tempo perceba-se como usuário. O porquê de uma informação estar no site deve sempre ser dissecado. Errar no alvo da informação é dinheiro gasto à toa para a empresa, e insatisfação sem dinheiro de volta para o usuário.

Subestimar quem está do outro lado do monitor é demonstração de falta de conhecimento sobre internet. Além disso, faz tremer um dos principais pilares da rede: a credibilidade. Portanto, todo o cuidado é pouco!

A linguagem na web

Como a linguagem se comporta na internet? Este foi o estudo que realizei ao longo de anos e que me tomou meses para formalizar conclusões. Já foi apresentado, desde então, a vários de meus clientes, e sinto que ajudou a desatar nós – e a desfazer clichês. Sobretudo, em questões sobre o difícil relacionamento de quem produz conteúdo informativo para grandes sites ou portais com seus diversos públicos-alvo. Veja a seguir algumas de minhas análises.

Análise 1: Linguagem na internet passa pela escolha de estilo

Entre os três estilos de redação – formal, semiformal e informal – o semiformal, derivado da publicidade, é utilizado com mais eficácia na internet. O estilo formal chegou a ser usado no início da web comercial, mas o fracasso na criação de empatia provocou rejeição imediata. Já o estilo informal é utilizado com sucesso em sites pessoais, blogs e sites de humor ou crítica, mas é obviamente restrito.

Vê-se o semiformal como aquele que disponibiliza a informação de maneira clara, com um toque de persuasão. No contato social, o semiformal encontra um paralelo no relacionamento educado, gentil ou agradável.

Conclusão: é recomendada a utilização do estilo semiformal em boa parte dos públicos da internet, em especial os de sites empresariais ou de comércio eletrônico. O estilo semiformal é a base segura, o estofo para se iniciar um relacionamento eficaz com os públicos.

Ferramenta de normatização: guia de redação e estilo, produzido a partir das características dos conteúdos de cada site ou portal.

Análise 2: Linguagem na internet passa pelo acesso a aspectos de uma mesma informação

Toda informação na internet deve ser estruturada em camadas, para que diversos públicos tenham acesso a aspectos específicos de uma mesma informação que lhes interessa.

Exemplo: ao falar em perfil de uma empresa, ao estudante de ensino fundamental, interessa a história da companhia, sua importância para a economia do país e suas atividades. Ao estudante de ensino médio – além dos aspectos já citados – interessa o envolvimento da empresa na preservação do meio ambiente e em ações de responsabilidade social, além de seus patrocínios culturais. Ao universitário, interessa a atuação da companhia no exterior e seu desempenho no mercado acionário. Como pode-se notar, são diversos aspectos sobre uma mesma informação: o perfil da empresa.

Conclusão: toda tentativa de escrever "diferente" para públicos específicos é desastrosa. O correto é apurar quais aspectos das informações o público precisa, a aproximação é mais rápida, e a empatia, tão necessária, é consequência natural.

Ferramenta de normatização: acompanhamento constante da arquitetura do site ou portal. Isso irá garantir, sempre, a boa distribuição da informação e um acesso sem dificuldades a seus diversos aspectos.

Análise 3: Linguagem na internet é resultado de relacionamento

Verticalizar o conteúdo de um site ou portal é resultado do conhecimento profundo de cada um dos públicos. Somente um razoável tempo de relacionamento entre quem produz o conteúdo e quem o consome é capaz de sedimentar esse conhecimento.

Conhecer quais aspectos da informação ainda precisam ser abordados, quais os que constituem excesso, tudo isso é resultado de um contato permanente com o usuário.

Conclusão: sabe-se que há perfis previamente traçados. Todavia, somente se conhece a real necessidade de um público na internet quando há a proposta de um relacionamento constante.

Ferramenta de normatização: a utilização de ferramentas de real interatividade com os públicos do portal, o que supõe movimentos contínuos de relacionamento com um mesmo usuário. Diferentemente de dois ou três movimentos, como ocorre quando se responde um e-mail ou se realiza uma promoção. As redes sociais existem para serem usadas como um apoio e tanto – aproveite.

Site, portal, minisite e hotsite

Dizer que o webwriter lida com o universo da informação na web é muito vago. Afinal, em que "caixas" o texto, a imagem, o vídeo, o áudio, a animação, o ícone e outros elementos informativos da mídia digital cabem, de fato, dentro de um campo tão amplo?

Definir estes espaços é a grande dificuldade para os profissionais do Webwriting – e não sem motivo. Conceitos como portal, hotsite e até mesmo site se misturam e provocam tantas dúvidas. Tudo isso acaba por interferir no resultado da boa distribuição da informação. Então, como adaptar um material para um hotsite se não está claro para um produtor de conteúdo online a diferença entre este e um minisite?

Antigamente, havia resistência a esses termos, pois eram considerados tentativas de anglicismo ou pura afetação. E, com isso, o que seria simples de entender tornava-se sânscrito. Mas esse tempo já ficou para trás.

Fato é que, hoje, o profissional que não sabe identificar cada um dos espaços de informação na web corre o risco de prejudicar o seu trabalho. Além disso, fica perdido ao tentar destrinchar livros, blogs e sites sobre o mercado da internet e não tem condições de participar de comunidades em redes.

Caso você ainda se sinta vítima indireta deste preconceito bobo, nada melhor do que pôr os pingos nos "is". Pensando nisso, elaborei definições bem claras dos principais espaços de informação e como é seu comportamento em cada um deles.

Site

Como espaço básico da informação, o website tem como principal objetivo organizá-la. Assim, estrutura uma hierarquia para que todo o conteúdo seja entendido e acessado com facilidade. A alma de um site é sua arquitetura de informação, ciência que tem séculos de vida. Sua origem data da primeira grande experiência do ser humano em organizar seu conhecimento adquirido e documentado: a biblioteca. Um website nada mais é que um grande arquivo. Se estiver bem-organizado, encontra-se facilmente a informação, e o objetivo final foi alcançado.

Portal

Não, portal não é um "site grande". A diferença entre eles é que o portal tem 100% do foco nos seus públicos, e cria conteúdos específicos para eles. São os chamados conteúdos verticais. Além disso, um portal tem ferramentas que constroem um real relacionamento entre quem produz e que consome a informação. Por exemplo: fóruns bem conduzidos e compilados, pesquisas online sérias – que vão muito além das enquetes rasteiras e mal aproveitadas – e aplicativos de comunicação instantânea. Muitos sites de grandes empresas não incluem nem conteúdos verticais, nem ferramentas de relacionamento, mas ainda assim se dizem portais.

Hotsites

São áreas de informação criadas para o lançamento de um produto, o anúncio de um evento ou uma grande promoção. Ou seja, é um conteúdo com prazo de validade, seja uma semana ou um mês. A quantidade de páginas é pequena, pelas características de conteúdo que um hotsite carrega; o tom, sempre persuasivo; e o visual, diferenciado do restante do site ou portal, abrindo em janela menor.

Minisites

Geralmente são a morada para os conteúdos verticais produzidos para os portais. Criados para atrair um público específico, os minisites abordam de forma detalhada um tema restrito. Os minisites podem ser fixos ou flutuantes, já que muitos cobrem eventos e, visualmente, comportam-se como os hotsites, com design diferenciado e abrindo em janela menor. Mas, ao contrário do hotsite, que tem na persuasão o seu norte, o tom do minisite é essencialmente informativo.

Não há dia que não surja um novo termo no universo da web. Como profissionais da área, temos que ficar em dia com as novidades e encará-las com naturalidade, olhando menos para a sua "embalagem".

A palavra, coadjuvante na web

Texto, texto, texto. A web é o paraíso da palavra. Algum problema? Pelo contrário, ela surgiu dessa maneira e muito de sua força ainda reside na informação como palavra. Eu disse *ainda*.

Busque uma definição para web e encontrará várias, mas todas giram em torno de um ponto: é nela que reside o potencial da imagem na internet; é ela a interface gráfica da rede. Não há como escapar. A web é cruel com quem aposta na força solitária da palavra. Não há site que sobreviva sem um impacto visual, todos sabem. Em nenhuma outra mídia o clichê "uma imagem vale mais do que mil palavras" foi tão verdadeiro. E olhe que estou falando apenas em layout, em ilustração, em fotografia – ainda não cheguei ao vídeo.

Se a imagem é capaz de levar vários recados em um só pacote, o vídeo é a maior concentração de informações por "pixel quadrado". O vídeo dá conta do recado, e com uma capacidade de persuasão que a palavra não alcança.

Não adianta se revoltar, porque é um caminho sem volta. Na web, a palavra está fadada a desempenhar o papel de coadjuvante da informação. Uma coadjuvante de luxo, mas, ainda assim, coadjuvante.

Eu amo a palavra. Sou, antes de tudo, um redator. Mas aprendi, ao longo de todo este tempo de trabalho com web, que a palavra precisa se enamorar da imagem. Muito mais do que já acontece na mídia impressa.

Falou-se muito, na primeira década do século XXI, em convergência de mídias. Afirmava-se que a web iria integrar texto, imagem, áudio e vídeo. Como a banda larga ainda era insípida no mundo inteiro e a história não caminhava, a tal convergência perigou não acontecer. Mas, finalmente, a realidade mudou.

O YouTube é apenas a ponta do iceberg, acreditem. Sites de veiculação de vídeos evidenciam que o interesse do usuário muda, evolui constantemente na forma de consumir informação. E que, com a explosão da banda larga – cada vez mais rápida – o consumidor dessas informações sempre vai querer mais.

Então, como recuperar a palavra em um ambiente realmente multimídia como será a web, cada vez mais, daqui por diante? O redator irá sobreviver? Na dúvida, como profissionais de comunicação, precisamos entender que nossa matéria-prima é a informação, seja lá qual for o seu formato.

Você sabe que não é preciso entender de vídeo para trabalhar em uma revista. Mas, na web, limitar a experiência – e interesse – à palavra pode ser arriscado. O perigo não é individual, mas diz respeito à classe como um todo. O novo profissional de comunicação, aquele que está saindo das universidades, precisa ter a noção de que o mercado de mídia digital espera muito mais dele.

Para os que já estão no mercado, temos uma vantagem, porque já experimentamos a informação em um formato ou mais. Basta não criar resistência e, antes de tudo, ajudar na conscientização dos que estão chegando.

Não perca tempo imaginando se a palavra precisa dar uma volta por cima ou se a web irá virar o crepúsculo do texto. Até porque não é verdade, o Twitter, ou melhor, X, é a prova disso.

Por muito tempo, a palavra dividirá as atenções com o vídeo, e é bastante provável que nunca venha a existir uma web sem informação textual. Enfim, invista seu tempo entendendo como funciona esta tal convergência de mídias e você acrescentará muito mais ao mercado – e à sua carreira.

9 MARKETING DE CONTEÚDO

Cuidar da informação é fortalecer o relacionamento

Se a base mais forte do marketing de conteúdo é gerir a informação além das fronteiras de um site, então parem as máquinas. Esta preocupação não existe nas mídias sociais. Postou no Facebook, a fila andou.

Mudou uma informação? A anterior, velha e publicada, ficou lá, como uma armadilha, pronta para quem acabou de aderir aos grupos acessar uma informação ultrapassada – e, muitas vezes, errada. "É assim", dizem.

Como "é assim"? Hoje, temos recursos que possibilitam cuidar da informação. Desse modo, pode-se refinar o consumo sobre esses dados para evitar ruídos que outras mídias e situações são incapazes, por natureza, de contornar.

Não entendam estes recursos como ferramentas, mas sim como a mais banal característica das mídias sociais: tanto o cliente como a marca podem interferir no conteúdo. Por isso, o profissional que a veicula pode tudo. O problema é que hoje não se faz nada neste sentido, mesmo o céu sendo o limite.

Há anos ministro treinamentos em conteúdo online. Desde o início, repito incessantemente que é preciso gostar muito de lidar com a informação – pura e simples – antes de começar a trabalhar na área. Redigir textos é a questão menos importante nesta equação. No contexto da mídia digital, a prioridade é a forma como a informação chega ao receptor, ao usuário, não importa o seu formato.

Ao longo deste tempo, consegui preparar a maioria de meus alunos para realidades que, desde então, vêm se sucedendo no âmbito do conteúdo para a mídia digital. Para alguns, contudo, nada disso adianta: lidar com conteúdo online é redigir textos, publicá-los e recomeçar a tarefa.

Por isso, eu ainda – apenas ainda – entendo quando muitos encaram o que chamo de "cuidadoria" de conteúdo em mídias sociais como dispensável, um pormenor ou então uma realidade que "é assim". No universo do marketing de conteúdo, contudo, perseguir a informação e cuidar dela aonde for é obrigação e sinal de inteligência e bom senso.

Assim, esqueça profissionais que se veem apenas como redatores, arquitetos da informação, analistas de mídias sociais ou especialistas em SEO. Todas estas são atividades que têm como função aprimorar os sistemas de informação e torná-los mais organizados, persuasivos, visíveis ao usuário – o que todos nós estamos carecas de saber.

Estas são atividades essenciais, sim, mas falo aqui de profissionais que vão além do kit básico. Eles têm responsabilidade pela informação e por onde ela anda, seja em comentários de blogs, redes sociais ou microblogs. Estes profissionais perseguem a informação, não a perdem de vista, rastreiam seu desdobramento, a atualizam – seja onde for. Além disso, reviram a web do avesso para não perder de vista o elo principal que une informação e usuário: o relacionamento.

Voltamos ao início. Se marketing de conteúdo é gerir a informação além das fronteiras de um site, então é certo que cuidar da informação é a base do relacionamento. Você está preparado para isso como profissional? Será mesmo? Ou ficaremos criando eternamente mais itens para o kit básico sem focar no principal: realmente usar a informação como contato transformador, constante, eficaz? Aquela que gera retorno sobre o investimento (ROI) – e não reclame dos engravatados que esperam que conteúdo produza resultados palpáveis, eles estão cobertos de razão. Vamos ampliar os horizontes. Nosso kit básico de ferramentas precisa de um upgrade – pensar fora da caixa.

Novos – e promissores – tempos

Uma vez, estava para abrir uma padaria perto da minha casa. Como naquela área era raro abrir comércio, a ideia de ter uma padaria novinha em folha, literalmente na esquina, era um acontecimento. Ainda mais para mim e meus amigos do prédio, todos crianças, na época.

Na semana da inauguração, me lembro de acordar assustado com um carro de som aos berros, anunciando a abertura da padaria para sábado. Logo atrás, desfilavam uma trupe de palhaços, malabaristas e um mágico. Embora a situação fosse nonsense, desci para assistir ao desfile com a minha avó.

Quando toda a parafernália passou, e foi possível, enfim, conversar, minha avó definiu bem a situação. "Espero que o pão seja bom", suspirou, em um misto de alívio pelo fim do barulho e certa decepção.

Com os sites lançados nos últimos anos, "pós-boom" das mídias sociais, está acontecendo algo semelhante. Um exemplo foi o que vivi há pouco tempo: fui chamado para o lançamento da nova versão de um pequeno, mas tradicional, portal de notícias sobre tecnologia. Era um show de uma cantora nova – boa, até. Mas parava por aí. No coquetel, um colega perguntou: "E o site, é bom?". Ninguém sabia responder.

A verdade é que muitos não sabem mais o que fazer com sites. O relacionamento agora é construído nas redes sociais – e está certíssimo. Ao longo das páginas de um site, bem... sei lá, ué, a gente põe... conteúdo.

Bom é saber que já há quem perceba o descompasso. Já ouvi de um fornecedor, ao orientar o cliente, que a informação "precisa de uma morada" – ponto para ele! Lembro-me também de um amigo (que não lida com mídia digital) implorando para que as informações sobre um evento fossem publicadas "em algum lugar". Caso contrário, afirmava ele, ficariam perdidas ao longo de páginas anteriores do Facebook ou em mensagens velhas do Twitter.

Não é difícil entender por que tanto gregos como troianos estão ávidos pelo renascimento dos sites, e é um sinal claro do amadurecimento do mercado. Com a questão do relacionamento resolvida e com a crescente necessidade de atender a demanda por informação, é hora de repensar o conteúdo.

Mas como torná-lo atraente e útil? Como fazer com que o relacionamento das mídias sociais e o conteúdo dos sites consigam bater uma bola redondinha, como uma equipe afinada? Os preceitos de sinergia, conceito e ideias podem ajudá-lo.

Sinergia

O que vai para as redes precisa estar no site; o que é gerado nas redes precisa ser espelhado nos sites, e imediatamente. Um abastece o outro, e quem ganha em consistência de informação é o usuário – algo muito raro nestes tempos que correm.

Conceito

Hoje, já sabemos que é impossível mimetizar um site em uma rede, e vice-versa, ou seja, são ambientes diversos, assim como seus objetivos. Mas será que o público-alvo percebe a diferença entre as mídias sociais e o que existe em um site? Ele nota que, se tiver contato com a marca nos dois ambientes, sairá ganhando, e muito? É missão do produtor de conteúdo explicitar diferenças – e principalmente benefícios.

Ideias

Se a fila andou, o dono da bola será aquele conseguir dar aos sites a mesma sensação de deslumbre que as mídias sociais nos causaram. Impossível? Não aposte nisso. Já conheço sites que casam com perfeição relacionamento e conteúdo – sem ruídos, sem confusão e com o compromisso de dar ao usuário o que ele deseja, dizendo onde deve procurar, de fato.

Ter ideias, explicitar conceitos e criar sinergia são apenas os passos iniciais. Afinal, é você quem vive a realidade do site sob seus cuidados, ou seja, existem mil possibilidades de inovação. O que não dá mais é para contar com shows, fogos de artifício ou espetáculos circenses. Os tempos são outros, e todo mundo já notou.

Faça seu conteúdo valer

Esperar retorno de investimento de um conteúdo produzido ainda é visão de poucos. Não me refiro ao conteúdo pelo conteúdo – onde ele está, se ele é encontrado ou quanto se paga por ele. Conteúdo pode e precisa gerar retorno pela informação que transmite.

O que aproxima um conteúdo do que se espera dele? É possível trabalhar aspectos e características que deem à informação uma roupagem mais objetiva, focada – *business*, mesmo?

Sim, mas é preciso trabalhar na base, na origem da informação. Ao estudar os atributos de um conteúdo – utilidade, consistência, abrangência e perenidade –, é possível encontrar boas soluções.

Utilidade

Quem consome conteúdo digital tem cabeça de buscador: quer a informação do jeito que pediu e pensou. Nossa tarefa é aproximar esta expectativa do que há a oferecer. O conceito da objetividade em Webwriting é muito semelhante ao da utilidade. Se é o que o usuário procura, do jeito que ele quer, então é porque é útil. Não é útil? Você pode fazer firulas em camadas de detalhamento – as páginas de "Veja também" –, se quiser. Mas o tempo que você está investindo em seu trabalho, assim como o que se espera de conteúdos realmente úteis que ainda há para produzir, merece muita atenção, sinceramente.

Consistência

No meio digital vale a informação formatada, embalada e etiquetada. É preciso seguir normas rígidas. Por isso, ao elaborar um conteúdo, não há espaço para criatividade – atenção: na forma, não no (literal) conteúdo.

Se um conteúdo precisa atender a requisitos como usabilidade, SEO, acessibilidade e direito digital, é como uma linha de montagem. Cada procedimento precisa ser obedecido para que o produto chegue com a qualidade esperada ao consumidor.

Criatividade? Há, sim, no design de um "produto", em suas características etc., mas não na forma, na maneira de produzir. Consistência, em conteúdo, depende de obediência a regras, e não é todo mundo que lida bem com isso. Não indico Webwriting para estes, portanto.

Abrangência

Quem produz conteúdo deve ter a missão – quase obsessiva – de transformar qualquer informação em referência número 1 dentro de sua área. A melhor e mais abrangente de todas, capaz de alçar qualquer página ao topo do Google. Sem espaço para concorrentes – mesmo.

Abrangência, em informação, é cercar o que de fato importa. Às vezes, o que é relevante em um conteúdo é o "como" e o "quando" da informação. Apenas ao dissecar esses aspectos é possível atingir a abrangência, ou seja, a capacidade de atrair para sua página o que o público não encontra em outras.

Ser abrangente não é despejar toneladas de detalhes inúteis no colo de quem irá consumir um conteúdo. A abrangência envolve entender que a profundidade de alguns dos aspectos é que pode tornar a informação ampla e imprescindível. Não se trata daquela informação que cresce para o lado, mas daquela que se aprofunda em pontos minuciosamente selecionados.

Perenidade

Pensar que um conteúdo permanecerá para sempre é uma realidade – e uma necessidade. A informação que foi elaborada hoje precisa estar preparada para sobreviver, pois estará disponível amanhã (e depois de amanhã). Situe-a no terreno do atemporal, tire o ranço – e o vício – do *real time* do conteúdo.

Pense que está produzindo para a Wikipédia, que seu conteúdo é um verbete. As chances de sobrevivência serão bem maiores – isso sem falar no valor da informação que, com o trato que você dará, continuará alto.

A utilidade do conteúdo

Utilidade está ligada à necessidade. Para entender os anseios de informação de um público, não basta imaginá-lo indo às compras em um mercado, por exemplo. É uma visão simplista que, na maioria das vezes, nos faz dar com os burros n'água. "Eu preciso, procuro, acho e pronto" – não é assim.

Necessidade de informação é o encaixe perfeito entre quem a anseia, por que a informação é procurada e o que com ela se deseja fazer. Entender esta combinação nos permite dar um passo adiante na gestão de conteúdo: produzo com conhecimento de causa e acerto no alvo com pouca margem de erro.

Vamos, então, a cada peça do quebra-cabeça.

Quem quer a informação?

Vá além de recortes habituais como idade, sexo e formação acadêmica. Na necessidade da informação, o foco essencial deve ser a profundidade com que o visitante de um site deseja uma informação. Há o superficial, o que deseja a informação básica e o que quer o pacote completo, com todo o detalhamento possível.

O pulo do gato não é conseguir atender todos esses, mas suar para conseguir entender qual entre os três é o mais constante. Se você descobrir que o perfil "pesquisador" é o mais usual, então o conceito de utilidade de conteúdo em seu site deve se sofisticar. Neste caso, informação útil é informação com todos os "opcionais" possíveis.

A necessidade de informação é superficial? Então entenda que seu visitante deseja mais "pílulas" de informação do que conteúdo aprofundado. Mais assuntos, temas variados, uso de outros formatos não textuais são ferramentas que devem ser utilizadas para tornar seu conteúdo mais útil.

Por que a informação é desejada?

Prazer ou obrigação? Urgência ou todo o tempo do mundo? Conhecer o porquê de seu visitante querer uma informação muda a estratégia que você irá desenvolver para trabalhá-la. Se boa parte do público vai ao seu portal em busca de conteúdo que irá apoiá-lo no trabalho, objetividade deve ser o conceito "âncora" a guiar o trabalho de utilidade da informação. Como não há tempo para o consumo, então o sucesso está em dar exatamente o que se quer.

Se não há tensão envolvida no acesso ao seu conteúdo, então a persuasão é seu instrumento. Aproveite que o visitante está aberto a receber mais informações do que ele mesmo se propôs a consumir quando entrou no portal e envolva-o com outros dados.

Para que é a informação?

Seu visitante pode precisar de apenas uma informação e nada mais – e, neste caso, não adianta apresentar detalhamento ou informações semelhantes. Ele começará e terminará a visita pelo que está procurando.

Por isso, pense em cada informação como se em seu site só houvesse ela. Você iria elaborá-la com um capricho que, naturalmente, não iria despender em um site com milhares de páginas, não é? Pois cada vez mais teremos este desafio: informar visitantes que acessam, via buscadores, um conteúdo específico. Seu site, para ele, é apenas aquela informação. Sua marca cada vez mais será cada página separadamente. Um desafio e tanto.

Contudo, um usuário pode ter o objetivo de juntar a informação que procura a outras para construir conhecimento. Neste caso, você deve servir como uma agulha, ajudando o visitante a criar uma tapeçaria com informações que ele deseja costurar para criar algo mais consistente.

Neste caso, informação é alimento para criar conhecimento. Quanto mais, melhor. Criar e gerir conteúdo depende muito de conhecer quem está do outro lado. Trabalhar por intuição é gasto de tempo e dinheiro. Será que seguimos esta lógica à risca?

A consistência do conteúdo

A relação do redator com a escrita deve ser como a de um casamento que deu certo. O cônjuge é o mesmo ao longo dos anos, mas a própria relação, assim como o casal, muda a cada dia. Para manter a "chama acesa" é preciso acompanhar a roda do tempo, correr atrás das transformações e se adaptar. Isso, claro, se você deseja manter a relação.

Para muitos redatores, redigir é quase como criar literatura, e para estes um texto só é texto se tem estilo, marca, emoção, impacto. E ponto-final. Se não é assim, não é texto. A questão central, aqui, é que um texto, veículo de uma informação, deve se adaptar a cada mídia. No entanto, a mídia digital nunca foi, desde o início, lugar para "literatura" – salvo, óbvio, quando o conteúdo em questão é um livro.

Ano a ano, bem sabemos, o usuário exige cada vez mais objetividade, informação certeira, conteúdo sem rodeios. Consistência, portanto. O redator que deseja ter êxito com sua página precisa entender que a paixão, aqui, deve ser pela própria informação, seja ela texto ou itens listados em uma página.

A transformação é esta: entender que a missão de comunicar e persuadir por meio da palavra continua intacta. Mas o mundo mudou, o público também, e a mídia pede que você mude junto. Se o redator conseguir imprimir estilo, a marca, a emoção e o impacto ao texto serão as consequências – e provas de experiência. Bingo!

Mas ser consistente, na mídia digital, é antes de tudo oferecer mais com menos – o que é bem diferente do papo clichê de mesa de chope de que "texto na web tem que ser curto". Nada mais velho e ultrapassado – o buraco é tremendamente mais embaixo e não tão simples assim. Como ser consistente, então?

Atenda às exigências de Experiência do Usuário (EU)

Criar uma informação para um site é trabalhar para que ela faça parte das ações que garantem ao usuário a melhor experiência possível. Ou seja, as famosas recomendações de User Experience (UX). Pensar bem a boa usabilidade de um texto é indispensável, e tornar sua leitura confortável é o ponto de partida.

Então, para começar,

- crie tópicos quando a informação for uma lista, não a enumerando em um texto corrido;
- desmembre o que seria um parágrafo em dois – trabalhe a ideia da segmentação em blocos (*chunks*);
- grife em negrito a palavra, expressão ou o trecho-chave de um parágrafo para facilitar a indexação (pelos olhos e pelo modelo mental).

Estas dicas compõem apenas uma parte das técnicas de redação utilizando recursos de legibilidade em tela que têm origem no design. Há muito mais, vale procurar.

Atenda às exigências do Google

Precisa explicar por quê? Você já sabe, e por isso valorizar mais a escolha da palavra certa do que a elaboração de uma bela frase é ponto pacífico. Os buscadores só irão encontrar seu texto e indexá-lo corretamente se você ajudar.

Pesquise, antes de tudo, se o título do texto é único na web, se não for, torne-o. Cerque o universo semântico do assunto em questão e use e abuse de sinônimos de amplo conhecimento. Continue a grifar em negrito os elementos-chave de cada parágrafo – como você pode ver, recurso útil tanto em usabilidade como para SEO.

Recusar-se a se adaptar às exigências do Google pode ser até romântico – algo como "resistir, sempre!" –, mas não ajuda em nada na encontrabilidade do conteúdo. Aliás, a grande maestria em Webwriting é conseguir produzir um ótimo texto (com estilo, emoção etc.) que atenda a maioria dos parâmetros dos buscadores.

Atenda às exigências do que, de fato, é informação

O mais terrível dos enganos é um redator ter certeza de que entende o que é informação – ao achar, por exemplo, que esta é sinônimo de dado. A saber: dá-se o nome de informação a um conjunto de dados, e é justamente pela junção deles que se constrói a contextualização da informação. Não é difícil de entender, só é preciso se dispor a parar e pensar – e não achar que o que se tem a fazer para entender mais sobre informação é apenas escrever.

Além disso, o redator – ou gestor da informação digital, já que informação é mais que texto – deve ter noção de seu papel de "agulha" no processo de elaboração da "tapeçaria" que é o conhecimento. Este é a junção de informação + informação a partir da necessidade do usuário. "Precisa saber disso tudo?" – sim, precisa.

Atenda a exigências

Regras: é bom ir se acostumando a segui-las. Na busca da consistência do conteúdo são elas a dar as cartas, sejam de usabilidade, SEO, teoria da informação ou acessibilidade. Esta última visa tornar a informação acessível aos deficientes visuais e auditivos, por exemplo. As regras norteadoras do conteúdo vieram para ficar.

Afinal, o que queremos não é focar no usuário? Em duas décadas de web, já sabemos que esse é o segredo do sucesso. Então, una o conhecimento de regras ao seu talento e siga em frente. Sempre tenha em mente que, ali na esquina, surgirão novas ideias, novas descobertas e, claro, novas regras.

A abrangência do conteúdo

Ser único também é sinônimo de chegar ao topo no universo da gestão da informação digital, mas poucos são os que se aventuram nesta missão. Informação é poder, e informação abrangente tem um poder de fogo bem maior. Ainda são muitos, porém, os que trabalham com conteúdo sem conhecer as peculiaridades imbatíveis da mídia digital desperdiçam tempo, dinheiro e público.

Sistemas de informação como sites e portais são repositórios ideais para trabalhar um conteúdo amplo, abrangente. Ou seja, que cerque a informação por todos os lados e entregue ao usuário o que ele deseja.

É preciso, contudo, estar bem ciente da grande vantagem de trabalhar a informação na web: ela pode ser expandida, esmiuçada, retrabalhada. Quando o raciocínio é compreendido, é possível, então, começar a trabalhar a abrangência, o atributo mais fascinante do conteúdo digital, da maneira apropriada.

A abrangência é a capacidade de um sistema de informação de abarcar o máximo de dados sem a criação de ruído e, portanto, sem prejuízo na criação de informação. O seu grande atributo é poder ser trabalhada de três maneiras em sites e portais: horizontal, vertical e transversal.

Abrangência horizontal

O conteúdo "livre" da web existe para ser usado sem limite. Talvez esse seja o ponto mais fascinante do trabalho da abrangência horizontal: contar com o conteúdo de outros para complementar o nosso, informações que estão ao alcance, mas não em nossa "casa".

É muito comum referenciar páginas em outros sites ou portais para contextualizar melhor uma informação – e não há nada de errado nisso. O uso deste cruzamento de informações está na base da explicação de por que sistemas de informações digitais (sites e portais) são excelentes para a construção de conhecimento. Ou seja, informação + informação.

A informação na web caracteriza-se justamente pela ligação incessante de informações. Desperdiçar o recurso da abrangência horizontal é subaproveitar ambientes perfeitos para a interseção de conteúdos, verdadeiros "criadouros de conhecimento".

Abrangência vertical

"Desdobrar para conquistar" é o lema da abrangência vertical. Diferentemente da abrangência horizontal, a vertical trabalha com o conteúdo olhando para si próprio, e não para outros além de sua fronteira.

A elaboração de um conteúdo desdobrado é o trabalho de "dissecar" uma informação, esquadrinhá-la e investigar cada um de seus aspectos. Um por um, cada aspecto da informação – "o que", "por que", "quando", "onde", "como" e "quem" – cresce em quantidade e importância, criando espaços (páginas) próprios.

São "crias" de conteúdo que explicam detalhes que foram abordados de forma superficial na página onde está a informação principal. Além disso, ampliam a capacidade de criação de conhecimento (informação + informação), de persuasão e de fidelização. Você sabia que as páginas apontadas a partir de "Saiba mais" são as mais valorizadas pelos usuários e as grandes responsáveis pelo seu retorno?

Abrangência transversal

O conteúdo, antes mesmo de ser aprofundado, pode ser expandido – e para o lado. Cruzar informações contidas em uma página é um recurso que se confunde com a criação do hipertexto e, consequentemente, da web.

Qualquer informação permite expansão, e nos conteúdos adjacentes está boa parte da origem de um trabalho bem-feito. São temas relativos ao que está sendo tratado em uma página, mas não propriamente o tema que está sendo abordado pelo conteúdo.

Muitas informações se explicam melhor justamente quando são cruzadas com outras; a visão de uma informação vizinha pode acrescentar um entendimento que vai além do que a nossa informação é capaz. Ou seja, são como matrioscas, aquelas bonequinhas russas de madeira que se encaixam umas dentro das outras. Um conhecimento se constrói com informação + informação, e muitas vezes ele só é produzido quando casado com outro que está em seu site e portal, mas em outras páginas.

Vale observar que as três formas de abrangência devem ser trabalhadas simultaneamente. É o trabalho em conjunto que cria uma abrangência de conteúdo eficaz.

A perenidade do conteúdo

O que antes parecia óbvio parece ter se perdido com o tempo. "A web é um grande, imenso arquivo" é uma frase que repito há anos para que alunos e clientes não deixem escapar o maior benefício da gestão de conteúdo no meio digital: a capacidade de armazenamento.

Para os desavisados, a imagem de um "grande, imenso arquivo" pode passar a ideia de um acúmulo desordenado de informações. Ou então de um ambiente onde o usuário se perde soterrado por milhões de dados.

Ledo engano! O que mais se faz há quase duas décadas é criar mecanismos, ferramentas, metodologias e caminhos para que a busca da informação digital seja a mais fácil, tranquila e rápida possível. Para isso, há um esforço histórico de organização e indexação do conteúdo.

Foi uma conquista e tanto. Hoje, já se lida com o conteúdo de sites de portais com conhecimento de causa. Trabalha-se a informação como se brinca com massinha de modelar: esticando, puxando, alterando, acrescentando, mas sem perder a consistência ou a capacidade de comunicação.

Em sites e portais a informação permanece, como não acontece em nenhum outro veículo ou mídia. Contudo, é preciso entender que a informação publicada – o conteúdo antigo – é preciosa e rentável. No entanto, é preciso dedicação para tirar a informação de ontem do "porão" e mesclá-la ao conteúdo geral do site. Vale o esforço, mas, para isso, as três regras que veremos a seguir precisam ser seguidas à risca.

Atualize

Só é útil o que é atual, mas nem por isso precisamos abandonar o que é antigo, como se fosse impossível "polir" o conteúdo. Há informações que são extremamente pontuais; estas, sim, são mais difíceis de serem aproveitadas como informação de primeiro nível, mas podem e devem ser indicadas como complemento (inclua-as em itens de "Veja também").

Ainda estas, contudo, podem ser transformadas em conteúdo atemporal. Por exemplo, uma notícia sobre o lançamento de um relatório anual pode ser editada, conservando o trecho em que é explicada a importância de um documento de tal calibre. Quanto às outras, é bem mais fácil. Uma página sobre um produto deve agregar, ao longo do tempo, novas informações além daquelas que foram incluídas no momento da publicação. Desde opiniões sobre o produto dadas por compradores até avaliações feitas por veículos especializados e novas fotos e vídeos que tenham sido produzidos posteriormente. Tudo para criar um valor ainda maior para um conteúdo que seria antigo se não fosse retrabalhado e renovado.

Agrupe

Trabalhar o todo pelas partes é o caminho a seguir para construir um conteúdo consistente. Para isso, agregue informações complementares para criar um conjunto mais relevante e, portanto, com possibilidade de se tornar bastante visitado – e, quem sabe, rentável.

Já é tradição: veículos noticiosos do mundo inteiro associam fatos que se apresentam inicialmente tímidos a seus desdobramentos, criando uma linha do tempo invisível, que valoriza as informações. Outro exemplo: o aprimoramento de um serviço, apresentado em uma página, passa a ser ainda mais significativo se as características anteriores – aparentemente ultrapassadas – são associadas ao conteúdo atual. A ideia é valorizar uma informação puxando outras anteriores.

Contextualize

Grande parte dos conteúdos apresenta informações "primas". Estas, diferentemente daquelas que vieram antes e que se desdobraram no conteúdo que estamos trabalhando e das que surgem a partir de nossas informações, nos ajudam a contextualizar o leitor.

Sua loja online está lançando um aparelho de blu-ray 3D de última geração. Mas será que todos os visitantes do site já sabem a diferença da qualidade de som e imagem de um aparelho de DVD para um blu-ray? E a experiência em 3D vale o preço? É incômodo? Estas são informações periféricas que podem servir não apenas para este exemplo, mas para vários em um site ou portal.

As informações primas situam o usuário, fazem com que ele perceba que o conteúdo acessado está inserido em um universo mais amplo. Assim, apesar de vasto, tem-se um conteúdo estruturado e voltado para a total compreensão do visitante.

Enfim, a informação digital existe para viver para sempre, mas ela precisa ser manipulada por profissionais que entendam do riscado e acreditem em seu potencial. O grande beneficiário será, sempre, o usuário. Acredite!

Conhecendo seus públicos

O marketing não nasceu ontem, e após décadas de experiência, entre erros e acertos, técnicas foram sendo aprimoradas até alcançar, finalmente, o patamar de confiança esperado. O mais precioso neste longo processo foi extrair a teoria da prática. Afinal, é da teoria que precisamos, não importa público, mercado, produto ou ação planejada. A teoria é a base, a bússola, o conhecimento acumulado; o que, muitas vezes, é a garantia de sucesso de determinadas ações.

O marketing de conteúdo ainda vive seus primeiros dias. Por isso, é preciso estudar a teoria do marketing "tradicional" para entender qual foi o caminho trilhado até aqui. Ou seja, como o conteúdo se tornou o bem mais precioso do meio digital e por que as técnicas utilizadas para trabalhá-lo são ferozmente perseguidas.

Precisamos estudar os públicos e os conteúdos que eles desejam, assim como o modo como cada um se comporta. Mais do que isso, os pontos de interseção entre eles; sem considerar idade, país, mercado ou gosto pessoal. A teoria do marketing responde a todas essas questões. É nela, portanto, que devemos nos calcar para continuar a desbravar o mercado do marketing de conteúdo.

Já chegamos a determinadas conclusões. Contudo, ao cruzar perfis clássicos de público com a mídia em que circulam, somos capazes de desenhar tipos de consumidores. Essa análise advém, surpreendentemente, da arquitetura da informação.

Afinal, não é essa a ciência dedicada há séculos a organizar informações para que elas sejam encontradas da maneira mais simples possível? A promoção de um conteúdo não começaria por aí? Claro que sim. Neste caso, o marketing se associa às técnicas de busca de uma informação – passo número um do marketing de conteúdo – e nos entrega quatro perfis bem claros de públicos. A saber, perfis de conteúdo definido, indefinido, aberto ou por comparação.

Conteúdo definido

Este perfil de público já sabe o que deseja, e seu comportamento em buscadores, embora básico, é bastante certeiro. Esses usuários encontram o que buscam com facilidade, pois já sabem com clareza as características do que procura.

Então, não é um público a quem devemos dar muita atenção? Ledo engano. Tudo é passível de observação: a reação à divulgação de uma informação, o que é compreendido antes mesmo de encontrá-la, como é desenhada em seu modelo mental, os caminhos que toma para procurá-la ou os níveis de satisfação ao encontrá-la. É justamente nas certezas do público de conteúdo definido que está o combustível para entender outros tipos de público com objetivos menos definidos.

Conteúdo indefinido

Este perfil não tem certeza de que o conteúdo é exatamente aquilo que se deseja. Isso pode ser visto de duas maneiras: alguém a descartar, tamanha é a dificuldade em trabalhar o seu interesse, ou a grande chance de um profissional da área em trabalhar técnicas de persuasão.

O que faltaria a um conteúdo a ponto de um público nem pensar em consumi-lo? Mais informação? Clareza no que já existe? Ajustes em atributos explícitos, como nome de um conteúdo ou preço de um produto? A indefinição é sempre sinal de um ruído que está sendo criado, e por isso é bom preparar-se para realizar alterações. O perfil do conteúdo indefinido é o que mais aponta erros no material em que estamos trabalhando.

Conteúdo aberto

O fato de ser um público pronto a ser seduzido não significa que ele espere qualquer conteúdo no final do arco-íris. Não saber o que se deseja não é sinônimo de falta de exigência ou conhecimento dos atributos de um conteúdo. O foco maior do marketing de conteúdo está exatamente neste perfil. Afinal, como sinalizar a existência de uma informação – seja institucional, produto ou serviço – se, além de não saber de sua existência, o público não conhece as vantagens de encontrá-lo e consumi-lo? É dura a missão de clarear e qualificar um conteúdo, mas é o cerne de nosso trabalho.

Conteúdo por comparação

Este é o perfil mais observador, afinal este usuário trafega pelos meios digitais com conhecimento e tranquilidade. E, como consequência, é dono de um senso crítico incomparável. Além disso, quem procura conteúdo por comparação ("O que encontrei é melhor ou pior do que aquele que acabo de checar?" "Este produto é mais barato aqui ou acolá?") é capaz de nos dar um *feedback* precioso se estivermos dispostos a ouvi-lo – ou, antes mesmo disso, estimulá-lo a dar opinião.

Que fique claro que nenhum destes perfis tem limites bem demarcados. Em cada público há um pouco de seus pares. É uma característica que não pode ser vista como um problema, mas deve servir como mais um desafio – de preferência, estimulante – na tarefa de lidar com conteúdo como produto.

Ainda sobre conhecer seus públicos

Imagine uma marca de bebidas que pretenda lançar um novo sabor para a sua linha de energéticos, líder de segmento há uma década. O produto trará sabor inédito ao mercado, surpreendente, repleto de possibilidades.

Este produto está sendo bastante aguardado pela maioria dos consumidores, mas encarado com desconfiança por alguns. Como tratar esse energético como *informação*, em especial na mídia digital?

Chega a ser ingênuo acreditar que propaganda, SEO e ações em mídias sociais solucionam totalmente a questão. Para divulgar, sinalizar e trabalhar a marca, estas são ferramentas e ambientes fundamentais, mas não estamos falando apenas em dar visibilidade à informação. Uma boa comunicação necessita de atributos que a tornem clara, persuasiva e completa. Para tal, é preciso entender primeiramente como se comportam os públicos que consomem conteúdo, e só então, trabalhar a informação.

Há dois perfis de público do marketing de conteúdo que trabalham diretamente com o apelo da informação, com o que ela é, antes de tudo, em sua essência: o definido e o indefinido. Ou seja, são os que já têm definida a intenção de consumi-la e os que ainda não estão (nada) convencidos.

Pensar em como tratar uma informação para torná-la atraente e consistente é importante. No entanto, antes disso, é preciso compreender os porquês por trás destes dois perfis e descobrir questões e conceitos inerentes a cada um deles.

Conteúdo definido

Um usuário procurou e encontrou um conteúdo porque queria achá-lo e consumi-lo – muito simples. Para os desavisados, esta seria a deixa para descartá-lo como objeto de estudo; afinal, qual o propósito em perder tempo com quem já está conquistado?

Vamos pelo óbvio: esta informação o usuário não teve dúvida em consumir, mas é claro que não será sempre assim. É bastante provável que o próximo conteúdo a ser buscado não seja tão conhecido e/ou desejado assim.

Fica claro, então, que os públicos que consomem informação variam de acordo com o próprio conteúdo. Ou seja, se neste exato segundo eu tenho definida minha intenção de consumir uma informação, no seguinte eu posso não sentir o mínimo apelo em outra. Nada é garantido, nem um conteúdo muito semelhante.

Quando uma informação atende aos anseios de um usuário é porque a forma como esse visitante a desenhou em seu modelo mental corresponde bastante ao que encontrou no site. Por exemplo, estou procurando o driver de scanner de minha impressora no site do fabricante e, de repente, encontro o que esperava. A página em questão me fornece apenas as identificações básicas que se associam ao modelo do aparelho e um botão bem visível para download. Com isso, eu uno a expectativa ao fato e crio uma informação com todo potencial para ser consumida.

Conteúdo indefinido

A emergência aqui é impedir a evasão, ou seja, que o usuário e potencial consumidor de uma informação se desinteresse pelo conteúdo antes mesmo de compreendê-lo. Para este perfil ainda não existe apelo na informação, e por isso trabalhar a forma de acesso ao conteúdo é muito importante.

Nesse momento, entra em cena, em especial, os recursos de uma boa arquitetura da informação e as técnicas de SEO. Uma vez na "porta da loja", é muito provável que o possível cliente queira ao menos checar os produtos à mostra.

Mas, afinal, por que um usuário foge de um conteúdo? Por que não há o mínimo interesse em checar uma informação? Para quem lida com marketing de conteúdo pode parecer cansativo tornar os conteúdos interessantes aos olhos daqueles que, naquele momento, não estão com o impulso natural de consumir uma nova informação.

Pelo contrário: esta é a grande chance de entender a relação deste perfil de usuário e o que ele esperava encontrar em um conteúdo. O momento também é útil para perceber falhas, reconhecer problemas e partir em busca de soluções.

Então, vamos retomar os questionamentos apresentados no tópico de conteúdo indefinido: o que faltaria a um conteúdo sem apelo? Mais informação? Clareza no que já existe? Ajustes em atributos explícitos (nome de um conteúdo, preço de um produto)? Quais atributos, portanto, estariam faltando ou sendo mal aproveitados?

Um dos prazeres do marketing de conteúdo é transformar um usuário com o interesse indefinido em alguém que encontrou um ponto de ligação entre expectativa e fato.

Público curioso, público exigente

Na seara do marketing de conteúdo o trabalho sempre deve começar por quem não tem dúvida ao consumir uma informação. Se o usuário sabe ou não onde ela está ou se é exatamente o que ele procura, são efeitos colaterais, parte do jogo. Neste caso, o impulso de consumir não se discute.

E quando o usuário se depara com um conteúdo e nada garante sua atenção? E se ele está ali apenas para comparar informações? Ambas são situações que, aparentemente, não estão nas mãos do produtor de conteúdo. Em teoria, nada pode ser feito: como incutir vontade no usuário, afinal? Ele deseja ou não uma informação, e ponto-final.

Ponto-final, uma vírgula! Entre as principais tarefas do marketing de conteúdo está justamente a de provocar o usuário, criar desejos, estimular o consumo. Estamos falando de marketing, afinal, não é? Seja em sites, portais ou redes, a vontade do usuário precisa ser trabalhada.

Diferentemente dos perfis de conteúdo definido e indefinido, os perfis de conteúdo aberto e por comparação – que veremos a seguir – merecem mais tempo, raciocínio e ações. São espectros amplos em demasia ou restritos em excesso para se apostar apenas nos atributos de uma informação. Há que suar, portanto. Atenção a cada uma das características dos perfis abertos e por comparação, note que, apesar de serem polos opostos, há semelhanças entre eles.

Conteúdo aberto

É um erro grave pensar que um usuário sem rumo é alvo fácil para um conteúdo. Por não ter noção de que a informação existe, não há espaço para estratégia alguma. Afinal, como trabalhar um possível cliente se ele não sabe onde está a loja, muito menos o produto?

Há uma distância muito grande entre boa vontade e vontade, e o vácuo que se forma entre um usuário e um conteúdo pode ser fatal. Por isso, clarear a existência de uma informação é essencial. Trabalhe arduamente a indexação do conteúdo para que o trabalho de SEO não seja em vão; invista tempo pensando, repensando e testando a arquitetura da informação do site; aposte em links patrocinados e nas diversas modalidades inteligentes de publicidade digital.

Não há como gostar de alguém – ou algo, como um conteúdo – se nunca houve o mínimo contato, seja real ou virtual. Parece óbvio dizer isso, mas muitas marcas criam conteúdos fantásticos e apostam apenas em seus atributos e no boca a boca das redes para torná-los visíveis. Não há branding que garanta o sucesso de um conteúdo em um ambiente infinito e naturalmente caótico como o digital, apenas porque ele existe.

Contudo, clarear uma informação sem as ferramentas certas para despertar o desejo de consumo do conteúdo é desperdiçar tempo e dinheiro. Tal como decorar uma matéria no colégio quando o objetivo é entendê-la.

Por isso, carregue bem as suas ações de visibilidade com os atributos da informação a ser trabalhada. Embuta neste trabalho os porquês de a informação ser interessante e útil. O desejo é criado disso, do estalo que surge entre o racional dos porquês e o emocional do "não posso viver sem".

Conteúdo por comparação

A grama do vizinho é sempre mais verde, diz o ditado, não é? Agora, imagine esta mesma situação vivenciada a distância: você não mora lá, mas está pensando em comprar uma casa, e nota que ambos os gramados são passíveis de crítica. Há a opção de comprar qualquer uma das casas. Você não é o vizinho da direita, nem o da esquerda, está acima da disputa, e por isso não há controle da situação. Você é quem manda.

Assim é o comportamento do usuário que só irá se envolver com um conteúdo quando tiver analisada a informação por todos os lados. Ele irá checar um a um seus atributos, comparando todos os defeitos e qualidades com um conteúdo semelhante.

Peguemos o exemplo de um usuário que compara dois aparelhos de blu-ray em sites concorrentes. O que parece ser uma situação limitada apenas à informação como produto propriamente dito extrapola e muito o espaço do acirrado e-commerce e invade o campo de todo tipo e formato de informação.

Hoje, o usuário compara tudo, o que vai da notícia de um portal ao conteúdo institucional de um site de empresa, do dado que veio do blog às informações do Facebook e do X. Sobrevive quem for mais preciso, acurado, sedutor, tudo isso junto, sem privilegiar um aspecto ou outro.

Ser comparado e sair vencedor é uma tarefa de muitas faces. Nessa batalha, muitas vezes travada em questões de segundos (tendo como arma o Google), não resta nem sombra para um segundo lugar.

Ao conteúdo, diga: "dê tudo de si". Revire-o, explore suas qualidades, explicite suas vantagens até estressar e trabalhe a objetividade até deixá-lo em "carne viva". Vista-o para a batalha, portanto.

A alma dos perfis aberto e por comparação é a mesma: a qualificação da informação. Cada vez mais o marketing de conteúdo cerca esta que é a razão de ser de toda a informação. Não há ferramenta digital disponível que resolva ou conserte o que reside dentro de um conteúdo, e não ao redor.

10 CONHECIMENTOS ADJACENTES

Sobre arquitetura da informação

A produção de conteúdo web envolve assuntos que vão além da criação de textos e imagens. Diversas atividades também precisam fazer parte do dia a dia do redator web. Por exemplo, aplicar técnicas para que o site seja bem colocado em resultados de sistemas de busca (SEO) e preocupar-se com questões como direito autoral e privacidade (direito digital). Bem como elaborar textos e imagens que possibilitem aos usuários com necessidades especiais visitar páginas web e participar da construção da estrutura de um site (acessibilidade digital) e torná-lo fácil de usar e navegar (arquitetura da informação).

Arquitetura da informação, por exemplo, merece muita atenção e dedicação. Afinal, em uma estrutura complexa como a de um site, as informações precisam estar bem-organizadas para que possam ser rapidamente encontradas pelo usuário.

Contudo, para começar a entender o assunto, é preciso sanar dúvidas básicas:

1) O que é arquitetura da informação?

   É a tarefa de estruturar e distribuir as seções principais e secundárias de um site. Desse modo, suas informações se tornam facilmente identificáveis, sua organização, bem-definida e a navegação, intuitiva.

2) Quando surgiu a arquitetura da informação?

   A arquitetura da informação não surgiu com a internet, nem com a informática. Aplicada no dia a dia do ser humano há séculos, ela bebe de duas fontes. A saber, da forma como organizamos a informação em nossas mentes, o chamado "modelo mental", e do mais importante resultado desta observação, a boa e velha biblioteca, enxergando-se a catalogação de um livro como a indexação de uma informação.

3) O mapa de um site é sua arquitetura da informação?

Não. O mapa de um site é um resumo da arquitetura da informação. O real fluxograma de uma AI explicita itens que não interessam ao usuário, como as *phantom labels* (abas fantasmas), ou seja, áreas previstas, mas que ainda não existem; e os filtros usados pelo mecanismo de busca.

4) As "palavras de ordem" da arquitetura da informação

Tal qual uma casa, a construção de um site prevê etapas cuidadosas para que o resultado fique a contento. A grande preocupação do redator web ao redigir um texto e utilizar as palavras de ordem da AI deve ser a satisfação e o conforto do usuário, o mesmo que espera o futuro "morador".

Por isso, o mais importante ao montar um site e elaborar os seus textos é ter em mente o público-alvo que irá frequentá-lo. Detalhes importantes como idade e nível de compreensão precisam ser levados em consideração nessa construção.

As palavras de ordem vão ajudá-lo nesta "obra".

- Organizar

  Liste os aspectos de uma informação que você irá abordar em uma determinada página, e analise se eles serão mais bem apresentados em texto, tabela, gráfico ou imagem. A palavra de ordem "organizar" sinaliza para o redator a necessidade de clareza, para que o usuário possa apreender com tranquilidade os aspectos da informação.

- Navegar

  Escreva como se estivesse explicando o assunto a um leigo, mesmo que o tema seja banal. Este é o objetivo da palavra de ordem "navegar": lidar com o conceito amplo de aprendizagem, desde a leitura facilitada de um texto à indicação de outra página ou site.

- Nomear

  Para criar empatia com o usuário, é preciso que o redator entenda o universo linguístico do seu público-alvo. Por vezes, é melhor utilizar um sinônimo para um termo que é considerado claro para o usuário em geral, mas que seria obscuro para um determinado público. A palavra de ordem "nomear" preocupa-se com a chegada da informação ao leitor, sem uma possível barreira da linguagem ou do estilo adotado.

- Buscar

  Uma página dentro de um site é como uma ficha em um arquivo: você precisa catalogá-la para que o usuário, assim que a acessa, possa identificar a informação que ali é abordada. Incluir a palavra-chave que define uma página no título e grifar em cada parágrafo as que melhor o resumem são ações recomendadas pela palavra de ordem "buscar" para que a informação seja facilmente visualizada em um texto.

5) Boas práticas em arquitetura da informação

O menu deve funcionar como o real mecanismo de busca de um site, a principal forma de o usuário encontrar o que procura. Por isso, agrupe informações em itens que sejam representados por palavras que, de fato, sinalizem precisamente o que vem adiante.

Considero que qualquer forma de acesso a informações, seja um índice de um livro ou o menu de um site, precisa ter até nove itens. Este é o limite indicado para que o usuário não tenha a sensação de que o conjunto de informações apresentado é extenso demais e que será difícil encontrar o que procura. É importante também trabalhar para que todas as informações de um site possam ser acessadas em três cliques, apenas. Ou seja, um site deve ter, no máximo, quatro camadas.

Arquitetura da informação: como preparar seu site para crescer?

Em arquitetura da informação, mais importante do que pensar no agora é planejar o futuro – em outras palavras, no que *não* existe. Como assim? Um bom site é pensado, planejado e desenvolvido para abrigar, de maneira organizada e engenhosa, toda a informação sobre um determinado tema, seja ele um serviço, um produto ou uma empresa. Mas os sites crescem, mudam, se transformam, e a arquitetura de uma página tem a obrigação de acompanhar o novo cenário.

Na maioria das vezes, porém, sites nascem e adquirem vida própria, e aquele que foi o seu projeto nos últimos três meses esvai-se na mesa de trabalho e dá lugar a outro. Como acompanhar, então, seu projeto anterior, garantindo que a mesma eficiência que você embutiu na arquitetura do site possa se desdobrar em novas páginas, áreas, minisites, sem que surjam problemas? Prevendo *phantom labels*.

As *phantom labels* são setores que ainda não existem no site, mas que toda boa arquitetura deve prever. Se há uma área de produtos em sua página, é quase certo que serão inclusos outros, em algum tempo. Abra espaço, ainda que ele não vá ser preenchido, para que esse conteúdo possa ter pouso.

Mas quais são as vantagens de elaborar um site com base na arquitetura da informação? Entre outros atributos, a AI pode oferecer: valorização do conteúdo, estímulo à criatividade, mapeamento de limites e planejamento de etapas. A saber:

- Valorização do conteúdo

  Quando um ambiente inclui informação, e esse é o caso de um site, o tamanho da página determina a importância do produto final. Isso servirá de balizador na avaliação deste projeto. Uma arquitetura que prevê *phantom labels* realistas e funcionais é capaz de aumentar a pontuação.

- Estímulo à criatividade

  Um bom *brainstorming* para criar *phantom labels* abre portas para a criatividade e é um estímulo para expandir os horizontes do negócio central do site.

- Mapeamento de limites

  Até onde o tema do seu site pode ir? E até onde você pode *querer* que ele vá? Quais são os limites? Como respeitá-los ou ultrapassá-los? A *phantom label* responde.

- Planejamento de etapas

  Muitas vezes um grande projeto não vai ao ar completo, e para organizar as etapas vindouras, nada melhor do que trabalhar com *phantom labels*. Um aviso final: não abuse das *phantom labels*. Seja bastante crítico ao prever áreas fantasmas – só coloque no papel o que realmente for necessário no futuro.

Usabilidade

Usabilidade é a metodologia baseada em testes com usuários, criada para medir a facilidade de uso de interfaces em geral, no caso as páginas de um site. Quanto mais fácil é o seu uso, ou seja, a forma de navegar e encontrar informações, maior a chance de retorno do usuário.

Por que a usabilidade merece atenção? Porque ela tem como foco principal atender às necessidades do usuário, e este também deve ser o objetivo do profissional que lida com conteúdo na web.

Por isso, lembre-se de seguir estas duas dicas preciosas em usabilidade para textos:

- **Procure utilizar apenas metade das linhas** que você usaria para redigir um texto para a mídia impressa.
- Caso sinta necessidade de explicar um termo no meio de um texto, **não crie um link para uma página de glossário**. Utilizar recursos em que pequenas janelas se abrem e fecham ao passar o mouse também não é recomendado: ao contrário do que parece, isso dificulta a absorção de informações na tela do computador. Assim, vale gastar um pouco mais de linhas para explicar o significado de termos e expressões ao longo do texto.

SEO e Webwriting

Há anos que sinalizo: webwriter não é *exatamente* um redator. "Como assim? Se o conteúdo é texto, não estou lidando com redação?", perguntam os mais desavisados. Está – mas **escrever para ser lido é bem diferente de escrever para ser visto**. Lamente caso queira, mas a realidade é essa desde o início da web: texto em sites é a última coisa que capta a atenção do visitante. É tarefa do webwriter aproveitar todos os recursos visuais e de distribuição de conteúdo na tela para tirar o texto da sina de (quase) área cega.

Hoje, a questão não é apenas ser visto na tela. A exigência cresceu com o desenvolvimento dos mecanismos de busca. Os parâmetros do usuário ficam cada vez mais sofisticados para "enxergar" o conteúdo de valor. Para acompanhar esta insana (mas eficaz) garimpagem de informação, os produtores de informação precisam entender os "como" e os "porquês" de ferramentas como o Google encontrarem uma informação – ou não.

A área de SEO envolve raciocínio e técnica fascinante, que vai muito além do que é necessário fazer com um texto para tornar uma página visível. E que fique claro: SEO não é apenas Webwriting – o buraco é muito mais embaixo.

Ainda assim, se você é redator, o que é preciso fazer, afinal de contas, para que seu conteúdo seja bem ranqueado pelo Google? E, o principal, sem ferir as questões básicas de redação de um bom texto.

- Antes de elaborar um título (H1), confira, via buscadores, se já não existe um título igual – ou bem semelhante – ao seu. **Se existir, torne-o único.** Fique tranquilo: as boas técnicas jornalísticas, assim como as de Webwriting e usabilidade em títulos, estarão intactas; aqui a questão é passar à frente dos concorrentes.

- **Insira no título a palavra-chave que define o texto.** Escrever para a mídia digital tem relação direta com indexação. Defina a que veio seu texto – o visitante e o Google vão acertar no alvo.

- **Os subtítulos (H2 e H3) também devem conter as palavras-chave dos temas e subtemas da página.** Granularidade – essa palavra é mágica para entender que indexar uma página não é apenas catalogá-la pelo título. Bem sabemos que conteúdo, mesmo, é o que vem depois. Cuide dele para que seu texto não fique "invisível".

- **Indexe o tema e os subtemas abordados no texto criando tags visíveis.** Eu não gosto de *tag clouds* – já participei de testes em que os usuários não faziam a mínima ideia do que era uma nuvem de tags. Prefiro tags bem visíveis, listadas no topo.

- **Destaque as palavras-chave de cada um dos parágrafos usando negrito ou itálico. Evite sublinhá-las, pois isso é entendido pelo usuário como link.** Não, não são muitos os sites que grifam textos. E não, não é por isso que você vai deixar de fazer. E, para encerrar o assunto, sim, você vai tomar muito cuidado ao grifar as palavras ou trechos-chave de cada parágrafo – um por parágrafo, por favor.

- **Crie sinônimos de fácil associação à palavra original para não ter que ficar repetindo a mesma palavra-chave. Essa prática é considerada como "black hat", recurso abusivo de indexação.** Jogue limpo, SEO é coisa séria – tão séria que brincar com otimização para sistemas de busca pode gerar banimento do Google durante um longo e tenebroso tempo.

Fique atento!

As dicas acima são atemporais e muito eficazes e, portanto, devem ser vistas como regra, sem pestanejar. E lembre-se: faça o redator que há em você evoluir – estamos na era da indexação, e dela não há retorno.

Acessibilidade digital

Os deficientes visuais acessam a web, sim, por meio de softwares chamados leitores de tela, você sabia? Mas, para visitar a imensa maioria dos sites e portais, de nada adiantaria, pois é preciso adaptar o conteúdo para que o site possa ser lido corretamente por essa tecnologia.

Não, ninguém precisa se sentir culpado. Infelizmente, acessibilidade digital ainda é um assunto bem menos comum do que gostaríamos. E o tema não diz respeito só a deficientes. Quem não consegue ler na tela textos que usem letras muito pequenas (e quem consegue?) torce para que os sites se tornem acessíveis. Entender é simples, complicado é partir para a prática.

Embora a população com algum tipo de deficiência no Brasil (visual ou não) esteja na casa dos 30 milhões, a acessibilidade digital é um peixe difícil de vender. A exceção são os órgãos da administração pública que estão tendo que adaptar seus sites por conta de um decreto-lei criado em 2004 e cujo prazo vem sendo prorrogado desde então.

Mas vá dizer para uma empresa privada que 1) o site ou portal não é acessível e 2) é necessário investir uma quantia razoável para adaptá-lo. A primeira questão já causa um incômodo, porque dá a sensação de que tudo foi executado de uma maneira errada – o que é um engano. Aplicar a acessibilidade digital é uma evolução, é dar um passo adiante na tarefa de atingir um público mais amplo.

Quanto ao investimento, é um fato. A não ser que você esteja começando um projeto web agora, é preciso abrir a carteira para adaptar o site aos padrões que atendem a questões da acessibilidade. E, de lambuja, esses portais ainda ficam mais "leves", bem como os códigos que constroem as páginas tornam--se mais "limpos".

Ainda assim, muitos têm aderido ao movimento dos sites acessíveis – o que é fantástico. Afinal, é uma questão de responsabilidade social, não? E se acessibilidade digital lhe parece um tema novo ou modismo, perceba que o assunto é apenas um desdobramento natural da inclusão digital, um tema popular no país há anos. Se tiver que explicar o assunto a um cliente ou ao chefe, comece por esse tópico, então.

Para o webwriter, batalhar pela acessibilidade digital é obrigação, já que tornar um conteúdo acessível é fundamental para a democratização da informação e a inclusão das minorias no meio digital. Afinal, uma das grandes vantagens da internet é colocar informações e serviços ao alcance de todos, sem exceção.

> **Em tempo**
>
> **Há uma forma de tornar "visíveis" as imagens dos sites para deficientes visuais.** Os leitores de tela também conseguem acessar descrições de imagens especialmente criadas para serem inseridas nos códigos das páginas. Estes pequenos textos são denominados "ALT", uma alusão ao recurso de programação utilizado para inserir as informações nos códigos. Não deixe de utilizá-los!
>
> **Para atender à necessidade dos deficientes auditivos** de acessar conteúdo em vídeo sem problemas, ofereça sempre a opção de legendas para o conteúdo. Da mesma forma, é essencial a existência da transcrição de vídeos – que será lida por leitores de tela -para torná-los acessíveis a deficientes visuais.

Direito digital

Embora poucas pessoas tenham conhecimento, há anos o Direito digital brasileiro já cobre – e protege – o meio digital, especificamente a internet. Criado para nortear a relação entre as instituições e os usuários na web, ele é essencial para garantir que todo conteúdo produzido para a internet receba os cuidados básicos de que necessita. Assim, garante-se que as questões jurídicas fundamentais, como direito autoral e privacidade, não sejam desrespeitadas.

Todo texto e imagem reproduzidos da web, por exemplo, requerem autorização por e-mail do produtor da informação para serem veiculadas. No mínimo, é necessária a citação da autoria e da fonte, ou seja, o site de onde a informação foi retirada.

Da mesma forma, é necessária a autorização para a publicação de uma foto ou endereço – seja por e-mail, conta no X ou perfil em rede social – de um funcionário que seja citado em uma matéria veiculada pela empresa em que trabalha. Não vacile – lei existe para ser cumprida. E é bom lembrar: Direito digital é proteção e jamais deve ser vista como restrição.

11 ALERTA!

Confiamos demais na tecnologia?

Gostemos ou não de ficção científica, a saga *Fundação*, de Isaac Asimov, nos deixa lições importantes, das que não esquecemos jamais. Para quem ainda não leu a obra, vale o resumo que transcrevo a seguir e que, por si só, explica muito sobre alguns alertas que farei a seguir.

Em um futuro distante, a glória do Império Galáctico, que já dura doze mil anos, parece eterna, mas Hari Seldon, um jovem matemático, sabe que isso não é verdade. Seldon dedica-se à "psico-história", ciência que une psicologia, história e matemática, e é capaz de prever eventos relacionados a uma imensa quantidade de seres humanos.

Através de seus estudos, Seldon prevê que o Império está entrando em decadência e que deixará de existir em 300 anos, fazendo com que a galáxia mergulhe num período de 3.000 anos de barbárie.

Ciente de sua responsabilidade, ele realiza o grande projeto de constituir uma "fundação" para editar a *Encyclopaedia Galactica*, na qual seria reunido todo o conhecimento do Império, passado à posteridade, permitindo à futura civilização retornar ao estado atual em apenas mil anos.

Contudo, Seldon e seu grupo de cientistas encontram resistência e, juntamente com suas famílias, são exilados em um pequeno planeta na periferia da galáxia, sem grandes recursos naturais ou qualquer vestígio de civilização, onde devem desenvolver o projeto sem qualquer ajuda externa.

No entanto, com o passar dos anos, surge algo não previsto pela psico-história de Seldon: um perigoso ser chamado "O Mulo", capaz de dominar mentes, e que é o contraposto ao poderio tecnológico do Império – o que nos leva a pensar que mesmo os melhores planos estão sujeitos a desvios inesperados, e aqueles que não se adaptam à realidade correm grandes riscos.

A História está cheia de exemplos de como grandes poderes sofrem derrotas por parte de grupos menos equipados, mas bem-organizados, e que lutam pela própria sobrevivência.

No Mulo, vemos Hitler, Bin Laden, tantos outros; no contra-ataque, sempre haverá uma "La Résistance" ou, apesar dos pesares, a invasão de um país distante. Contudo, no centro estarão sempre mente *versus* tecnologia, megalomania *versus* retorno às origens.

Dito isso, tiro uma dúvida e faço uma provocação: podemos confiar tanto na internet? Estamos colocando na rede tudo o que produzimos durante milênios. Seria isso uma forma de armazenamento, concentração do saber e facilidade de acesso? Ou será que aceitamos a rede como um real ciberespaço que estivesse ali sempre, como nossa própria atmosfera?

Se nem nela confiamos mais, e há décadas lutamos com fervor para perpetuar o ar que respiramos, o que dizer do que pensamos, produzimos e registramos? Há ingenuidade em nossa atitude, sim. É preciso que tentemos pressentir, tal qual Hari Seldon, de onde virá o perigo, por mais *science fiction* que pareça.

Há, portanto, alguns pontos a observar, tais como os enumerados a seguir.

1) Sofremos da síndrome do Século XX

É bom apresentá-la: a imensa maioria das pessoas que vive neste século é filha do século XX e, portanto, confia em excesso em si mesma. Vivemos duas grandes guerras como jamais o mundo vira. Assistimos, maravilhados, à chegada do homem à lua e à criação do microcomputador. No apagar das luzes, já éramos amantes da internet e escravos do celular.

Tínhamos nossos defeitos, mas quem superaria o século da penicilina? Somos produto da era que se achou o ápice da evolução, aquela que apontava para o futuro como uma consequência do que já foi feito, apenas. Será? Veio o 11 de Setembro e ficamos quase isolados, a internet a cambalear. A barbárie está há 300 anos daqui, ou basta um ruído no tempo para os anos que faltam serem contados nos dedos?

2) Não sabemos armazenar conteúdo

A *Encyclopaedia Galactica* não lhe parece algo frágil? A última esperança do saber da humanidade sendo conservada em algum canto do universo. Não seria perfeita para um alvo? Vejo assim a internet.

Se um computador some daqui, há outro acolá para acessá-la, e multiplique esta ação por milhões, em caso de perigo. Mesmo sabendo dessa capacidade de regeneração que tem a informação posta na rede, ainda assim contamos com a energia elétrica. A web é o primeiro repositório de informações em que sua permanência depende de um fator externo, ao mesmo tempo responsável por sua existência e seu extermínio. Fosse assim com o papel, ainda estaríamos na Pré-História.

3) Não sabemos o que é conhecimento

A produção de conhecimento ainda vive seus primeiros momentos, se vista pela lente apocalíptica e redentora de *Fundação*. De que serve uma "teia" de informações se o que fazemos é apenas consultá-las, como em um grande arquivo? Poucos são os que retornam à web para registrar a modificação que ela fez em suas vidas, seja em um fato corriqueiro do dia a dia ou em uma guinada de vida.

Ou seja, a participação do usuário comum ainda é pouca como a vemos hoje. Não é subindo vídeos pessoais para a rede, criando galerias de fotos ou ajudando a pautar ou comentar matérias jornalísticas que tornaremos a internet em algo realmente "orgânico".

A história de *Fundação* não teve um fim, Isaac Asimov faleceu em 1992 deixando os fãs no limbo. Ainda que tenha escrito obras derivadas, quatro delas prólogos – à esposa do escritor, Janet, ele confessou não ter a mínima ideia de como encerrar a série. Não importa: a grande lição que a saga nos deixa – seria esta a intenção do autor, decididamente um visionário? – é a de que a "teia" de verdade está em nós. A teia está no conhecimento que produzimos a cada informação que colhemos, nas experiências que vivemos e trocamos, no que há de transformador no saber – a saída está em cada uma de nossas mentes, portanto.

O Mulo, a grande ameaça, usa a mente para combater a tecnologia – e é bem-sucedido. Tomara que ainda tenhamos tempo para aprender com o que construímos. Ou ainda para notar que utilizar a nós mesmos como o maior repositório de conteúdo que a humanidade, em qualquer tempo, poderia sonhar, é a saída para o futuro e para a informação sustentável.

É para isso que trabalho: sinto que há uma *Encyclopaedia Galactica* em cada um de nós, só nos falta vontade para acreditar. Mas chegaremos lá, com ou sem Isaac Asimov ou Hari Seldon, com ou sem psico-história.

Parte 2
UX WRITING

12 ADMIRÁVEL MUNDO NOVO (DE NOVO)

No início de 1997, o engenheiro norte-americano Jakob Nielsen decidiu aplicar testes para compreender melhor o comportamento da escrita na recém-criada World Wide Web. Nessa época, a israelense Kinneret Yifrah ainda era uma adolescente em Tel Aviv. Hoje, duas décadas depois, especialista em microrredação e autora do livro *Microcopy*, de 2018, Yifrah sabe que tem muito a agradecer a Nielsen.

Desde o início, o engenheiro dedicou sua carreira à criação de metodologias de aplicação de testes a fim de entender a relação dos seres humanos com as máquinas. Investigando, para tal, tanto as tecnologias mais simples quanto as mais complexas.

Em *Projetando Websites*, um de seus livros mais famosos, Nielsen relembra que, nos tempos de faculdade, nos anos 1960, seu objeto de estudo era uma cafeteira elétrica. Se hoje ainda temos dificuldade em lidar com alguns modelos de cafeteira, imagine lidar com uma de 50 anos atrás.

Vinte anos mais tarde, nos anos 1980, Jakob Nielsen passou a centrar seus esforços em entender a relação dos seres humanos com o computador pessoal. Essa máquina, que, posteriormente, se tornou uma constante em nosso dia a dia.

Uma década depois, seríamos pegos de surpresa com o surgimento da web, e o computador passaria a ter um status ainda maior. Ao acessá-lo, o mundo e as informações estariam ao alcance das nossas mãos. Para Jakob Nielsen seria uma revolução. O pesquisador já considerava o computador pessoal um novo capítulo na relação dos seres humanos com as máquinas. Ao se deparar com a web, ele percebeu que aspectos inéditos e profundos na construção de metodologias de aplicação de testes de uso estariam por vir. Nos websites, design e tecnologia misturavam-se ao texto, formando um tripé que precisava ser estudado.

Em março de 1997, Nielsen publicaria o texto *Be Succinct! Writing for the Web*[1] "Seja sucinto! A escrita para a web", em tradução livre), resultado de pesquisas aplicadas com usuários sobre a leitura em tela. Estudiosos do mundo inteiro, ávidos por informações sobre o recém-chegado meio digital, rapidamente transformariam as conclusões de Nielsen em referência.

"Seja sucinto. [...] O usuário apenas 'escaneia' as páginas" dizia a pesquisa. Assim, o estudo de Nielsen tornou-se ponto de partida, e o trabalho de redação online passou a ser desenvolvido em bases sólidas, comprovadas por testes. Surgia, assim, o Webwriting.

Como pedaços de informação

Inspirado pelo trabalho iniciado por Nielsen na década anterior, Crawford Kilian, exímio redator, começava a escrever seu novo livro. O professor canadense estudava a escrita em seus vários meios, do texto para rádio ao *release* das assessorias de imprensa. Com o surgimento do meio digital, ele passou a dedicar seu tempo em entender o Webwriting.

Kilian desejava ir além do que Jakob Nielsen havia concluído. Seu objetivo era compreender como técnicas clássicas de escrita, em especial as do jornalismo, poderiam ser aplicadas à redação de páginas web.

Uma das principais contribuições de Crawford Kilian para o Webwriting seria o conceito de *chunk*, descrito em *Writing for the Web*, lançado em 1999. "São como pedaços de informação" (Kilian, 2015, p. 7, tradução nossa), ele descreve. "O leitor de páginas da internet gosta de informações entregues aos poucos, em pequenos trechos, e não em parágrafos extensos".

Utilizando-se de uma metodologia bem semelhante à de Jakob Nielsen, Kilian realizou vários testes até chegar à sua conclusão. Ainda hoje o conceito de *chunk* é aplicado na produção de textos para sites e portais.

O eco de Jakob Nielsen e Crawford Kilian continuou a ser ouvido ao longo dos anos seguintes à publicação de seus livros e artigos. Muito do que se viu de Webwriting na década de 2000 deve-se à produção dos dois. Seus trabalhos inspiraram legiões de profissionais do mundo inteiro a se dedicarem ao trabalho e ao estudo do comportamento da redação no meio digital, abrindo caminho para a próxima etapa – o UX Writing.

---

1 NIELSEN, J. *Be Succinct! (Writing for the Web)*. Disponível em: https://www.nngroup.com/articles/be-succinct-writing-for-the-web/. Acesso em: 21 fev. 2024.

Visto (e lido) em tela pequena

Na virada para a década de 2020, os celulares começaram a acessar a web com maior velocidade e a apresentar suas páginas de uma forma mais amigável. O que antes era um recurso a mais transformou-se no ponto de virada para a indústria de telefones móveis.

Surgia o conceito de smartphone, em que navegar na internet seria tão importante quanto comunicar-se por voz. A explosão das redes sociais apenas confirmou que o computador pessoal tinha agora um concorrente à altura. No centro desta transformação estava a relação do usuário com o conteúdo.

Antes restrito aos ambientes fechados e aos desktops e notebooks, o acesso à informação digital, agora, estava nas palmas das mãos. O internauta passou a ganhar as ruas, podendo acessar o conteúdo que desejasse de qualquer lugar.

No entanto, o que antes era visto e lido em telas maiores, passaria para aparelhos de menor tamanho. O que antes já pedia concentração, seja de casa, da cafeteria ou do trabalho, agora passaria a enfrentar a dispersão dos estímulos visuais e auditivos do cotidiano ao ar livre.

A microrredação como solução

Assim como tantos outros jovens redatores, Kinneret Yifrah decidiu aprofundar conhecimentos sobre a área de experiência do usuário (EU). Ao observar mais detalhadamente este cenário, a designer de conteúdo percebeu que a escrita para o meio digital precisava mudar – mais uma vez.

Dona de sua própria empresa, a Nemala, Yifrah percebeu que adequar textos às telas menores não bastaria. Para atender a essa nova demanda era preciso repensar como frases e palavras deveriam ser apresentadas para os usuários de aparelhos portáteis, de smartphones a tablets.

No dia a dia de contato com seus clientes, a jovem chegou à conclusão de que seus públicos queriam não apenas mais concisão e objetividade. Os usuários queriam conteúdos que solucionassem pequenos (e às vezes grandes) problemas do cotidiano. Foi então que Kinneret Yifrah deparou-se com o conceito de microrredação. Era o recurso que ela precisava para resolver a questão: a força de cada palavra precisava ser estudada. Agora, o modo como cada expressão é ou não compreendida tem muita relevância.

É difícil afirmar que UX Writing seja um sinônimo exato de microrredação. Afinal, a escrita que auxilia os usuários em suas tarefas do dia a dia via smartphones tem potencial para ir muito além da microrredação. O que seria UX Writing, então?

Menos conversa, mais ação

Digite o termo "UX Writing" no Google e irá deparar-se com duas faces de uma mesma moeda. Ao mesmo tempo em que é apontado como um conjunto de técnicas já amplamente aplicadas, seu campo de ação ainda está em processo de definição, como dito por Yifrah.

Muito do que se tem escrito – e ensinado – no mundo inteiro sobre UX Writing relaciona o termo à criação de conteúdo para aplicativos (*apps*). Popularizados após a criação do iPhone há uma década, há quem diga no mercado que os apps seriam capazes inclusive de substituir os sites.

Os aplicativos são voltados para executar ações do dia a dia tão diversas como fazer transferências bancárias, pagar contas, pedir pratos em restaurantes ou comprar ingressos para espetáculos. Além disso, são como um resumo prático dos sites, deixando as informações teoricamente supérfluas de lado e focando em funcionalidades. Em suma, o foco aqui é menos conversa e mais ação.

Ao abrir um app em um smartphone, é comum o usuário deparar-se com instruções de uso via texto, assim como são as palavras que irão guiá-lo diversas vezes em sua navegação. Neste processo, o UX Writing é fundamental.

Dos apps aos chatbots

Outro produto digital constantemente associado ao UX Writing é o chatbot. Ambiente anteriormente apenas dedicado a conversas entre atendentes de marcas e seus usuários, o chat passou a ser um campo de atuação para a inteligência artificial.

Sistemas sofisticados (bots, termo em inglês para robôs) fazem a vez dos atendentes humanos. É preciso que haja a constante inclusão de diálogos para que o sistema consiga aprender a linguagem das empresas e fazer a comunicação fluir. Neste processo, a produção de diálogos por redatores é fundamental.

Os chatbots são um bom exemplo de que o UX Writing vai além da microrredação. Fica claro nesse contexto que a escolha das palavras certas é um recurso essencial, mas a composição das frases é ainda mais importante.

Apps, chatbots... em que outros campos o UX Writing poderia atuar? Da mesma forma que é muito cedo para restringir a atuação do UX, também é precoce afirmar que suas técnicas são eficazes em todos os casos. Por isso, é importante ouvir quem trabalha na área e apontar apenas ações que possam ser consideradas boas práticas.

Quando o foco é a orientação

Quando o foco do estudo é a orientação, Rachael Mullins é um nome de peso a se considerar. Mullins iniciou sua carreira como redatora técnica, produzindo manuais de instrução para softwares. Então, passou a enxergar o texto como um precioso recurso de orientação para usuários. "Eu trabalhava distante da equipe de designers",[2] conta, em entrevista ao podcast HCD, de 2018. "Ao longo do tempo, percebemos que trabalhar juntos ajudaria a criar uma jornada de navegação muito mais consistente para os clientes, e neste processo a redação era fundamental".

Para Rachael, a aplicação de técnicas de UX Writing é essencial para os produtos digitais produzidos hoje em dia. Entretanto, ela tem consciência de que ainda é preciso convencer muitos clientes e agências de sua utilidade e importância. "Mais do que isso. – conta – É preciso esclarecer as diferenças entre a escrita para sites e a escrita voltada para produtos".

Ao ser perguntada sobre quais seriam essas diferenças, Mullins responde: "É simples. Enquanto a redação para sites foca em persuasão e em venda, a redação para produtos, como é o caso dos aplicativos, foca em orientar o uso do produto e a navegação dentro deles". Ela explica ainda que os pontos de orientação estariam em diversos momentos ao longo do uso de um produto digital.

Segundo Mullins, são justamente estes pontos que mostram a que o UX Writing veio. Um exemplo são os momentos em que a palavra certa é inserida em um botão em que o usuário deve clicar para a navegação fluir. Ou então quando um termo inserido em outro botão indica que aquele é o caminho correto para um cliente checar seus dados e fechar uma compra.

Para Rachael Mullins, os pontos de orientação podem ser encontrados em vários tipos de produtos digitais. Campos de formulários que precisamos preencher em um site e que já vêm com orientações antes mesmo de eles serem preenchidos – como é o caso típico de "digite aqui seu e-mail" dentro

---

2 As citações de Rachael Mullins presentes nesta seção foram extraídas da entrevista realizada pelo podcast HCD, em fevereiro de 2018. As traduções livres para o português foram elaboradas pelo autor. Disponível em: https://www.thisishcd.com/episode/rachael-mullins-bring-out-your-inner-ux-writer. Acesso em: 21 fev. 2024.

do próprio campo – são um bom exemplo. A seleção da expressão certa, com as palavras-chave corretas, para elaborar uma frase que comporá um simples link de acesso a outra página também exemplifica a aplicação do UX Writing.

Não é difícil perceber, portanto, que embora a redação para navegação seja vista como uma solução para o conteúdo móvel, muito de suas técnicas se misturam às recomendações do Webwriting seguidas há duas décadas. Mullins, aliás, gosta de relembrar técnicas clássicas quando explica a aplicação da escrita voltada para produtos. A busca constante de objetividade, que em boa parte das vezes resulta em mensagens curtas, é uma delas. "Vale muito mais você dizer apenas 'Desculpe' em vez de 'Desculpe pela inconveniência', se isso for facilitar e agilizar a navegação do usuário", explica.

Sobre a missão do UX writer

Explicar que Webwriting e UX Writing podem conviver é a missão que Anastasiia Marushevska, da Ucrânia, propôs-se a cumprir. Todavia, tendo sempre em mente que a redação para produtos é algo realmente novo. Pensando nisso, Anastasiia começou a escrever textos para o site de produção coletiva uxdesign.cc, explicando a quem fosse preciso o que de novo e antigo há na redação para produtos.

Em seu texto de estreia, "How to build a better product with UX Writing", a editora-chefe da organização Ukraïner listou no item "So what UX writers really do" de que forma esse profissional trabalha. Anastasiia descreveu de forma clara e didática a rotina do profissional que lida com o UX Writing; uma forma de explicar, ainda que indiretamente, a função da redação para produtos digitais.

Segundo Marushevska, o trabalho de um UX writer inclui:

- Trabalhar em conjunto com designers e programadores desde o estágio inicial de desenvolvimento de um produto digital;
- Estudar a que mercado aquele produto se destina para entender em profundidade a linguagem do público;
- Traçar hipóteses e realizar testes com as palavras e expressões escolhidas para comprovar sua eficácia antes de pôr algo no ar;
- Trabalhar em conjunto com a equipe de marketing e os redatores das outras mídias para seguir rigorosamente o guia de estilo da empresa, caso exista;
- Saber escrever bem.

O último item chama a atenção. Embora seja esperado de um redator que ele entenda do ofício, no UX Writing, o foco é a palavra e não a composição de frases. Logo, deixa-se de lado a subjetividade e a emoção em benefício da objetividade e da lógica.

Isso, é claro, pode desagradar os que adentram o mercado porque gostam de escrever de forma jornalística. Ou então para quem associa a boa escrita para produtos digitais a estilo, ortografia e gramática.

Embora, este trio seja levado em consideração no dia a dia de trabalho de um UX writer, Marushevska explica que "escolher palavras pomposas para fazer as pessoas usarem um produto é normal, mas conseguir mantê-las usando este tipo de palavra é a questão".[3]

Em busca da palavra exata

Entender o que se passa na mente dos usuários é uma das questões que mais instigam Samuel Stenberg, de Umeå, norte da Suécia. O líder e estrategista de inovação da Hello Future trabalha com redação para produtos digitais e dedica o tempo livre à pesquisa de UX Writing.

"Qual seria a palavra exata para se inserir em uma página, aquela que realmente irá auxiliar na navegação do visitante? Mais: será que ele teria paciência para ler um parágrafo até o fim? Ninguém ainda sabe, vamos admitir",[4] escreve Stenberg em um de seus primeiros textos para o site colaborativo Medium, portal onde atua como escritor e relata cada nova descoberta feita por meio dos testes que aplica.

Samuel Stenberg foi buscar na neurologia e na biologia respostas para estas questões. O editor sueco mergulhou a fundo nos estudos sobre o cérebro humano desenvolvidos por Robert Sapolsky, autor de *Memórias de um primata*, de 2001. Outro livro fundamental para a pesquisa de Stenberg foi a obra publicada em 2017, em inglês, *Behave: The Biology of Humans at Our Best and Worst* (*Comporte-se: a biologia humana no nosso melhor e pior*, em português), de mesma autoria.

3 As citações de Anastasiia Marushevska presentes nesta seção foram extraídas de "How to build a better product with UX writing", de maio de 2018. As traduções livres para o português foram elaboradas pelo autor. Disponível em: https://uxdesign.cc/how-to-build--a-better-product-with-ux-writing-926d78209ce8. Acesso em: 21 fev. 2024.

4 As citações de Samuel Stenberg presentes nesta seção foram extraídas de "A UX Writer's Journey Into the Deep … Parts of the Brain, and 3 Insights From It.", de abril de 2018. As traduções livres para o português foram elaboradas pelo autor. Disponível em: https://medium.com/brand-language/brainpiece-f9e962a6eafb. Acesso em: 21 fev. 2024.

Stenberg deixa claro que há em *Comporte-se* informações que se relacionam diretamente à linguagem, ao uso das palavras e seu entendimento. Assim, chegou a conclusões bastante curiosas, na verdade conjecturas, que valem ser ouvidas – afinal, há muito a descobrir no campo do UX Writing.

Uma dessas conclusões é a de que o córtex frontal é repleto de neurônios "generalistas". Afinal, é a área do cérebro que lida com fatos dos mais diversos; enfrentamos pequenas e grandes situações novas a cada dia. Em suma, é a área do cérebro que mais trabalha, justamente por estar na linha de frente. É, digamos assim, a que mais se cansa. E qual a relação deste "cansaço" com a escolha de palavras?

Imagine-se abrindo um app pela primeira vez. Se a comunicação não acontecer de imediato, se não for criada uma empatia com o usuário rapidamente, há o risco de ele perder o interesse e fechar o aplicativo. A ponte com o usuário, nestes casos, é feita antes de tudo com a escolha de palavras certas, estejam elas em uma frase curta de abertura ou nos itens do menu.

Uma vez que o usuário passa a ter domínio da situação, entra em cena o cerebelo, a área do cérebro que age quando o terreno em que estamos já é conhecido. Essa região recebe solicitações quando passamos pelas etapas iniciais, básicas para qualquer orientação, e a comunicação não precisa mais ser tão genérica. Palavras de amplo alcance, portanto, não são tão essenciais neste cenário. Mas, como sempre haverá novos "visitantes", o contato inicial precisa sempre ser claro e direto, assim como a escolha de uma palavra ou expressão.

A promessa do prazer

Outra aposta bem curiosa de Samuel Stenberg em relação ao UX Writing baseia-se nos estudos de Robert Sapolsky ligados ao uso de estímulos: "Abuse da dopamina, por mais que seu efeito não dure para sempre", diz Sapolsky. Neurotransmissor do cérebro associado ao prazer, a dopamina é liberada toda vez que temos a sensação de que vamos ser recompensados por um esforço, seja físico ou mental.

Se estudamos horas a fio para fazer uma prova, é a dopamina que nos anima, como se nosso cérebro dissesse "isso vale o esforço, você vai tirar uma boa nota". Se estamos cansados durante uma aula de ginástica, é a dopamina que nos estimula, lembrando-nos que apenas assim vamos atingir nossa meta. O mesmo acontece com a comunicação: escolher a frase, a expressão ou a palavra certa é o ponto de partida para a dopamina entrar em ação – exatamente o que faz a publicidade há décadas.

"Sapolsky faz questão de explicar que nosso maior prazer está na expectativa da recompensa, não necessariamente em receber a recompensa", lembra Stenberg. De uma maneira simplória, a ideia é que a dopamina nos promete prazer, mas não se responsabiliza por entregá-lo.

Samuel Stenberg afirma que estas são apenas conjecturas e que algumas questões são bastante discutíveis – como palavras que prometem, mas não necessariamente entregam. No entanto, ele assume que o mais precioso no processo é justamente a iniciativa corajosa de tentar entender a mente do usuário. Ainda que para essa compreensão seja necessário utilizar conhecimentos que ainda precisam ser testados – mas já lançam luz sobre o futuro próximo da leitura em tela – ou até mesmo para aqueles já comprovados.

Modelo mental, do coletivo ao individual

Criado há mais de cinquenta anos pelo psicólogo escocês Kenneth Craik, o conceito de modelo mental é fundamental para tentar entender como funciona o nosso raciocínio. Sobretudo em momentos em que experimentamos um ambiente novo, seja ele um lugar ou um produto.

Indispensável para qualquer trabalho relacionado a design, há anos o estudo da elaboração de textos para a mídia digital utiliza a ideia de modelo mental. Esse seu conceito se divide em dois: modelo mental coletivo e individual.

O primeiro está ligado ao instinto de sobrevivência e à obediência às regras do dia a dia; já o segundo é a maneira como cada um de nós utiliza (ou não) cada recurso do modelo mental coletivo. Se essa ferramenta nos é útil individualmente, nós a mantemos e a usamos; caso contrário, ou a moldamos às nossas necessidades, ou a descartamos.

Vale ressaltar, mais uma vez, a forma como os estudos de Kenneth Craik, Jakob Nielsen e Crawford Kilian ainda influenciam constantemente no trabalho dos personagens aqui apresentados. Profissionais de UX Writing espalhados pelo mundo – muitos no Brasil – se dedicam com paixão a dar continuidade à iniciativa de seus predecessores.

Um ciclo de mudanças

Eu mesmo comecei a estudar o comportamento da informação na mídia digital em meados dos anos 1990, vindo da área de comunicação empresarial. Logo após, já trabalhando com redação digital, percebi que, como acontece agora, a informação não para quieta: a convergência de mídias concretizada na virada para o século XXI é combustível constante de mudança.

Um exemplo: no espaço de tempo entre os meus três livros sobre Webwriting, muito mudou. Em 2000, tudo era novo e possível; em 2006, as redes sociais davam seus primeiros passos; em 2014, o marketing de conteúdo já ditava regras.

Ao longo deste tempo, também pude perceber como haviam mudado os profissionais. Jornalistas habituados ao meio impresso descobriram que era possível mesclar as técnicas de texto utilizadas há décadas no papel. Agora, havia a facilidade da publicação imediata e das possibilidades quase infinitas do hiperlink do meio digital.

Publicitários notaram a chance que teriam de conversar diretamente com seus públicos. Assim, poderiam indicar produtos e serviços com uma linguagem própria, ligada ao comportamento pessoal desse público no meio online.

Informação e conhecimento

Há alguns anos os profissionais brasileiros começaram a se adaptar às novidades da redação para produtos digitais. Foi nesse cenário de mudança que conheci Breno Barreto, jornalista que se dedicava ao trabalho de UX Writing em uma *startup* no Rio de Janeiro.

Ao acompanhar o trabalho de Barreto, pude confirmar mais uma vez como o campo de atuação do UX Writing pode ser extenso e uma ferramenta poderosa de comunicação digital. Em um dos contatos iniciais, ele fez questão de me apresentar os primeiros resultados da aplicação da redação para produtos digitais. Para essa pesquisa, Breno usou como base de conhecimento um sofisticado banco de dados da empresa para a qual trabalhava. O repositório de informações utilizado havia sido criado pela *startup* para que seus atendentes pudessem rapidamente achar respostas para as dúvidas de seus clientes.

"Começamos um trabalho de revisão da nossa base de conhecimento, tanto em termos de qualidade do texto quanto em termos de organização e estrutura",[5] conta Barreto, que costuma dividir o que descobre com seus colegas de mercado, seja em textos ou encontros. Em um de seus artigos para o Medium, ele relata ainda que o objetivo era utilizar o poder de objetividade

----

5 As citações de Breno Barreto presentes nesta seção foram extraídas do post "Learning objects em construção", de agosto de 2017. Disponível em: https://medium.com/@breno. barreto/learning-objects-em-constru%C3%A7%C3%A3o-96592721065e.
Acesso em: 21 fev. 2024.

das palavras para facilitar o acesso e a consulta ao conteúdo da imensa base de conhecimento da empresa. Além de transformar a maneira como a própria informação era apresentada.

"Tomamos o conceito de learning objective emprestado das teorias de e-learning [...] para tornar o conteúdo da nossa base de conhecimento mais atomizado", ele explica. Ou seja, o esforço estava em criar não mais "paredões de texto", como explicou Breno Barreto, mas "átomos de conhecimento".

Os objetivos da missão eram bastante claros:

- Cada unidade de conteúdo deveria se tornar mais precisa. Em vez de navegar por dez parágrafos de informação já conhecida até chegar ao que se estava buscando, o usuário deveria encontrar uma resposta direta e exata para a pergunta;
- Cada informação sobre a plataforma se tornaria mais independente e perene. Afinal, por dizer respeito a um tema específico, ela não conteria um leque de assuntos passíveis de atualização contínua, e assim sofreria menos mudanças ao longo do tempo;
- O conhecimento sobre a empresa passaria a ser reutilizável e aplicável a diferentes contextos, já que cada objetivo de aprendizagem funcionaria como uma peça de Lego que poderia se encaixar em múltiplos produtos e mídias. Desde então Barreto tem dado especial atenção ao último item. Afinal, como ele mesmo faz questão de esclarecer, "atomizar o conteúdo é apenas um lado da moeda". Ele explica que não basta "pegar uma tesoura", cortar os textos que existem na base de conhecimento e assumir que foi realizado um trabalho de *learning objectives*.

Neste processo, as técnicas de UX Writing listadas estão sendo utilizadas desde o início do trabalho. Mas, além delas, há outros pontos importantes para melhorar o conteúdo, que Breno Barreto faz questão de lembrar: escolher com cuidado os verbos, ser bem específico no que é dito e descrever os benefícios de cada texto publicado na base. "Todo o processo de melhoria de uma base de conhecimento, desde repensar sua forma de acesso à forma com que os conteúdos são apresentados, exige cuidado e, em especial, atenção a detalhes. [...] É preciso construí-los de modo que respondam de maneira ágil e completa às necessidades reais dos nossos usuários", conclui.

À procura de acertos

É na repetição contínua de uma ação e na comprovação de sua eficácia que toda boa prática se estabelece – e, neste ponto, o UX Writing parece estar no rumo certo. Com o usuário no centro da questão, as técnicas de redação para produtos digitais amadurecem a cada momento, seja no Brasil ou no resto do mundo.

Este livro pretende explorar muitas dessas técnicas. Além de abordar as prováveis boas práticas, que estão sendo construídas baseadas em tentativas, erros e, em especial, no que busco descrever nas páginas seguintes: acertos.

Para ir além do assunto

DIFERENÇAS ENTRE COMUNICAÇÃO E MARKETING NO MEIO DIGITAL

Assim como acontece em qualquer mercado de trabalho, as ações de comunicação e marketing no mercado digital surgiram sem que ninguém dissesse "já!". Profissões e atividades nascem da demanda do mercado e aos poucos vão se formalizando. Não há um ponto de partida exato. A diferença com a web é que tudo aconteceu na velocidade da luz.

Quando a teoria é atropelada pela prática, como ocorre desde meados dos anos 1990 com o mercado digital, os profissionais – eu e você – muitas vezes precisam tatear no escuro em busca de teorias e comprovações que ajudem a basear o trabalho. Já foi o tempo em que apenas a experiência era aceita pelos clientes como argumento.

A boa notícia é que, de 2010 para cá, a área foi inundada por boa bibliografia, sejam livros, blogs, grupos etc. Afinal, quem acumulou estrada compreendeu que a única forma do mercado avançar é dividir com os outros os conhecimentos.

Em meio à evolução de autodidatismo para profissionalização de mercado, conceitos básicos de comunicação social foram esquecidos. Quando perdemos o fio da meada de onde viemos, a consequência imediata é a criação de ruídos nas ações que planejamos e executamos, sejam elas as mais avançadas ou intrincadas. Sem base, damos cem passos para a frente, mas com o risco de darmos outros mil passos para trás.

Para começar, que tal bebermos da fonte, então? Você saberia definir, à luz do meio digital, o que é comunicação e o que é marketing, por exemplo, ou apontar suas diferenças? Para o profissional de mercado, saber responder estas questões é fundamental.

O que é comunicação?

Imagine um jogo de tênis. Em lados opostos da quadra, estão dois jogadores. No centro da disputa, a bola. Na comunicação, assim como no tênis, a função do jogador 1 é fazer com que a bola chegue até o jogador 2. Até duas décadas atrás, o que importava para a comunicação era fazer com que a bola chegasse ao outro lado da quadra. Se ela seria rebatida (e como) era secundário. Desde então, com o meio digital, tudo mudou.

O que apenas parecia ser um jogo com dois participantes – e vamos ser sinceros, não era – virou uma partida de verdade, em que mais importante do que a mensagem chegar ao receptor é ele estar preparado para o próximo movimento. A mesma bola que vai, volta diferente, e a mensagem se transforma ao longo do jogo. Neste processo, todos ganham.

Na partida de tênis da comunicação digital, não há um vencedor – até porque, para quem iniciou a partida, o interesse é fazer com que o jogo nunca termine. O que era uma simples interação transformou-se em interatividade. O que seria um pesadelo para a área da comunicação décadas atrás, hoje, virou "sonhar acordado" para as (boas) marcas.

O que é marketing?

Você não sabia, mas meu objetivo, ao fazer o convite para jogar tênis, era convencê-lo a tornar-se sócio do clube – do qual eu sou o dono. Uma função e tanto para uma bola de tênis, não é? Mas é esta a razão de ser do marketing: usar a mensagem para algo mais ambicioso. O objetivo pode ser apenas vender uma caixa de bola de tênis, mas também pode ser convencê-lo a comprar o clube inteiro. Por isso, nessa área, a sedução é o centro de tudo. Ela tem a missão – quase mágica – de incutir na mensagem o desejo de compra.

No marketing, o que uma marca tem a fazer vai muito além do informar. A informação existe como ponte para um objetivo maior: atender ou criar necessidades. Já no meio digital, a dinâmica fica bem mais complexa. A mensagem sofre metamorfose nas mãos de quem queremos atingir: o receptor. Ele a toma para si e, tal qual uma massa de modelar, cria uma nova mensagem que é passada adiante. A marca deixa, então, de ser algo "uno" para tornar-se coletiva. O público analisa, questiona e até muda a própria mensagem.

Às marcas recai, então, a obrigação de estar lado a lado com o receptor da mensagem, lapidando-a à medida que ela se multiplica na rede. Desse modo, evita-se que os ruídos a desfaçam, trabalhando para que o "norte" da conversão à compra continue no campo de visão do público.

Comunicação x marketing

Em um ambiente como o digital, em que o marketing é vital para a sobrevivência das marcas, ainda é possível apostar na mensagem pura e simples, apenas como veículo de comunicação? Para os desavisados, não.

Uma vez compreendidos os conceitos de comunicação e marketing no contexto do meio digital, é possível, então, fazer uma crítica ao caminho inverso. De forma alguma é possível trabalhar informação na área sem que se entendam as peculiaridades da mídia. Ser conceitual, apenas, não basta. É preciso trabalhar teoria e prática.

Quem compreende os meandros do meio online sabe o valor da informação pura e simples e coloca em ação sua dupla função. A primeira está na raiz do hipertexto: a capacidade quase infinita de servir como fonte de conhecimento para o receptor, aprofundando as informações e tirando dúvidas ao longo do caminho.

A segunda está no fato de que a web é formadora, capaz de "preparar" os usuários para o consumo. Quanto mais informado, mais capacitado para a compra. Com o saber, cria-se a ponte para o consumo. Ao analisar um processo de compra, chega-se muitas vezes à conclusão de que uma informação sem propósito de estímulo ao consumo foi o principal motivador.

Enfim, cabe ao profissional dominar ferramentas, aprender na prática e acumular conhecimentos. Este sempre foi, desde o ponto zero do mercado digital, o caminho para alcançar o sucesso. Saber o quanto destes três itens utilizamos no nosso dia a dia é o que garante que não sairemos dos trilhos, hoje e sempre.

Dominar ferramentas

Você não precisa ser pós-graduado para mexer no Google Analytics. Lidar com ferramentas não é diferencial no mercado – é um item obrigatório, mas jamais um diferencial. Seu primo de 16 anos é capaz de dar um banho em você no uso do Analytics, pois é bem provável que ele tenha mais tempo para entender dos meandros do ferramental. Ou seja, você não se destaca porque sabe lidar com aplicativos, mas porque sabe transformar dados coletados em informações, e informações em conhecimentos úteis ao trabalho. Isso sim é um diferencial e tanto.

Aprender na prática

Seguir o *feeling* é trabalhar à beira do precipício. O apoio nesta hora precisa ser a autocrítica, que sempre nos puxa de volta para o reino da objetividade, deixando para trás as armadilhas do subjetivo ("estou certo porque tenho estrada, e ponto-final"). No terreno do objetivo, as perguntas precisam de respostas palpáveis; saber responder para você, sua equipe, seu chefe e seu cliente os porquês das ações tomadas é o caminho correto – e a possibilidade de uma carreira promissora.

Acumular conhecimentos

No mercado digital, quanto mais restritivo um MBA ou curso de pós--graduação, menor a chance de os conhecimentos adquiridos valerem, de fato, para alavancar a carreira. Este cenário não é apenas característico da comunicação digital: qualquer mercado oferece estas "pegadinhas". A não ser que você tenha optado por dedicar sua vida profissional à "rebimboca da parafuseta", jamais faça um "MBA executivo em Rebimboca da Parafuseta". O efeito colateral é você chegar à conclusão de que precisa fazer outro curso, mais abrangente. Fique atento aos modismos, portanto.

13 SOBRE USUÁRIO, USO E UTILIDADE

Em busca de boas práticas em UX Writing, logo surge um impasse: afinal, o que deseja um usuário? O que motiva um leitor? O que faz com que alguém consuma – ou não – uma informação?

Imersos no turbilhão do meio digital, só seremos capazes de compreender a nova realidade de consumo de conteúdo se criarmos mecanismos. Ou seja, medidas que nos obriguem a olhar para trás na escadaria da comunicação social e que nos forcem a observar o processo com distanciamento.

Como diz o nome, o UX Writing é a escrita voltada para a experiência do usuário. A técnica parte da premissa de criar uma escrita que proporcione uma experiência de absorção de informação nunca antes oferecida ao usuário, independentemente da plataforma.

Seria uma tarefa hercúlea tal experiência de excelência. No entanto, esse exercício se torna mais fácil quando percebemos que a escrita está inserida em um universo bem mais amplo, a gestão de conteúdo, e que apenas olhando ao redor é que conseguiremos compreendê-lo.

Tal como a famosa bonequinha russa de madeira que contém várias dentro de si, os conceitos de usuário, uso e utilidade não existiriam sem as outras matrioscas que o abrigam. Afinal, ao usuário cabe o uso que, por sua vez, pressupõe utilidade – a mesma utilidade que acolhe o conceito de conteúdo.

Para compreendermos o longo caminho que nos trouxe ao UX Writing é preciso estudar mais atentamente estes conceitos. Comecemos pelo fim, pela menor das matrioscas, a utilidade.

Sobre ser útil

A ideia de utilidade é compreendida quando nos deslocamos da visão daquilo que nos impele ao uso e percebemos o *porquê* do nosso impulso. O foco, então, está em nós mesmos, e não naquilo que nos atrai à ação.

São três os atributos associados ao conceito de utilidade:

- Necessidade

  Precisamos e dependemos. Os verbos ligados ao conceito de necessidade deixam claro que este é um atributo relacionado às sensações básicas do ser humano – muitas delas associadas à sobrevivência.

  Se observarmos o conceito da necessidade sob a perspectiva do conteúdo, resta-nos uma pergunta: existiriam conteúdos que poderíamos considerar essenciais à sobrevivência? Seguindo esta mesma linha de raciocínio, podemos ir além: seria possível *criar* conteúdos que atendessem a questões diretamente ligadas à sobrevivência?

- Prazer

  Bem distante do senso de urgência da necessidade, a utilidade baseada no prazer busca sensações que preencham nossas expectativas, sejam físicas ou emocionais. Mais uma vez, ao contrário do que nos leva ao consumo por conta de uma necessidade, a utilidade criada por prazer não é baseada no "eu preciso", mas no "eu quero".

  No mundo moderno, nós sabemos do que precisamos para viver e sobreviver. Mas não é de hoje que as técnicas de persuasão da publicidade procuram acentuar os aspectos que tornam produtos e serviços sedutores – e prazerosos, se o objetivo é alcançado. Nesse sentido, até que ponto um conteúdo pode ser elaborado para, por si só, ir além da necessidade e, por meio do uso da palavra, tornar-se sedutor e prazeroso?

- Curiosidade

  Como em uma vitrine, a curiosidade explicita e expõe os atributos da utilidade. Lá estão o prazer e a necessidade, mas o que nos chama a atenção não é o desejo de ser preenchido ou a urgência da sobrevivência, mas o direito individual de observar e manter a hipnose do consumo distante – ao menos durante algum tempo.

  Queremos, neste caso, estudar o que está sendo apresentado, mas sob um ponto de vista crítico. Avaliamos se vale ou não a pena nos deixarmos envolver pela sedução do prazer, pelo menos até sermos aprisionados pela urgência de uma necessidade que se apresenta e não era percebida.

O que estimula a curiosidade por um conteúdo? Devemos permitir essa visão crítica, um "vidro" colocado entre o usuário e o que pode – ou não – levá-lo ao uso. Ou seria a curiosidade um instinto impossível de ser controlado e talvez indispensável como impulso para o uso?

Parâmetros de uso

Na relação entre os conceitos de usuário, uso e utilidade, esta última é a matriosca, que procura responder a questões essenciais. A utilidade nos ajuda a entender o que e por que consumimos.

Ainda assim, prazer, necessidade e curiosidade funcionam apenas como um conjunto de motivadores; são como gatilhos detonados a partir da ação principal: a intenção do uso. É essa ação anterior aos aspectos que cercam a utilidade que busca atender a questões ligadas ao modo que será utilizado, "quando" e "como", e aos questionamentos mais emocionais, "o quê" e "por quê".

Ou seja, uma vez que o usuário se vê à frente de um dos motivadores da utilidade e se vale de um deles, ao uso não cabem questões subjetivas. Afinal, este é o momento de fazer questionamentos práticos e objetivos, comuns ao dia a dia de consumo.

Tais questionamentos estão ligados aos tópicos a seguir.

Modo de uso

Por vezes um produto ou serviço é utilizado pelo usuário para associar a utilidade do que se buscou a outro produto ou serviço que ele já tem. Um bom exemplo disso é um livro eletrônico (e-book) e sua relação com os softwares leitores de e-books. Para que um livro eletrônico possa ser acessado e lido, é preciso que o usuário já tenha em algum dispositivo um software de leitura – no celular, por exemplo. Ou seja, a utilidade de um está associada ao uso que ele já faz do outro.

Do mesmo modo, isso ocorre no universo da informação da internet. Ao realizar uma busca por um eletrodoméstico em um site, por exemplo, o usuário pode associar o produto que viu em uma página determinada ao que encontrou sobre um produto semelhante no mesmo site. Ao comparar preços e aspectos técnicos, ele poderá escolher qual eletrodoméstico comprar. Neste caso, as informações só terão uso se for possível fazer uma comparação entre cada uma delas.

Por vezes, contudo, a utilidade não está associada ao uso de outro produto ou serviço. O livro impresso é um destes casos: a utilidade do conteúdo já está associada à da plataforma que possibilita o seu consumo. Ou seja, não é necessário nenhum complemento para que o conteúdo seja utilizado.

Momento do uso

Quando um produto ou serviço será utilizado – imediatamente ou em um momento posterior – também é um fator determinante. O tempo de permanência da utilidade de um produto ou serviço será o elemento essencial para que o uso de fato aconteça. Em um caso em que a intenção de uso não seja o consumo imediato, e em que o tempo de permanência da utilidade do produto ou serviço seja muito curto, a utilidade pode se tornar nula para o usuário.

No universo do conteúdo, um bom exemplo seria um fato jornalístico cujo desenrolar dos acontecimentos já acrescentou novos dados à notícia. É como uma nota incompleta sobre um assalto, complementada no dia seguinte por outra que inclui quem o praticou e que, assim, tenderá a esvaziar a intenção de uso da anterior.

Os sentidos do usuário

O usuário é a maior das matrioscas, aquela que contém, em si, o uso e a utilidade, e vale-se dos sentidos como ferramentas de avaliação do mundo que o cerca. São estes sentidos que irão desencadear o uso e, como consequência, acionar os mecanismos de avaliação da utilidade de um produto ou serviço.

No conteúdo digital, a maior parte de nossos sentidos também são instrumentos de escolha. Vejamos como isso funciona:

- Visão e audição
  São os sentidos básicos de contato com os conteúdos online, e sem eles as informações contidas em textos e vídeos não poderiam ser acessadas. Com a evolução do processo de consumo de conteúdo textual, nos últimos anos, – e o surgimento do UX Writing faz parte desta transformação – o escanear com os olhos nas telas passou a ser mais rápido e furtivo; a visão

passou não apenas a exercer sua razão de ser – observar e selecionar –, mas tornou o usuário mais exigente na escolha do que será consumido.

Quanto ao vídeo, ao unir dois de nossos sentidos, a visão e a audição, ele se torna o formato de informação com mais capacidade de ampliar nossa percepção para o consumo de conteúdo. Assim, nos cerca com mais eficácia do que um sentido, isoladamente.

A audição, ainda que isenta dos apelos persuasivos da imagem, tem recuperado seu apelo de uso – por meio dos podcasts. Além disso, vem redescobrindo sua utilidade ao retomar um dos recursos básicos da boa informação: a capacidade de contar histórias e estimular a imaginação.

- Tato

A realidade virtual imersiva tem dado novo impulso ao tato como um possível mecanismo de avaliação da utilidade de um produto ou serviço. No entanto, seu alto custo ainda não consegue inseri-lo em interfaces mais baratas, como as de smartphones ou de computadores pessoais.

O tato, neste contexto, ainda se limita a ambientes caros e sofisticados. Até porque esse mecanismo necessita de outros periféricos – além das luvas especiais –, como óculos de alta tecnologia e equipamentos que dão suporte ao funcionamento de todos os itens que compõem a experiência. Parece ser uma questão de tempo, contudo, que essa barreira seja vencida.

- Olfato e paladar

Assim como acontece com o tato, o paladar ainda apresenta limitações técnicas. É preciso que elas sejam superadas para que esse sentido possa agir como mecanismo de avaliação da utilidade de um produto ou serviço.

Entretanto, com o barateamento das impressoras 3D, não é difícil imaginar a experiência do paladar aplicada a um conteúdo tornar-se usual em nossos lares e não uma exceção, como ainda é. Ainda que, neste contexto, o virtual precise tornar-se real para ser consumido, até porque, estamos falando de alimentos, como é o caso de massas e cremes.

Do mesmo modo, após anos de protótipos desenvolvidos, em breve as barreiras que impedem o uso do olfato como sentido em interfaces online pessoais serão superadas. Será possível levá-lo em conta no processo de seleção de conteúdo dos usuários. Perfumes, por exemplo, poderão ser experimentados antes de serem comprados.

No formato de UX Writing

Sobre usuário, uso e utilidade

- Utilidade é quando percebemos o porquê do nosso impulso. O foco está em nós mesmos, e não naquilo que nos atrai à ação.
- O uso busca atender às questões ligadas ao modo que será utilizado, "quando" e "como", e não a questionamentos mais emocionais, "o quê" e "por quê".
- O usuário dispõe dos sentidos como ferramentas de avaliação do mundo que o cerca. Eles serão os responsáveis por desencadear o uso e, como consequência, acionar os mecanismos de avaliação da utilidade de um produto ou serviço.

Para ir além do assunto

MEU DIREITO DE ESCOLHA

Eu compro música na web. E livros. E revistas. Tenho assinatura de jornais online. Às vezes, tenho que me beliscar: nem acredito que tudo isso está acontecendo, que o tal "admirável mundo novo" chegou e está na palma das mãos, bem na minha frente. Liberdade é assim: traz uma sensação de vento no rosto, de que você pode tudo. E pode.

Mas liberdade casa com escolha. Desde que nasci, ouço que experimentar é um direito, que faz parte do "estar vivo". É o exercício constante de dar uma olhadinha ali, uma petiscada lá, uma checada acolá. Liberdade é poder ficar em dúvida, experimentar e escolher.

Alguns discordam. Este incômodo existe há tempos. Uma empresa desenvolve um conteúdo digital e, como parte de uma estratégia quase centenária de marketing, oferece um período de teste (*trial*) em que o (futuro) comprador pode decidir se realmente quer adquirir o produto/serviço. Ou então em outra ação bastante comum é possível ouvir um trecho de uma música ou ler um excerto de um livro. Gostou? Talvez você compre. Os mais ousados oferecem parte do conteúdo gratuito, torcendo para servir como isca para você pagar o pacote completo (*full*). E é destas supostas "ações estratégicas" que vem a gritaria.

O que poderia ser parte do jogo – eu posso ficar só no petisco e nunca pedir o prato principal – termina em revolta e análise sociológica rasteira. Pelo discurso dos descontentes, quem faz parte "desta geração que está aí" fica só mordiscando o queijo na ratoeira e nunca o abocanha. Mas, afinal, não seria responsabilidade *sua* fazer com que ele desse o próximo passo?

Quem viveu a realidade pré-internet sabe que revoltante mesmo era a sensação de estarmos sendo feitos literalmente de otários quando os conteúdos não podiam ser experimentados ou comprados em "partes". Basta ter mais de 25 anos para saber que era um saco, nos anos 1970, 1980, 1990, ser obrigado a comprar um LP, um K7 ou um CD "inteiros" por mais que você só estivesse interessado em três ou quatro músicas das dez.

No início dos anos 1980, por exemplo, pedir para dar uma "ouvidinha" em um álbum de uma loja de discos funcionava exatamente como um presidiário recebendo visitas: o tempo era curto, e a vigilância, ferrenha. Nas livrarias, os vendedores "perseguiam" adolescentes que queriam – olha que cara de pau! – folhear por muito tempo os... livros! Os livros de mesa (*coffee table books*) importados e embalados em plástico? Que você deixasse de ser folgado e tivesse dinheiro para levar para casa. Abrir, nunca. Idem para as revistas estrangeiras.

O "meu tempo" não era melhor, não, em especial sob esse ponto de vista. A indústria cultural não apenas decidia o que chegaria até você, como o que você poderia consumir: completo, fechado, sem *couvert*. Mas o que hoje pode ser visto como o cúmulo do "capitalismo selvagem", nem unanimidade era. Entre amigos, se o assunto entrasse na roda, você escutava uma risadinha irônica acompanhada do comentário "queria o quê? Comprar a música que quisesse? Sentar em um sofá dentro de uma livraria e passar a tarde lendo?"

Queria sim – tanto queria que tive. E não por esforço pessoal, mas graças a um bando de empreendedores. Essas empresas surgiram na virada para o século XXI e perceberam, em especial na internet, que era preciso pôr uma pá de cal nessa visão velha, moribunda e que estava prestes a arrastar a indústria cultural para o fundo do poço. Empreendedorismo com senso de sobrevivência: uma fórmula infalível que muda tudo, sempre.

Por isso, discordo quando criticam a geração atual, chamando-a de "superficial" porque não lê um texto até o fim, assiste a apenas alguns segundos de um vídeo de uma música nova no YouTube ou fica na assinatura gratuita de um Deezer a vida inteira. Não concordo com as afirmativas de que essas pessoas são pão-duras, "espertas", superficiais ou menos inteligentes. A verdade é que esse grupo exerce a liberdade que o mercado foi obrigado a dar para sobreviver. E isso incomoda muito o redator que passou horas escrevendo um texto, a produtora que gastou rios de dinheiro produzindo um vídeo, o site de música que hoje precisa aceitar que boa parte do público jamais pagará para ouvir a maioria de suas canções preferidas.

Tudo é uma questão de sobrevivência, só que a bola agora passou da mão dos "grandes" para o colo dos que produzem os conteúdos. Se uma matéria está chata, eu não leio, vou para outra. Faça-se interessante que assim vão lê-lo, escutá-lo, ouvi-lo e, sobretudo, abrir a carteira.

Seja mais competente. Simples assim. Eu disse "mais" porque hoje a realidade pede que você "vá além" (aquele clichê que adoramos falar, sempre para os outros), e ainda assim tendo consciência de que o público consome de outro modo: mais livre. O usuário dá uma olhadinha ali, uma petiscada lá, uma checada acolá.

Pare e pense: se o incômodo é tão grande, será que não foi *você* que ficou para trás?

14 O DESAFIO DAS INTERFACES

Por mais que o estudo e a aplicação do UX Writing estejam em seus primeiros momentos, é um desafio a proposta de criar um nível de excelência inédito na experiência de absorção da informação. Afinal, textos necessitam de interfaces para serem lidos e, desde o surgimento da escrita, busca-se a melhor maneira de proporcionar conforto ao leitor no processo de consumo da informação. E esse tem sido um processo delicado.

Em suma, a luta pela interface mais amigável não vem de hoje – a era digital em que vivemos – nem se encerrou no que poderia parecer o mais eficaz de todos os materiais: o papel. Ao refletir a luz, o papel está longe de dificultar a leitura, mas também não a facilita.

Em tese, o cenário ideal seria o de uma interface que fosse além do papel e estimulasse a leitura. Por isso, desde que o meio digital surgiu, testes têm sido realizados à procura de novas interfaces que consigam repetir a tarefa cumprida pelo meio impresso e, se possível, ir além. O que se esperava como evolução natural tornou-se um retrocesso: a característica principal do papel como interface – não dificultar a leitura – foi diluída na tela iluminada do computador pessoal.

Há uma dificuldade ainda maior na absorção de textos em smartphones, com suas telas consideravelmente menores do que as dos computadores pessoais. Mas, para ir adiante e compreender essa complexidade, é preciso, antes, entender o que é interface e a relação do usuário com suas duas modalidades – a física e a virtual –, e como se comporta o conteúdo textual neste cenário.

O que é interface

Os conceitos de usuário, uso ou utilidade não existiriam se não houvesse uma maneira de interagirmos com seres, objetos e situações. Seja uma cadeira, uma pessoa ou um aplicativo, é a interface que nos permite o contato com o que nos cerca, e é a partir dela que se inicia todo processo de interação.

Contudo, toda interface precisa ser entendida para que a interação aconteça. É essencial que alguns parâmetros sejam comunicados e compreendidos, explícita ou implicitamente, como o modo de contato e os seus limites.

A interface física

O sentido do tato transforma a relação do usuário com as interfaces. No meio físico, conteúdo e modo de acesso são um só elemento, indissociáveis. Ao permitir o contato com detalhes como textura e temperatura, o toque possibilita uma relação de intimidade com o elemento físico e cria uma extensão de sensações subjetivas – como conforto, frio, calor –, tornando palpáveis conceitos por vezes subjetivos como utilidade.

No contato com a interface física, não há distância. A interferência no elemento físico, se permitida ou desejada, torna-se possível, e isso fragiliza a consistência de seu estado original.

A interface virtual

Entre usuário e conteúdo, agora, cria-se distância. Por mais que a virtualidade tenha a intenção de simular o físico, o toque de luvas especiais de realidade virtual, por exemplo, apenas simula a sensação do tato.

Nesse contexto, parâmetros que precisam ser entendidos pelo usuário ao interagir com uma interface e seu conteúdo, como o modo de contato e os seus limites, também correm o risco de não serem respeitados – assim como ocorre com as interfaces físicas. Contudo, como no virtual o conteúdo é dissociado de sua interface, torna-se bem mais complexo ocorrer uma interferência. Logo, a possibilidade de o conteúdo manter-se preservado é maior.

Interface e conteúdo textual

Para que uma informação conserve sua credibilidade, ela precisa manter-se intacta desde o momento de sua produção até o instante de seu consumo pelo usuário. Assim, independentemente da interface na qual o conteúdo textual será acessado – seja física (um jornal impresso) ou virtual (uma revista online) – é importante levar em consideração quais estímulos serão aplicados a essa interface para que sua leitura seja facilitada.

Afinal, a consistência da informação no meio digital – diferentemente do que ocorre na interface física – não depende da interface em que ela será consumida. A relação que existe aqui está em outra esfera, a da produção de conteúdo. O que importa são as consequências trazidas pelo tipo de suporte escolhido para a absorção da informação textual; parte-se do princípio de que a consistência da informação está garantida.

Assim, o relevante é entender se a leitura será feita no papel ou na tela; se for na tela, se será grande ou pequena. Em que momento a informação será absorvida também importa; é preciso levar em consideração em que cenário o usuário lerá o texto – em casa, no transporte público, no escritório ou no parque, por exemplo.

A dura missão do design

Como vimos anteriormente, não é o tipo de interface o que precisa ser levado em consideração para garantir a leitura confortável e fluida de um texto, mas as variáveis que compõem o contexto em que ele será consumido. Logo, recai sobre o modo como cada interface é desenhada o dever de ser o facilitador da leitura.

O conceito literal de design – desenho – é fundamental neste processo. Seja no meio impresso ou digital, é o posicionamento do texto nas interfaces que criará o que se busca: a tranquilidade na absorção da informação.

No impresso, a ferramenta responsável por esse desenho é a diagramação; no meio digital, seu correspondente, o design de interface. No meio digital, contudo, este último tem um peso maior, pois aqui trata-se de uma interface que pode (e deve) ser alterada de acordo com as características e necessidades da mídia online.

Conteúdos mudam de lugar na tela de acordo com perfis de cada público. A hierarquia de textos é alterada para atender aos relatórios de métricas de acesso às páginas dos sites. Bem como destaques são retirados e outros incluídos com rapidez para responder às demandas cada vez mais exigentes dos usuários.

Os chamados *templates* são conjuntos de padrões de tela criados para atender às mudanças de diagramação. Esses modelos procuram acompanhar o dinamismo do processo de gestão de conteúdo digital.

Vale lembrar que, neste cenário, como já dito, também são levadas em consideração questões diversas. São analisados fatores como o tamanho da tela, se um *template* atende às dimensões variadas que ela pode ter, ou ainda se o usuário está em movimento (com um smartphone em mãos) ou parado (utilizando um computador pessoal).

Muitas vezes, contudo, as medições automáticas – as chamadas métricas – não bastam. Afinal, elas nem sempre são capazes de avaliar se as alterações no design de interface se moldam ao comportamento dos usuários; testes precisam ser realizados para apurar algumas percepções. Entra em cena, então, o conceito de usabilidade aplicado a interfaces digitais e as metodologias que nos possibilitam avaliá-las.

No formato de UX Writing

O desafio das interfaces

- O que é interface?

  A interface é o nome dado ao elemento que permite o contato com o que nos cerca. É por meio dela que se inicia o processo de interação. Toda interface precisa ser entendida para que a interação aconteça. É essencial que alguns parâmetros sejam comunicados e compreendidos, explícita ou implicitamente, como a forma de contato e os seus limites.

- A interface física

  A interface física, por sua vez, é um dispositivo que conecta conteúdo e forma de acesso, tornando-os um só elemento. Ao permitir o contato com detalhes como textura e temperatura, o toque possibilita uma relação de intimidade com o elemento físico e cria uma extensão de sensações subjetivas. Assim, torna palpáveis conceitos por vezes subjetivos como utilidade.

- A interface virtual

  Entre usuário e conteúdo, agora cria-se distância. Por mais que a virtualidade tenha a intenção de simular o físico, ela apenas simula sensações. Neste contexto, parâmetros que precisam ser entendidos pelo usuário ao interagir com uma interface e seu conteúdo, como a forma de contato e os seus limites, correm o risco de não serem respeitados.

- Interface e conteúdo textual

  Antes de produzir um conteúdo, é relevante entender se a leitura dele será feita no papel ou na tela; e se esta será grande ou pequena. Também importa saber em qual momento a informação será absorvida. Será preciso levar em consideração em que cenário o usuário lerá um texto – em casa, no transporte público, no escritório ou no parque, por exemplo.

- Design de interface

  No meio digital, contudo, a ideia de diagramação – o design de interface – tem um peso ainda maior. Afinal, tem-se uma interface que pode (e deve) ser alterada de acordo com as características e necessidades da mídia online.

Para ir além do assunto

TECNOLOGIA DO ENTRETENIMENTO: A ARTE DA IMERSÃO

Pedra de toque do mercado de tecnologia do século XXI, o casamento entre real e virtual precisou dar muitas voltas, entre acertos e erros, até encontrar um ponto de equilíbrio. Já não se exige mais que entretenimento seja sinônimo de 100% digital para ser encarado como "moderno", por exemplo. Ou, para ser entretido, um público precise estar totalmente envolto na realidade do concreto e do palpável.

Hoje, na segunda década do século XXI, o presente e o futuro do entretenimento já se encontram na perfeita harmonia entre os limites do real e as possibilidades do virtual. Os avanços na área virão cada vez mais de dois fatores. Primeiro, da compreensão do que realmente se tornou o conceito de entretenimento; segundo, do modo como a tecnologia pode ser utilizada em seus diversos níveis para tornar a vivência do público cada vez mais prazerosa. Por isso, urge compreender o que de fato é tecnologia e o que é entreter.

Tecnologia é o ferramental, qualquer objeto ou ação que "faça por nós". Ou seja, assim como acontece com um martelo ou um mouse, é a possibilidade de superar nossas capacidades físicas que caracteriza o tecnológico. Não teríamos força para fixar os pregos e montar um armário não fosse o apoio e a engenhosidade de um martelo. Também não teríamos como acessar o universo impalpável do digital na tela não fosse a conexão de um mouse. A tecnologia supera. Vai além do que acreditamos ser possível.

Entretenimento é o que nos descola das obrigações, o instante em que deixamos de lado as necessidades da sobrevivência para abraçarmos momentos de puro prazer. Entreter é congelar a objetividade do racional e trazer à tona a subjetividade das emoções. Mesmo que seja criar tensão ou medo, o objetivo é trazer satisfação. O entretenimento é um respiro, a válvula de escape da realidade.

Criar tecnologia para o entretenimento foi possível desde sempre. Os brinquedos mais arcaicos, datados da Antiguidade, provam que na época a tecnologia já conseguia produzir objetos cuja função era simplesmente entreter. As bonecas de pano e os piões de madeira de nossos bisavôs provam que tecnologias básicas (costura e marcenaria) podem produzir um entretenimento envolvente, capaz de povoar com força o imaginário das famílias.

No mundo moderno foi o estresse que deu ao entreter o seu merecido valor. Dos parques de diversões – que logo se transformariam em avançados parques temáticos – aos joguinhos de televisão – que fizeram surgir e sedimentar o mercado de games – a tecnologia do entretenimento é hoje essencial para públicos e marcas. Sem ela, o capitalismo perderia uma de suas pernas mais rentáveis e promissoras.

Mundialmente, a The Walt Disney Company é o exemplo de tecnologia do entretenimento em estado da arte. Atualmente, é dona de *intellectual properties* (IPs), ou seja, de propriedades intelectuais, como as histórias e os personagens da Pixar, da Marvel e da Lucasfilm. Além, é claro, de seus valiosos IPs de origem, criados ao longo de décadas de desenhos animados. O conglomerado dedica boa parte de seu lucro à inovação, sempre com foco em novas tecnologias com que possam traduzir melhor suas histórias.

Os parques temáticos da Disney, espalhados pelos EUA, Europa e Ásia, demonstram o que há de mais avançado no conceito de entreter, mesclando real e virtual, palpável e digital. Desse modo, ambas as fronteiras se confundem intencionalmente com o objetivo final de desprender o visitante da realidade – a chamada "suspensão da crença".

Criada há mais de meio século, a Walt Disney Imagineering é a divisão da The Walt Disney Company, totalmente voltada para a criação (*imagination*) e para o desenvolvimento (*engineering*) das atrações de seus parques. Lá não existe mais distinção entre diversão física ou virtual; a experiência de uma montanha-russa pode ser mesclada com a realidade virtual de óculos especiais, por exemplo.

A prova desta "fusão" está em um dos destaques da Shanghai Disneyland. Inaugurado em 2016, o mais recente parque construído pela Disney na China (há outro em Hong Kong) apresenta a atração "Pirates of the Caribbean – Battle for the Sunken Treasure".

A experiência mistura um passeio em um rio, entre navios de piratas e galeões ingleses em tamanho real a monumentais telas de altíssima resolução no teto e ao longo do trajeto, sem que se perceba o que é cenário e o que é real. Além disso, androides de última geração, com faces criadas a partir de projeções, e movimentos extremamente realistas completam a imersão do visitante.

Para a The Walt Disney Company, o conceito de interação, como a de um game – recurso utilizado há pelo menos uma década nas atrações dos parques –, é praticamente passado. É na imersão, física ou virtual, que a tecnologia do entretenimento aposta suas fichas.

Não faltam vídeos, músicas, luzes e instrumentos de interação nestes ambientes, mas a tecnologia do entretenimento, tal e qual acontece com a The Walt Disney Company, é um meio para se atingir um fim: fixar marcas ou personalidades no dia a dia dos públicos. E, diferentemente da publicidade tradicional, com a participação ativa de cada um dos visitantes.

Ao contrário do que se possa imaginar, a tecnologia do entretenimento ainda está em sua segunda infância. Por mais que séculos tenham se passado no esforço de criar instantes de prazer e diversão no dia a dia do ser humano, ainda há muito por vir. Alguns recursos se anunciam como tendência, em especial as chamadas "tecnologias invisíveis", em que até se chega a duvidar que alguma tecnologia avançada tenha sido utilizada. Estamos apenas começando.

15 A MISSÃO DA USABILIDADE

Por mais que o conteúdo seja elaborado com a devida atenção e o design seja adaptado com cuidado a diferentes interfaces, cada usuário terá uma experiência diferente de uso. A missão na aplicação de testes de usabilidade é compreender o que torna uma interface – e, por consequência, seu conteúdo – fácil de usar. Esse será o ponto de partida para investigar quais interferências existiriam na relação com o usuário que poderiam comprometer a sua utilidade.

Ao aplicar testes de uso não estamos só investigando as nossas interações físicas com as interfaces. Especialmente no UX Writing, analisa-se também como a dificuldade na utilização de uma interface digital pode influenciar no consumo de um conteúdo textual.

Nesta tarefa, o ponto de partida é entender como cada público interage com conteúdos apresentados em telas. Isso inclui, também, compreender como interagem individualmente os usuários de cada público.

Para se chegar a tal compreensão, o objeto de estudo é o modelo mental dos usuários. Ou seja, o conjunto de padrões que construímos em nossas mentes para que possamos entender e nos relacionar com o mundo que nos cerca.

A busca por padrões e convenções

Existem dois tipos de modelo mental, o coletivo e o individual. O primeiro diz respeito à maneira como nós, seres humanos, lidamos com o senso de sobrevivência. Este instinto surge quando percebemos que não fazemos mais parte, fisicamente, de nossas mães.

Passamos a ter a consciência de que somos agora indivíduos e, por isso, precisamos garantir a sobrevivência em uma nova e assustadora realidade. Então, passamos a buscar padrões de comportamento que nos protejam de riscos e ameaças.

Estes padrões são como convenções que surgem e evoluem ao longo da trajetória do ser humano. Muitos deles foram abandonados à medida que as civilizações foram evoluindo, mas outros surgiram – e ainda surgem – justamente para que a nossa sobrevivência continue sendo preservada.

Os padrões que absorvemos ao longo da vida são, em sua maioria, ligados à coletividade. Contudo, as convenções estabelecidas em nosso modelo mental vão além da sobrevivência pura e simples, mas também dizem respeito a regras básicas de convivência social.

O modelo mental coletivo é como uma teia de padrões de comportamento. Além de estar ligado à raça humana como um todo, ele leva em consideração outros aspectos fundamentais. O local em que vivemos, o núcleo familiar em que fomos criados, a educação escolar que tivemos e os círculos sociais dos quais fazemos parte são alguns exemplos.

Uma vez que as convenções que garantem nossa sobrevivência são compreendidas e as regras de convivência social absorvidas, torna-se possível, então, o desenvolvimento do segundo tipo de modelo mental: o individual. É como se cada um de nós observasse os padrões coletivos tal qual arrumássemos uma velha caixa de ferramentas: algumas delas ainda são úteis, outras não nos servem mais. Há ainda as que podem ser guardadas para o futuro e as que poderiam ter um uso diferente.

Cada um de nós tem uma avaliação diferente dos padrões coletivos. Muitas destas convenções, porém, são indispensáveis, em especial aquelas ligadas à sobrevivência. Enquanto há outras relacionadas, por exemplo, à convivência – que passam pelo crivo individual antes de serem adotadas, ou ainda são adaptadas e não necessariamente descartadas. Assim, surge o modelo mental individual: somos como "filtros" que selecionam, dentro do possível, o que nos é útil.

O possível e o ideal

Ao elaborar produtos digitais como sites ou aplicativos, o ideal seria conseguir entender como funciona cada modelo mental individual de nossos públicos. No entanto, isso seria impraticável.

Uma das maiores vantagens da mídia online frente à tradicional é a capacidade que ela tem de medir automaticamente diversos aspectos relativos ao uso. No entanto, com a aplicação de testes de usabilidade pretende-se compreender, em especial, questões que vão além da objetividade dos números percentuais. Procura-se, neste caso, por respostas a perguntas ligadas ao emocional do usuário.

Assim, no desenvolvimento de produtos para interfaces digitais, é o modelo mental coletivo que é levado em consideração. Ainda que seja possível, neste processo, procurar entender um número limitado de modelos mentais individuais.

Parte-se, então, do estudo da maneira como um público determinado – e como um todo – interage com o meio online. No caso do UX Writing, analisa-se como esse grupo consome conteúdo de forma coletiva. Ou seja, a busca aqui é por padrões usados pelos públicos, e não pela maneira como cada um pensa.

Aplicando testes

A usabilidade busca responder questões que vão muito além de dados numéricos e automáticos. Por isso, o objetivo principal na aplicação dos testes recai em recolher impressões do usuário sobre suas sensações ao utilizar produtos digitais.

As ferramentas utilizadas dependem da profundidade com que se deseja investigar o modelo mental dos usuários. Entre os recursos possíveis estão: entrevistas realizadas antes dos testes para traçar hábitos do participante; filmagem; observação em sala espelhada; acompanhamento do usuário enquanto ele executa as ações demandadas; e uso de softwares associados aos *browsers* (navegadores de internet) que registram a navegação ao longo das etapas e/ou páginas do produto.

Durante a aplicação de um teste de usabilidade, há alguns aspectos que servem como norteadores, pois são reflexos da experiência do participante:

- Familiaridade

  Não é de hoje que o meio digital busca modelos, inclusive em outras mídias e plataformas, para criar familiaridade para seu usuário. Um dos exemplos é a primeira página de um jornal impresso com sua estrutura de manchetes sendo utilizada como modelo pelos primeiros sites surgidos na web, e que sobrevive até hoje, seja em sites jornalísticos ou não.

  Ao criar uma experiência semelhante à outra já vivida pelo usuário, o desenho de uma interface facilita a absorção de seu conteúdo.

- Conforto

  Muito do conceito de facilidade de uso está associado à ideia de sentir-se em casa, da experiência em um produto digital ser confortável. Tal como um local em que nos sentimos bem recebidos e não nos causa incômodo, pelo contrário, temos vontade de permanecer e conhecê-lo ainda mais.

  Ao facilitar o uso de um produto digital por meio de sua interface, estimulamos a continuidade da navegação, o reuso e, muitas vezes, a recomendação a outro usuário.

- Fluidez

  Como uma sinalização de trânsito que, quando compreendida, torna-se quase invisível com o uso constante, assim deve ser o fluxo de navegação ao longo de um produto digital. Sem criar ruídos ou "nós", o objetivo de um bom design de interface é privilegiar seu conteúdo. Assim, não interfere no consumo da informação e garante que o processo de leitura e criação de conhecimento seja fluido.

  Ao utilizarmos interfaces digitais em que a simplicidade é facilmente percebida, o estímulo à permanência é maior, e seu conteúdo torna-se ainda mais relevante.

- Rapidez

  Sistemas de informação como um portal devem ser bem estruturados e indexados para que seus conteúdos possam ser distribuídos e publicados da forma mais intuitiva possível. Desse modo, garante-se que as informações serão facilmente encontradas por meio da navegação dos usuários, bem como pelos mecanismos de busca, sejam eles externos – como o Google – ou internos.

  A rapidez de acesso à informação é fundamental em tempos como o que vivemos. Afinal, hoje, o usuário domina as ferramentas básicas e habituou-se a lidar com produtos digitais no seu dia a dia.

- Contextualização

  Para o usuário, saber onde se está durante a utilização de um produto digital é fundamental para que ele não se perca e queira interromper a navegação. Criar elementos que garantam a contextualização durante a experiência de uso é uma das boas práticas no desenho de qualquer interface digital.

Ao contextualizar um usuário, um bom design de interface demonstra que a experiência de uso está em primeiro lugar durante o desenvolvimento de um produto.

No formato de UX Writing

A missão da usabilidade

A missão na aplicação de testes de usabilidade é compreender o que torna uma interface – e, por consequência, seu conteúdo – fácil de usar. O objeto de estudo é o modelo mental dos usuários, ou seja, o conjunto de padrões que construímos em nossas mentes para que possamos compreender e nos relacionar com o mundo que nos cerca.

Existem dois tipos de modelo mental, o coletivo e o individual. O primeiro diz respeito à maneira como nós, seres humanos, lidamos com o senso de sobrevivência. É como uma teia de padrões de comportamento que também leva em consideração aspectos como o local em que vivemos, o núcleo familiar em que fomos criados, a educação escolar que tivemos e os círculos sociais dos quais fazemos parte, por exemplo. Já o segundo modelo é como um conjunto de "filtros" que seleciona, dentro do que há no modelo mental coletivo, o que nos é útil.

Durante a aplicação de um teste de usabilidade, há alguns aspectos que servem como norteadores, pois são reflexos da experiência do participante:

- Familiaridade

  Ao criar uma experiência semelhante a outra já vivida pelo usuário, o desenho de uma interface facilita a absorção de seu conteúdo.

- Conforto

  Está associado à ideia de sentir-se em casa, da experiência em um produto digital ser confortável. A navegação faz com que o usuário deseje permanecer e conhecer ainda mais aquele produto.

- Fluidez

  Funciona como uma sinalização de trânsito que, quando compreendida, torna-se quase invisível a quem faz uso constante. Assim deve ser o fluxo de navegação ao longo de um produto digital.

- Rapidez

  A rapidez de acesso à informação da forma mais intuitiva possível é fundamental atualmente. Até porque o usuário já domina as ferramentas básicas de acesso à informação e já se habituou a usar produtos digitais no seu cotidiano.

- Contextualização

  Para o usuário, saber onde se está durante a utilização de um produto digital é fundamental para que ele não se perca e queira interromper a navegação.

Para ir além do assunto

STORYTELLING: SEU PRODUTO CONTA UMA HISTÓRIA

Há décadas o ato de contar histórias rende bilhões e bilhões de dólares em cinema, tv e games. No entanto, ainda existe bastante preconceito quando se tenta associar storytelling a conteúdo. A produto ou a serviço, então, nem se fala.

Storytelling, como diz o nome, é o esforço despendido para se contar bem uma história, torná-la sedutora e interessante. Na maioria das vezes, é tiro n'água. O motivo? Nenhuma metodologia é utilizada. Afinal, uma história se conta com a alma, não é? Não.

Uma história se conta com um roteiro em mente; quem a escuta é que deve sentir com o coração. É exatamente como quando queremos convencer um cliente que está namorando um produto, seja um conteúdo vendável ou não: informação leva ao convencimento, e convencimento leva à conversão. Há uma trajetória a seguir, e é essencial ter uma bússola em mãos. Ou seja, uma metodologia.

Quem deseja trabalhar ainda melhor a venda de seu conteúdo, seja produto ou serviço, precisa utilizar as técnicas de storytelling. Pensando nisso, listei alguns esclarecimentos e itens básicos da metodologia que costumo recomendar:

1) Esclarecimentos

- O que é storytelling?

  É apresentar uma informação lidando com os aspectos subjetivos que a envolvem e trabalhar a persuasão a partir do emocional, longe da lógica da objetividade.

- Por que storytelling merece atenção?

  Porque a informação precisa capturar a atenção dos usuários de mídia digital, e trabalhar os aspectos subjetivos da mensagem é um imenso diferencial.

- De que forma o storytelling deve atuar?

  O storytelling atua na gestão do conhecimento sobre uma informação, na narrativa que será criada em torno de um produto ou serviço. Ao contar uma história, o estudo de uma informação (seja institucional, serviço ou produto) recai sobre *como* contá-la.

2) Metodologia

- Ferramental

  No tocante ao Webwriting, o storytelling tem o estilo como enfoque. É a forma como você apresentará seu conteúdo, seja produto ou serviço, que fará a diferença. Utilize as regras obrigatórias de SEO e usabilidade, mas vá além: apresente seu conteúdo de uma maneira que nenhum outro até então se dispôs.

  Conheça a história de seu produto, investigue o processo de criação do serviço que está sendo oferecido. Há muitos fatores que são desprezados no momento da definição de um conteúdo que vão muitos além de características básicas como modelo, tipo, quesitos técnicos, abrangência etc. É a abordagem desses aspectos aparentemente periféricos que pode ser decisiva para que um cliente feche com você e não com outro site.

- Procedimento

  Deve-se "abrir uma informação" para contar uma história. Qual momento da vida de seu produto ou serviço conta a melhor história?

Toda história pressupõe prólogo, origem, apresentação, clímax, rotina e fim. No prólogo da sua história, você deve abordar as motivações que levaram à criação do produto e/ou à disponibilização do serviço. Mostre o porquê de os consumidores desejarem tanto que fosse oferecido o que ele está prestes a comprar.

Em seguida, na origem, cerque todo o processo de criação e fabricação, investigue o que há de mais moderno e curioso. O objetivo é mostrar o esforço despendido desde o momento em que o produto ou serviço foi pensado até a hora em que ele chega às mãos do consumidor.

Na apresentação, aposte em preço e qualidade – e parta para a luta. Nesta etapa, o importante é a maneira como o conteúdo é apresentado – seja em uma página especial ou comum de produto ou serviço de um site – O fundamental pode estar na mão do design e do uso da tecnologia (animação, vídeo etc.). É matar ou morrer.

Como clímax, leia-se os benefícios. O que seu cliente vai ganhar no dia a dia ao adquirir o produto ou serviço? O clímax é ponto central entre os momentos de vida do conteúdo. Faça-o imaginar como será quando ele o adquirir. Conte, mostre, descreva. Seja didático e esclarecedor.

Quanto à rotina, o que vale é o depois. Fale da garantia, do atendimento pós-venda, da facilidade de manutenção. Mostre como e onde ele pode resolver problemas, sejam canais físicos ou virtuais. Passe tranquilidade e segurança.

Como fim, mostre que aquele foi apenas... o início! Que existem outros produtos ou serviços da mesma marca e aquele foi apenas o primeiro capítulo da "história" que ela é capaz de contar.

- Associação
  Qual aspecto pode ser destacado em cada momento da vida de seu produto ou serviço? O que mais emociona, o que mais que move, o que mais transforma em cada uma destas etapas? Tente associar cada uma delas – prólogo, origem, apresentação, clímax, rotina e fim – a um dos aspectos da informação – "o quê", "onde", "como", "quando", "por quê", "quem".

Talvez o maior impacto no prólogo esteja no "porquê" de um produto ter surgido. Ou, no momento da origem, o aspecto a abordar com mais força seja o "como". O "quem", o próprio cliente, pode ser o ponto principal do clímax – ou não, quem sabe não é a própria marca? Tudo é possível.

- Permanência

Contar uma boa história é tornar uma informação parte permanente da memória de quem a ouve. Por isso, tente fazê-la simplesmente inesquecível.

16 A REVOLUÇÃO DO CONTEÚDO DIGITAL

Acessível de qualquer lugar, a qualquer momento e por diversas plataformas. O conteúdo digital mudou a forma como consumimos informação, graças a um recurso inédito: a interatividade. A interface digital nos dá a chance, por meio dos recursos técnicos de seus suportes – computador, televisão etc. –, de nos relacionarmos com o conteúdo das telas e não somente observá-los.

No meio online, o usuário se tornou um participante ativo; foi superada a sua passividade diante da televisão, do rádio e do impresso. Ao mesmo tempo, manteve-se o mais precioso de cada uma destas mídias tradicionais: o seu conteúdo.

A web, com seu ambiente de convergência de mídias que mistura informações visuais, auditivas e textuais, e onde o usuário mantém interações constantes com cada uma delas, cria uma nova questão. Afinal, no contexto moderno, o que deve ser considerado realmente conteúdo?

O principal filtro é o da utilidade. Um parágrafo de um site, um pequeno arquivo de áudio ou um vídeo extenso no YouTube, tudo pode ser conteúdo. Ou seja, o que puder ser aproveitado pelo usuário como dado, informação ou conhecimento é conteúdo, não importando seu teor, formato ou duração.

Anteriormente, nós abordamos os atributos associados ao conceito de utilidade – necessidade, prazer ou curiosidade. Mas há ainda um aspecto importante que precisa ser levado em consideração na análise sobre a utilidade de um conteúdo: quem o consome.

A questão aqui não diz respeito à idade, localização geográfica ou condição financeira, mas às diferenças entre os modelos mentais individuais. Ou seja, entender o que torna um conteúdo útil para um usuário e não para outro.

Por isso, estudar modelos mentais, sejam individuais ou coletivos, é essencial. Desse modo, é possível compreender que tipos de conteúdo devem ser produzidos, aqueles que atendam aos parâmetros de utilidade de cada um dos usuários.

Contudo, se uma das tarefas mais difíceis é compreender o modelo mental individual, como agir? Como captar as diversas variações que possam existir entre cada membro de um determinado público?

Uma das soluções é produzir o maior número possível de informações que possam vir a ser úteis para os usuários. Assim, a partir desses conteúdos, eles poderão produzir o conhecimento que foram buscar.

Sobre o universo da informação

Dado, informação e conhecimento – assim como inteligência – são conceitos fundamentais no processo de criação de conteúdos cuja meta é abranger as possibilidades mais amplas de utilidade, em especial no universo do conteúdo textual. Vale, portanto, rever estes conceitos com uma das bases do estudo do UX Writing:

Dado

Menor pedaço da informação, um dado raramente é compreendido – e tem utilidade – sem a criação de um contexto. Quando dizemos, por exemplo, "23 lojas", de forma avulsa e gratuita, falta a este dado específico outras associações que sirvam como complemento para a sua compreensão. Afinal, as 23 lojas dizem respeito a quem ou a ao quê? Onde elas se localizam? Por que este dado está sendo ressaltado?

Informação

É a junção de dados que cria um contexto e possibilita que a utilidade de cada um deles seja compreendida. Ao somarmos novos dados a "23 lojas", nosso modelo mental passa a compreender o propósito de sua associação.

Pensemos agora em uma chamada de primeira página de um site com os dizeres: "A empresa X tem 23 lojas em Brasília". Essa informação só faz sentido por associar dados que, juntos, têm propósito e criam o que é preciso para a compreensão da ideia pelo usuário – um contexto.

Por isso, é importante perceber que a criação de uma informação não se faz apenas unindo dados aleatórios. Cada um deles precisa ter uma função na composição do conjunto que será gerado – ou seja, a informação.

Ao unir dados sem um propósito ou uma proposta de criar sentido, não estamos criando informação. Dados dispostos aleatoriamente ou sem estratégia podem criar aquilo que se evita no universo da informação, seja digital ou não: um ruído.

Uma frase incompreensível como "Brasília tem a empresa X em 23 lojas" não apenas não faz sentido, como trava a comunicação entre emissor e receptor. Especificamente no meio digital, essa chamada ainda anula a possibilidade de um usuário querer interagir com o conteúdo, ou seja, de querer clicar para acessar o texto principal da notícia.

Conhecimento

A principal função do produtor de conteúdo não é a de gerar informações com os dados que ele tem. O papel do conteudista é "semear" cada página ou etapa de navegação de um produto digital e utilizar estas informações como um meio para que os usuários consigam produzir, cada um a seu modo, o conhecimento que procuram.

Assim, cada página e etapa de navegação deve se relacionar com as outras; o conhecimento é construído justamente do cruzamento de informações. Possibilitar sua associação é essencial, e o uso de hiperlinks é a ferramenta mais simples e engenhosa neste processo.

Vale lembrar que a geração de conhecimento depende do olhar e da intenção de cada usuário, e não apenas de quais informações ele acessa. Ou seja, posso visitar determinadas páginas de um portal e elas serem exatamente as mesmas acessadas por outro usuário, mas cada um de nós produzirá um conhecimento diferente. No campo do conhecimento, informações são como peças que servem para montar quebra-cabeças diferentes. Os recursos são os mesmos, mas os objetivos podem ser diversos.

Inteligência

De um lado, temos a experiência do usuário, que, como o nome indica, dedica-se à tarefa de oferecer ao usuário a melhor experiência possível em produtos digitais. Do outro, temos a inteligência, cujo objetivo é utilizar estes mesmos tipos de dados para objetivos que extrapolam interfaces. Ou seja, a função da UX é retroalimentar interfaces; a da inteligência é abastecer bases de conhecimento que também lidam com os usuários em dimensões além da virtual – como as do marketing, por exemplo.

Enquanto lidamos com dados, informações e conhecimento, estamos no terreno da produção de conteúdo. Uma vez que saímos deste perímetro e olhamos de fora, adentramos as áreas de inteligência e de experiência do usuário. Os dois conceitos estão centrados em estudos de comportamento e utilizam dados qualitativos e quantitativos como principais recursos.

Em ambos os casos, é de extrema relevância que o trabalho de gestão de conteúdo em interfaces digitais – e não apenas o de produção de conteúdo – seja eficaz. Afinal, os dados de uso dos produtos devem ser gerados com contexto estruturado, possibilitando que observações, análises e estudos sejam realizados com tranquilidade.

Conteúdo e expectativa

Na gestão de conteúdo, há aspectos objetivos e subjetivos que precisam ser considerados para garantir bons resultados. Os aspectos objetivos dizem respeito ao conteúdo propriamente dito.

Na mídia digital, os públicos levam em conta alguns parâmetros para classificar as informações que encontram como conteúdo de qualidade. Esses quesitos funcionam como indicadores de informações bem cuidadas.

O primeiro dos parâmetros diz respeito à formatação dos conteúdos – em especial os textuais – nas interfaces. Seja por intermédio de nossos computadores pessoais ou smartphones, desejamos acessar informações que tenham sido adaptadas para as duas dimensões de tamanho.

O recurso do design responsivo – técnica em que os conteúdos de uma tela maior se ajustam automaticamente à menor – está longe de ser perfeito. No entanto, ainda é a maneira mais simples e rápida de atender às necessidades de cada interface.

O segundo parâmetro é a atualização do conteúdo. Visto como essencial não apenas pelos usuários, mas por buscadores como o Google, ela dá um peso especial aos resultados de busca a páginas que mantêm suas informações constantemente em dia.

Quanto a aspectos subjetivos que precisam ser considerados para garantir uma boa gestão de conteúdo, a clareza das informações e o atendimento às expectativas do usuário são fundamentais. Exigência antiga dos públicos ainda na mídia impressa – antes mesmo do surgimento da web – a clareza das informações é hoje um norteador fundamental para garantir não apenas boas métricas de acesso, mas a fidelidade do visitante de um site.

O outro parâmetro subjetivo é o atendimento às expectativas do usuário. Sua base é a consistência entre o que é prometido e o que é encontrado. Uma relação que vale para todo tipo de link de acesso que leve o usuário até a informação que lhe foi prometida.

Em resumo, são quatro os parâmetros ligados diretamente ao universo da gestão de conteúdo: formatação na tela, atualização, clareza e atendimento às expectativas. Eles são a base do que se passou a chamar desde o início da era digital de Webwriting, ou seja, a redação para sites, portais e mídias sociais.

No formato de UX Writing

A revolução do conteúdo digital

A interface digital nos dá a chance, por meio dos recursos técnicos de seus suportes, de nos relacionarmos com o conteúdo das telas e não somente observá-los. Cria-se, então, uma nova questão: afinal, no contexto moderno, o que deve ser considerado conteúdo?

O principal filtro é o da utilidade. Tudo aquilo que pode ser aproveitado pelo usuário como dado, informação ou conhecimento pode ser visto como conteúdo, não importa seu teor, formato ou duração. Por exemplo, um parágrafo de um site, um pequeno arquivo de áudio ou um vídeo extenso no YouTube; todos eles têm a capacidade de informar.

Outro aspecto importante na análise sobre a utilidade: quem consome a informação. A questão aqui não diz respeito à idade, localização geográfica ou condição financeira, mas às diferenças entre os modelos mentais individuais. Ou seja, o que torna um conteúdo útil para um usuário e não para outro.

Dado, informação e conhecimento. Assim como a inteligência, eles também são conceitos fundamentais no processo de criação de conteúdos que desejem abranger as possibilidades mais amplas de utilidade.

- Dado
  Menor pedaço da informação; raramente é compreendido – e tem utilidade – sem a criação de um contexto.

- Informação
  É a junção de dados que cria um contexto e possibilita que a utilidade de cada um deles seja compreendida.

- Conhecimento

  É construído a partir do cruzamento de informações. Possibilitar sua associação é essencial, e o uso de hiperlinks é a ferramenta mais simples e engenhosa neste processo. Vale lembrar que a geração de conhecimento depende do olhar e da intenção de cada usuário, e não apenas de quais informações ele acessa.

- Inteligência

  Está centrada em estudos de comportamento. A inteligência utiliza dados qualitativos e quantitativos como principais recursos na tarefa de oferecer ao usuário a melhor experiência possível em produtos digitais.

  Na mídia digital, os públicos levam em conta alguns parâmetros para classificar as informações que encontram como conteúdo de qualidade. Eles podem se dividir em objetivos e subjetivos.

Os parâmetros objetivos na avaliação da qualidade de um conteúdo pelo usuário são:

- A formatação dos conteúdos – em especial os textuais – nas interfaces. Seja por meio de nossos computadores pessoais ou smartphones, desejamos acessar informações que tenham sido adaptadas para as duas dimensões de tamanho.

- A atualização do conteúdo, visto como essencial não apenas pelos usuários, mas por buscadores como o Google. As atualizações dão peso especial nos resultados de busca a páginas que mantêm suas informações constantemente em dia.

Os parâmetros subjetivos na avaliação da qualidade de um conteúdo pelo usuário são:

- A clareza das informações. Exigência antiga dos públicos ainda na mídia impressa, hoje, a clareza é um norteador fundamental para garantir não apenas boas métricas de acesso mas a fidelidade do visitante de um site.

- O atendimento às expectativas do usuário, ou seja, a consistência entre o que é prometido e o que é encontrado. Essa é uma relação que vale para todo tipo de link de acesso que leve o usuário até a informação que lhe foi prometida.

Para ir além do assunto

CONTEÚDO PARA TODOS

Toda boa ação de comunicação digital baseia-se em dois pilares: informação e relacionamento. Como estes dois conceitos sempre se entrelaçam, muitas vezes fica difícil saber como trabalhar conteúdos para públicos com objetivos que mudam a cada momento e medir a exata intenção de relacionamento que se pretende com a informação publicada. Por isso, antes de qualquer coisa, é preciso conhecer os tipos de informação que circulam no meio digital. As principais categorias são:

Informação institucional

O que se escreve sobre uma marca é institucional. Ou seja, não importa se é em um site ou em uma rede social, a descrição de uma empresa, o que ela faz, o que produz e sua relação com seus públicos: tudo é institucional. Este tipo de informação é o mais antigo da web e remete ao momento em que a internet saiu dos recônditos acadêmicos em meados dos anos 1990.

A informação institucional é base do conteúdo web e deve ser o mais preciso, checado e detalhado de todos. Ela é o cartão de visitas, a primeira impressão que fica da marca e a interface crucial para o público decidir se vai ou não se relacionar com ela e, por consequência, com seus produtos e serviços.

A produção de conteúdo de um site ou rede pode e deve ser compartilhada entre profissionais de diversos perfis. Mas, na elaboração de conteúdo institucional, nada mais eficaz do que um jornalista ou redator publicitário – alguém cuja função primordial no dia a dia é a de escrever.

Informação sobre produtos e serviços

Desdobramento natural da informação institucional, a informação sobre produtos e serviços traz objetividade ao universo de conteúdo de uma marca. Enquanto a institucional procura envolver e impactar, o conteúdo sobre produtos e serviços demonstra, objetivamente, o que uma marca é capaz de produzir e oferecer a seus públicos.

Em nenhum outro tipo de conteúdo é preciso ter tanto conhecimento de causa quanto na informação sobre produtos e serviços. Quanto mais dados sobre um produto e mais se conhece sobre um serviço, maior é a possibilidade de o usuário querer incluir a marca em sua vida antes mesmo de experimentar o que ela tem a oferecer – apenas pelas descrições apuradas do que é apresentado.

A informação sobre produtos e serviços precisa emanar persuasão. Nesse sentido, é fundamental entender o motivo pelo qual um futuro cliente poderá se interessar pela marca e seus derivados. E nada melhor do que o meio digital para cruzar uma descrição textual com um vídeo de demonstração bem produzido ou uma galeria de fotos abrangente.

Informação como entretenimento

Trabalhar a informação como entretenimento é como dar voz a um projeto inanimado. O produto final já está lá, e pode ser um game ou um conteúdo em storytelling, mas é a palavra que irá clarear o caminho das pedras que o usuário precisa conhecer para lidar com a experiência que terá adiante.

Mais do que meras instruções que deve obedecer, o texto na informação como entretenimento funciona como um roteiro, em que a palavra serve como esclarecimento, estímulo e orientação. Assim, saber construir conteúdos que possuam lógica, encadeamento e clareza é fundamental para quem trabalha com formatos de entretenimento. Não basta contar uma história, é preciso saber como contá-la e entender bem a quem ela se destina.

Na informação como entretenimento, o texto é companheiro de viagem de quem está experimentando a história. Dessa forma, o relacionamento surge no exato momento em que o usuário adentra o ambiente de imersão. Além disso, o texto dá sentidos para quem acompanha a história: as palavras que o guiam são seus olhos, ouvidos e toda a interação que terá com os elementos ao redor.

Informação para trabalho

Um dos principais sustentáculos de um portal corporativo, a informação para trabalho é o coração do conteúdo de uma intranet. Enquanto o material noticioso é o "conteúdo-âncora" de um portal interno, a informação voltada para facilitar a rotina de trabalho do empregado deve ser valorizada e colocada no topo da lista dos conteúdos a priorizar.

Muitos ainda veem a informação para trabalho como sinônimo de forma de acesso a ferramentas, ou as ferramentas em si. No entanto, uma informação textual, pura e simples, também tem um coeficiente de funcionalidade – comprovado usualmente em testes de uso de intranets – tão significativo quanto o de um aplicativo.

Provar que as informações contidas na intranet são essenciais para a rotina de trabalho é o preço a ser pago para mostrar aos funcionários da empresa que o portal corporativo é realmente útil – simples assim. Ou uma intranet tem utilidade ou ela morre. Pensar em criar ambientes de relacionamento em uma intranet – como redes sociais internas – sem provar que já é hábito na empresa produzir conteúdos úteis para sua "porta de entrada" – o portal corporativo – será bem mais difícil. Se a empresa não faz, o que garante que o empregado o fará?

Informação e relacionamento

Quando o texto é uma informação em movimento, ele é ao mesmo tempo veículo e mensagem. Como o caso de um post em uma rede social, que é criado para ser comentado e que supõe resposta, por exemplo. Por isso, este é um tipo de informação que merece ser lapidado com todo o cuidado, mas, ao mesmo tempo, é um conteúdo produzido em quantidade e frequência como nenhum outro. Atenção, portanto.

Neste processo, junto com estar aberto a questionamentos e saber encaminhá-los, sem interromper a cadeia de contato, está o fato de que, diferentemente do que acontece em outros canais, a réplica da marca precisa ser o mais breve possível. Respostas precisam ser dadas sempre, nas redes, o usuário não espera. Dessa forma, o que mais se pede da informação como relacionamento é agilidade e flexibilidade.

Os conteúdos nas redes são vistos como informação efêmera, e o são – mas apenas para os que não os consumiram. Para quem os assimilou e com eles se relacionou, esses conteúdos representam a marca e servirão como meio de relacionamento com o usuário.

É cada vez mais difícil separar informação de relacionamento em um ambiente onde a convergência é a regra geral. Ainda assim, quem estuda e produz conteúdo deve saber separar um do outro, e colocar os dois em perspectiva para entendê-los cada vez mais, e melhor. Isso é o que, atualmente, distingue um profissional mediano de um ótimo gestor de conteúdo – fica a dica!

17 A LEITURA E A TELA

Assim que as técnicas de Webwriting começaram a ser testadas e os conceitos primordiais de gestão de conteúdo foram associados aos de usabilidade, o modo de produzir conteúdo mudou. Afinal, percebeu-se que o foco principal de estudo da redação para a mídia digital seria o de entregar ao usuário a melhor experiência de leitura em tela.

O ponto de partida foi procurar entender o que poderia facilitar a visualização e a leitura de um texto no meio online. Até porque, são aspectos com características bem distintas das que existem no meio impresso.

Embora não haja emissão de luz, a luminosidade refletida pelo papel também interfere na leitura. Ou seja, é um engano intuir que o meio impresso é o dono da melhor interface possível para o leitor.

Contudo, a emissão de luz das telas tem um impacto que não existe na luminosidade refletida pelo papel. Ao lermos um texto no meio online, é como se estivéssemos olhando para uma lâmpada. A interferência é maior.

Por isso, uma das primeiras conclusões sobre como produzir textos para telas foi a necessidade de superar a fadiga visual, que é mais intensa do que ao ler um conteúdo impresso. Como consequência, o consumo de conteúdo – em especial o textual – é mais custoso.

Vale sempre lembrar que, na mídia digital, estamos lidando com interfaces essencialmente gráficas, ou seja, os elementos visuais têm um apelo maior do que os textuais. A cor e o movimento dos elementos gráficos em uma tela, favorecidos pela luz que por ela é emitida, chamam mais atenção do que o elemento textual e sua característica básica de ser bem menos atraente justamente por não conter imagens.

Enfim, é mais custoso para o usuário ler um texto em uma tela, tanto pela natureza da interface em si quanto por não ser imagem em um ambiente em que o olhar privilegia o que é gráfico. Pensando nisso, o Webwriting foi buscar nos recursos de design as soluções para atrair a atenção do leitor.

Nesta procura por atrair o olhar, foi preciso, antes, deparar-se com o fato de que o textual só é notado após o usuário perceber os elementos visuais presentes em uma tela. Sejam eles os mais óbvios, como a fotografia, a ilustração e os ícones; ou menos óbvios, como a logomarca de uma empresa ou de um produto, e até mesmo o menu de um site, misto de elemento gráfico e textual.

Além disso, um texto ser notado em uma tela não é certeza de que ele será lido. Assim, o Webwriting parte do princípio de que um texto é uma mancha visual em uma tela, e que deve ser tratado como tal. Dessa forma, é possível associar recursos de atração visual para uma massa de texto e, assim, atrair o olhar do usuário.

A indexação para o olhar

O estudo do modelo mental dos usuários é, desde o princípio, uma das principais ferramentas da usabilidade, sobretudo em textos. Antes mesmo do surgimento da mídia digital, uma das boas práticas para facilitar a absorção de conteúdo textual na mídia impressa era grifar palavras como forma de indexação para o olhar. Esse recurso foi usado pelo Webwriting, que o adotou como forma de a palavra se sobressair e se tornar mais relevante nas telas em meio aos tantos outros elementos visuais.

Desde o início, sugeria-se que em cada parágrafo o produtor de conteúdo grifasse a palavra ou expressão-chave de um determinado trecho. Com isso, o Webwriting deixava claro que caminhar de braços dados com a usabilidade seria essencial para o desenvolvimento – e o amadurecimento – do comportamento do texto no meio online.

O surgimento dos buscadores

O raiar do século XXI viu a popularização do Google. O poderoso buscador baseado em indexação de conteúdo, desde seu surgimento, deixou claro que a usabilidade dos textos seria vista como um dos parâmetros de qualidade para o bom posicionamento das páginas nos resultados de busca.

Mais do que ser amigável para os olhos – e, portanto, para o modelo mental – os textos precisariam seguir à risca a ideia de indexação. Ou seja, o trabalho dos produtores de conteúdo deveria obrigatoriamente passar pela classificação de cada um deles em seu momento de publicação.

A recomendação, vista como indispensável com o passar dos anos graças ao crescimento da web, seria abraçada em especial pelo comércio eletrônico.

Afinal, esse é um setor que conta que seus produtos e serviços serão facilmente – e rapidamente – encontrados pelo Google.

Entre os recursos de indexação listados pelo Google, estava justamente o de grifar palavras e expressões-chave em cada um dos parágrafos de um texto. A usabilidade de textos, até então vista como um assunto coadjuvante, associada a questões emocionais como a melhoria da experiência do usuário, tornava-se, então, essencial ao universo da redação para o meio digital. Na realidade, o Google, com sua proposta inovadora de espelhar no trabalho de indexação o que os usuários consideravam como conteúdo de qualidade, colocava a usabilidade – e não apenas a do texto – no centro das atenções.

No formato de UX Writing

A leitura e a tela

Uma das primeiras conclusões sobre como produzir textos para telas foi a necessidade de superar a fadiga visual, que é mais intensa do que ao ler um conteúdo impresso. Como consequência, o consumo de conteúdo – em especial o textual – é mais custoso.

Vale também lembrar que, na mídia digital, estamos lidando com interfaces essencialmente gráficas, ou seja, os elementos visuais têm um impacto maior do que os textuais. A cor e o movimento dos elementos gráficos em uma tela, favorecidos pela luz que por ela é emitida, chamam mais atenção do que o elemento textual e sua característica básica de ser bem menos atraente justamente por não conter imagens.

Por essa razão, o Webwriting foi buscar nos recursos de design as soluções para atrair a atenção do leitor. Assim, parte do princípio de que um texto é uma mancha visual em uma tela e deve ser tratado como tal.

Grifar as palavras ou expressões-chave como forma de indexação para o olhar foi o recurso que o Webwriting buscou para o texto se sobressair e se tornar mais relevante nas telas em meio a tantos outros elementos visuais. A usabilidade de textos, até então vista como um tópico coadjuvante, associada a questões emocionais como a melhoria da experiência do usuário, tornava-se, então, essencial ao universo da redação para o meio digital.

Para ir além do assunto

PALAVRA CERTA, INDEXAÇÃO CORRETA

Se há uma tendência para as próximas décadas no meio digital – e não apenas para os próximos anos – é a luta por visibilidade. Mais um desafio a ser enfrentado do que propriamente uma tendência, tornar visíveis os conteúdos das marcas é hoje, para profissionais e agências, uma obsessão. Compreensível.

Estratégia essencial da primeira metade desta década, a compra de palavras-chave nos buscadores já não basta. Não à toa, produtores de conteúdo são constantemente cobrados na aplicação de técnicas para indexação de informações. Da mesma forma, ações de SEO também não atendem mais ao que as empresas esperam de suas contratadas. Ou seja, técnicas de eficiência comprovadas estão sendo utilizadas à exaustão e, ainda assim, passam longe de serem suficientes.

Em tal cenário, há que ir além. É comum que em situações como essa a solução não esteja em olhar para o que há de novo, mas sim em voltar-se para o início. Ou seja, para a matéria-prima que possibilitou o trabalho de visibilidade das informações: a semântica.

A escolha da palavra ou a expressão correta está – como deve ser – no cerne das técnicas para a indexação de informações e também nas ações de SEO. Mas a saída parece estar em ir mais fundo no estudo e na observação do universo semântico de públicos e conteúdos.

Ter acesso a aspectos pouco conhecidos, como origem e relações entre as palavras, aponta para soluções inéditas. É reconfortante descobrir que a saída para uma pequena crise na comunicação digital possa estar, mais uma vez, nas mãos de um dos pilares da comunicação tradicional.

Quem produz conteúdo para o meio online sabe que não escrevemos para sermos lidos, mas sim para sermos vistos e encontrados. A palavra sempre esteve no centro desta tarefa. Assim, o novo caminho a ser trilhado é apenas o aprofundamento de um trabalho que sempre foi realizado. Uma consequência natural, portanto.

Ao estudar o universo de uma determinada palavra, é preciso conhecer a lógica de sua estrutura, assim como saber de que forma ela se relaciona com o que há ao redor. Nesta tarefa de imersão, existem categorias que nos ajudam a encontrar as soluções que tanto precisamos; são definições que vêm da arquitetura da informação – antes mesmo do surgimento do digital – e que, até hoje, são utilizadas pela biblioteconomia.

Conheça, a seguir, as principais categorias – termos genéricos, termos específicos, termos relacionados, sinônimos – e saiba como usá-las.

Termos genéricos

O que são

Funcionam como um guarda-chuva: eles sinalizam conteúdos diversos, mas que possuem interseções bem lógicas entre si. Os termos genéricos se dividem em vários níveis. "Animais", por exemplo, seria um nível mais alto, bem amplo, o primeiro nível, aquele capaz de abarcar o maior número de conteúdos possível. "Animais de estimação" ou "Animais selvagens" seriam, por sua vez, exemplos de segundo nível semântico.

Como utilizá-los

Por vezes, os públicos são vários e, portanto, o universo semântico não é apenas um, mas sim a junção de três ou quatro. Ou então o termo associado ao conteúdo/produto/serviço com que se deseja trabalhar a indexação jamais será o buscado, já que o universo semântico do(s) público(s) é limitado. Nesses casos, esperar que o conteúdo seja achado por meio de uma sinalização específica será perda de tempo (e, muitas vezes, dinheiro).

O que evitar

Termos genéricos precisam, como está em sua proposta original, abarcar um universo extenso de conteúdo. Por isso, deve-se evitar uma especificidade (granularidade) excessiva. Afinal, quanto mais específico é um termo genérico, mais ele se distancia da sua razão de ser – a abrangência – e perderá a capacidade de abarcar informações diferentes.

Termos específicos

O que são

São o oposto dos genéricos. Aqui não há preocupação do produtor de conteúdo, em seu processo de trabalho de indexação de informações, em criar termos amplos, já que existe uma possibilidade enorme de o usuário conhecer o termo específico. Neste caso, não há a necessidade, por exemplo, de se buscar um termo genérico e de amplo conhecimento para "alimentos sem glúten", pois o público-alvo compreende imediatamente o que é esta informação.

Como utilizá-los

A nomeação com termos específicos é o cenário perfeito para o produtor de conteúdo. Estudando com cuidado com que grau de granularidade um conjunto de informações pode ser trabalhado, a possibilidade de se atingir em cheio o usuário é grande. Afinal, o objetivo do termo específico é embrenhar-se pelos espaços entre seus parentes maiores (os termos genéricos) e chegar com precisão e rapidez aos públicos.

O que evitar

É preciso ter certeza de que seu público realmente conhece o termo escolhido. Em outras palavras, um trabalho para indexação com rótulos específicos só deve ser uma opção se antes for feita uma pesquisa detalhada sobre o universo semântico do usuário.

Termos relacionados

O que são

Esta é, na verdade, uma categoria de apoio. Termos relacionados são utilizados quando o termo genérico é amplo em excesso – e por isso flácido – e o termo específico jamais seria buscado e/ou compreendido pelos públicos. Não por isso os termos relacionados têm menos importância. É fundamental compreender que o trabalho de apoio à indexação por intermédio da semântica sempre fez uso – lembre-se da biblioteconomia – de ferramentas para sinalizar conteúdos; é comum apoiar-se em recursos complementares.

Como utilizá-los

O foco, aqui, é cercar a informação por todos os lados. Se você deseja sinalizar uma cobertura para bolo cujo nome é algo inédito para o público-alvo (chamemos de "ducigrin"), deve, então, listar todos os termos possíveis relacionados ao produto, desde os mais óbvios ("cobertura", "bolo", "doce") aos secundários ("festa', "aniversário") e utilizar esta lista no trabalho de apoio à indexação. E, é claro, não deixar de utilizar o termo exato, afinal, com o tempo, ele passará a ser identificado – e buscado – pelo usuário.

O que evitar

Termos que se distanciam demais do universo do termo original. Explore seu universo até o limite, mas tome cuidado para não ir além.

Sinônimos

O que são

Conjunto de termos que identificam um mesmíssimo conteúdo, todos de amplo conhecimento. Embora pouco se discuta sobre o porquê de os sinônimos existirem – afinal, se um dos termos já é compreendido por todos, por que existir mais de um para identificá-lo? –, sua utilidade é, na prática, um recurso indispensável. Um mesmo conteúdo é buscado por meio de vários termos e não apenas um.

> **Em tempo**
>
> Procurar sinônimos é uma tarefa obrigatória no trabalho de apoio à indexação.

Como utilizá-los

Vamos utilizar um exemplo bem simples: imagine um público que conhece o "melhor amigo do homem" apenas como "cão"; jamais ouviu falar em "cachorro". De nada adiantaria, portanto, trabalhar a indexação apenas utilizando um determinado termo escolhido que seria, possivelmente, o ideal, neste caso ("cachorro"). Aqui, utilize ambos "cão" e "cachorro". Há casos comuns relacionados a tipos novos de produtos em que a marca gostaria que o público se familiarizasse com os novos termos, mas é preciso utilizar (também) um sinônimo para que o conteúdo seja encontrado.

O que evitar

Quando se escolhe sinônimos, é preciso ter certeza absoluta de que um termo é compreendido da mesma forma por todos os públicos. O regionalismo é um dos grandes perigos: fale "vire à direita e pare no sinal" em São Paulo e provavelmente o seu público não o compreenderá. A palavra "sinal" é entendida de outra forma em São Paulo, o vocábulo para esse sinal de trânsito é, na verdade, "farol" ("sinal" é usado no Rio de Janeiro). Evite suposições, então: pesquise.

O presente, e não o futuro próximo, já pede dos produtores de conteúdo o gosto por brincar com palavras e o prazer em estudá-las. Se você ainda não se envolveu o bastante com (mais) essa nova faceta do universo da informação digital, ainda está em tempo – mãos à obra!

18 O ELO PERDIDO DA INTERFACE MÓVEL

No início de 2016, ao ler pela primeira vez sobre UX Writing e buscar suas diferenças em relação ao Webwriting, um ponto ficou claro para mim. Notei que a interface móvel não só havia dado um passo adiante na história da tecnologia da comunicação, como havia transformado a relação do usuário com o conteúdo digital.

Questões como gestão de conteúdo e usabilidade continuavam relevantes. Mas, agora, a forma de acesso à informação havia tomado um novo rumo, como se fosse preciso retornar ao ponto inicial do estudo do consumo de conteúdo em telas e criar uma bifurcação.

Afinal, surgiram os celulares e, logo em seguida, os smartphones, estes com a capacidade de acessar a web com a mesma desenvoltura que os computadores pessoais. Tudo isso pedia um repensar do que havia sido dito e testado até então sobre a informação para o meio digital.

Havia aspectos bem claros que justificavam essa necessidade, e quem tentava compreender as características do UX Writing desde seu início precisava dissecá-los. Naquele momento ficava nítido que o smartphone logo seria visto como o "elo perdido" entre as primeiras décadas do comportamento do conteúdo online e o novo momento que surgia. Três desses aspectos tinham relevância no estudo dessa nova maneira de acessar e consumir informação digital: dimensões dos aparelhos, estímulos audiovisuais e formato do conteúdo.

Dimensões dos aparelhos

O surgimento dos tablets provocou um repensar na maneira de apresentar conteúdos para telas menores do que as dos computadores pessoais. Ainda assim, os smartphones foram os responsáveis por fazer o conteúdo online encontrar interfaces que, de fato, demandariam adaptações.

Embora os tablets tivessem na mobilidade o ponto de ligação com os smartphones, os usuários ainda navegavam na web da mesma forma que faziam em seus desktops e notebooks. Muitos o utilizavam – e ainda o fazem – como se fosse um livro: sentando-se e acessando seu conteúdo.

A revolução do smartphone, portanto, não está apenas no fato de ele ser portátil, mas de o usuário acostumar-se a acessá-lo em movimento. Sua utilidade maior justifica-se pelo uso ao caminhar pelas ruas, dentro dos escritórios, em casa – até porque, diferentemente do tablet, o smartphone cabe na palma de nossas mãos.

Estímulos audiovisuais

Nós nunca estamos alheios a estímulos auditivos e visuais quando utilizamos nossos computadores pessoais para acessar a internet em ambientes fechados – seja da sala de trabalho ou de casa. Ainda assim, são os ambientes públicos que fazem com que esses estímulos nos cerquem de forma mais incisiva e intrusiva. Sejam ruídos comuns como os de motores de automóveis, sinais luminosos ou qualquer tipo de elemento gráfico que nos chame a atenção.

O fato é que basta sairmos na rua para acessarmos um mundo de informações que irão competir com o que vemos na tela de um smartphone. Embora fácil de carregar e via de acesso a um universo de conteúdos digitais, foi a forma de apresentar e comunicar as informações por meio da pequena tela do smartphone que se tornou o maior desafio.

Formato do conteúdo

Como atrair a atenção do usuário com as informações de um smartphone se os sons e as imagens das ruas são o que nos chama a atenção? Precisaria, então, a informação retrabalhar sua forma de apresentação em telas pequenas e portáteis para ter a relevância necessária capaz de competir com tantos estímulos audiovisuais?

Essas questões tornaram-se o foco de análise da redação para interfaces digitais, e foram norteadoras dos passos iniciais que o UX Writing deu ao longo dos últimos anos. Mais do que perguntas que esperam soluções imediatas, elas servem como indicadores para os caminhos que têm se mostrado propícios à aplicação das técnicas de UX Writing em produtos digitais.

Esses questionamentos são como luzes lançadas no caminho à frente. Elas iluminam a trajetória para que possamos entender com mais clareza problemas que devem ser solucionados; parte de um novo momento da realidade do consumo da informação.

No formato de UX Writing

O elo perdido da interface móvel

O surgimento dos celulares e, logo em seguida, dos smartphones, com sua capacidade de acessar a web com a mesma desenvoltura que nossos computadores pessoais, trouxe mudanças. A principal delas foi fazer com que o mercado repensasse o que havia sido dito e testado sobre a informação para o meio digital até então.

Naquele momento ficava claro que o smartphone logo seria visto como o "elo perdido" entre as primeiras décadas do comportamento do conteúdo online e o novo momento que surgia. Havia aspectos bem claros que justificavam essa necessidade, e para quem tentava compreender as características do UX Writing desde seu início, era preciso dissecá-los. Três desses aspectos tinham relevância no estudo desta nova forma de acessar e consumir informação digital: dimensões dos aparelhos, estímulos audiovisuais e formato do conteúdo.

- Dimensões dos aparelhos

  A revolução do smartphone, portanto, não está apenas no fato de ele ser portátil, mas de o usuário acostumar-se a acessá-lo em movimento. Sua utilidade maior justifica-se pelo uso ao caminhar pelas ruas, dentro dos escritórios, em casa. Afinal, diferentemente do tablet, por exemplo, o smartphone cabe na palma de nossas mãos.

- Estímulos audiovisuais

  Basta sairmos na rua para acessarmos um mundo de informações que irão competir com o que vemos na tela de um smartphone. Sejam ruídos comuns como os de motores de automóveis, sons de lojas, conversas entre pessoas que cruzam o nosso caminho, apelos visuais de vitrines, sinais luminosos ou qualquer tipo de elemento gráfico que nos chame a atenção.

- Formato do conteúdo

Precisaria, então, a informação retrabalhar sua forma de apresentação em telas pequenas e portáteis para ter a relevância necessária capaz de competir com tantos estímulos audiovisuais? Essa questão norteia os caminhos que têm se mostrado propícios à aplicação das técnicas de UX Writing em produtos digitais atualmente.

19 PROFUNDO OU SUPERFICIAL?

Do mesmo modo que ocorre em outras interfaces, os conceitos que vimos de uso e utilidade também têm influência no modo como os usuários consomem conteúdos no meio móvel. Mas é o uso que fazemos destes conteúdos, em especial, que tem um impacto maior nesse contexto.

Quando criadas para o meio móvel – processo que ainda está em seus primeiros dias – as informações que buscamos via smartphone são justamente aquelas criadas para atender às características mais básicas do meio. Ou seja, são conteúdos que precisamos acessar porque estamos em movimento; não queremos parar. Em suma, o momento do uso é o principal parâmetro. O foco é o imediatismo; a entrega de informações e a solução de problemas não podem ser deixadas para depois.

Eis um ponto relevante: não que os conteúdos móveis não existam ou não possam ser acessados em nossos computadores pessoais, mas as situações que os demandam tornam sua facilidade de acesso o grande diferencial. Até porque os smartphones estão literalmente nas palmas de nossas mãos.

Um bom exemplo deste cenário foi a criação dos aplicativos. Essa ferramenta virtual foi o marco da transformação provocada pelo uso do meio móvel, com sua forma de acesso facilitada às informações e ao modo como elas são apresentadas.

Nesse cenário, parâmetros como formatação do conteúdo e clareza, essenciais para a boa gestão do conteúdo de quaisquer interfaces, têm uma relevância ainda maior. Afinal, ainda mais importante do que o momento do uso é o modo como consumimos o conteúdo, que vai impactar mais a produção do conteúdo móvel.

A facilidade que a mobilidade do smartphone nos traz ao acessar a web de qualquer lugar é o que caracteriza o uso deste meio. No entanto, essa praticidade coloca nossa necessidade de informações em outro patamar.

Imagine-se na rua: celular em punho, procurando por uma informação ao mesmo tempo simples e prática – quando irá começar uma campanha de vacinação, por exemplo. Estamos em movimento, cercados por diversos estímulos audiovisuais que não apenas nos pedem, mas nos exigem atenção ao mesmo tempo em que vamos acessar um conteúdo via smartphone.

Nessa situação, os dados mais relevantes precisam estar na "superfície" da informação. Em outras palavras, eles devem ser capazes de responder às tradicionais questões jornalísticas básicas: o quê, quem, como, quando, onde e por quê. Contudo, serão os parâmetros de gestão de conteúdo de formatação e clareza os mais exigidos pelo usuário, o que não acontece em outras interfaces.

O ideal, para o usuário do meio móvel, não é deparar-se com o "texto corrido", com seus parágrafos de introdução, desenvolvimento e conclusão. Neste momento o usuário está em movimento, cercado por fortes estímulos audiovisuais, clamando por dispersão.

O que se espera, nesse instante, é um conteúdo formatado de uma maneira simples e direta, que privilegie a essência da informação: itens substituindo parágrafos; poucas palavras resumindo longas sentenças; a objetividade liderando a elaboração da informação. É o dado, menor pedaço e essência da informação, tomando a frente na comunicação com o usuário.

Fosse outra situação, sentados em casa ou no escritório, em ambientes com estímulos audiovisuais controlados, poderíamos nos dar ao luxo de acessar, por acaso ou vontade, conteúdos longos e detalhados. Já no cenário da mobilidade, é a formatação privilegiando o dado e a clareza exigida da informação quem dá as cartas.

No formato de UX Writing

Profundo ou superficial?

Quando criadas para o meio móvel, as informações que buscamos via smartphone são aquelas criadas para atender às características mais básicas do meio. A saber, conteúdos que precisamos acessar porque estamos em movimento.

Em suma, o momento do uso é o principal parâmetro. O foco é o imediatismo; a entrega de informações e a solução de problemas não podem ser deixadas para depois. Mais importante do que o momento do uso, é a forma como consumimos o conteúdo, que impactará mais a produção do conteúdo móvel.

Imagine-se na rua: celular em punho, procurando por uma informação ao mesmo tempo simples e prática. Estamos em movimento, cercados por diversos estímulos audiovisuais que não apenas nos pedem, mas nos exigem atenção ao mesmo tempo em que vamos acessar um conteúdo via smartphone.

Nessa situação, os dados mais relevantes precisam estar na "superfície" da informação. Em outras palavras, eles devem ser capazes de responder às tradicionais questões jornalísticas básicas: o quê, quem, como, quando, onde e por quê. Contudo, serão os parâmetros de gestão de conteúdo de formatação e clareza os mais exigidos pelo usuário, o que não acontece em outras interfaces.

O que se espera, neste instante, é um conteúdo formatado de uma maneira simples e direta, que privilegie a essência da informação. Por exemplo, itens substituindo parágrafos, poucas palavras resumindo longas sentenças: a objetividade liderando a elaboração da informação.

Para ir além do assunto

CONTEÚDO LONGO, CONTEÚDO CURTO: CADA UM EM SEU LUGAR

Bob Iger, CEO da Disney, foi o executivo da área de entretenimento com a visão mais apurada das últimas décadas. Nada lhe escapava: o momento exato de comprar uma empresa, uma chance a ser aproveitada.

Ao longo de quinze anos, Iger realizou movimentos antes impensáveis para a (então) imutável *house of the mouse* – comprou a Pixar, a Marvel, a Lucasfilm e, finalmente, a 21th Century Fox. Sem fazer alarde, a Disney tornou-se proprietária de marcas como Toy Story, Avengers e Star Wars.

Fosse há vinte anos, estaríamos falando apenas de filmes. De lá para cá, mais do que marcas, as aventuras de Buzz Lightyear, Capitão América e Luke Skywalker provaram ser histórias com um potencial enorme para extrapolar sua fonte principal de lucro – o cinema – e não apenas invadir, mas florescer em outras mídias.

O conceito de "universo expandido" ilustra bem este cenário. Há histórias contadas que são tão fortes, tão consistentes, que são passíveis de desdobramentos em outros ambientes, de livros e games a séries de tv e canais de vídeo.

Para amarrar as pontas e evitar incongruências em histórias espalhadas por diversas mídias, a Disney criou *story groups*, como o nome indica, grupos de profissionais encarregados de mapear cada detalhe e garantir a coerência das histórias que ainda virão. Tudo com o cuidado de não tolher a criatividade.

Os *story groups* da Disney deram origem ao "cânone" de cada universo, espécie de árvore genealógica que serve de bússola a cada novo passo dado na criação de novas histórias. A segurança gerada por *story groups* e cânones funcionou como chuva em terreno fértil. Na Disney, a cada semana surgem novas ideias para cada um de seus universos, histórias e personagens. O que cabe em qual mídia e de que modo as histórias devem ser contadas é um passo importante, e essa foi a prioridade do CEO da Disney ao longo de mais de uma década.

Em entrevista à *Vanity Fair*, Bob Iger comentou sobre a compra da Maker, produtora de vídeos para o YouTube, uma aquisição que poucos entenderam na época. "Precisamos compreender a diferença entre conteúdo longo e conteúdo curto, e saber que há lugar para cada um deles", disse. Listar as características de cada tipo de conteúdo e saber qual formato se adapta melhor a cada meio é um bom início.

Conteúdo longo (*long form content*)

Seja texto, imagem, áudio ou vídeo, há três variáveis que devem ser levadas em consideração na hora de veicular um conteúdo longo: público, tempo e intenção. Exemplos de conteúdo longo: filmes longa-metragem (vídeos), matérias especiais sobre temas específicos (textos).

Público

Esqueça as segmentações por gerações (X, Y, Millennials etc.): aqui, o que importa é o interesse por você – que é grande. O impensável em outras situações, ou seja, criar granularidade para o conteúdo, é regra no conteúdo longo. Muitas informações serão bem-vindas. Crie detalhamento, portanto. A palavra-chave aqui é **profundidade**.

Tempo

"Estou disposto a receber plenamente a mensagem que você está transmitindo" – no cenário do conteúdo longo, é este o sinal que seu público está emitindo. Ele entregou o tempo em suas mãos e, mais do que uma questão de quantidade de conteúdo a ser produzido, o recado que o público tem a dar é: "estou disposto a conhecer mais sobre sua marca, seu serviço, seu produto". Aproveite! A palavra-chave aqui é **disponibilidade**.

Intenção

Ao dispor de tempo e aproveitar a oportunidade de conhecer mais sobre você e sua empresa, o consumidor de conteúdo longo está pronto para iniciar o que mais se espera dele: o processo de relacionamento. E, neste caso, ações de interatividade devem estar sempre prontas para serem deflagradas. Se seu público está prestes a ser seduzido, não perca tempo. A palavra-chave aqui é **receptividade**.

Conteúdo curto (short form content)

Não caia na armadilha da interface. Não é porque o dispositivo é móvel que o conteúdo precisa ser curto. Aqui, mais uma vez, valem as variáveis público, tempo e intenção. Exemplos: Episódios de série, capítulos de novelas, canais no YouTube (vídeos), listas estilo BuzzFeed (textos), podcasts (áudio).

Público

Um dos mitos do conteúdo curto diz respeito à sua qualidade. De forma alguma um conteúdo curto é uma categoria "menor" ou "resumida" de informação. É, sim, fast food, mas da melhor qualidade, com ingredientes selecionados, uma espécie de "McConteúdo gourmet". Ainda há um pouco de preconceito com o conteúdo curto, mas a ferocidade com que o público o consome tem acelerado sua aceitação pelas empresas que ainda se apegam à comunicação mais tradicional – último bastião da resistência ao novo. A palavra-chave aqui é **qualidade**.

Tempo

O formato em si já é consequência do tipo da mensagem. Sem necessidade de detalhamento, calcada em objetividade e abordando apenas os aspectos básicos da informação, o conteúdo curto não pede concentração excessiva de quem o consome. É uma comunicação rápida e simples. A palavra-chave aqui é **objetividade**.

Intenção

A intenção é enorme, incomensurável. O gosto por conteúdo curto é consequência da falta de tempo em nosso dia a dia? Bastante. O público também mudou? Tremendamente. Mas a questão central não é tempo ou público, mas a interface dos aparelhos de acesso à informação que, com a mobilidade, criaram um mercado consumidor para o conteúdo curto que antes era inexistente. Estamos em uma espécie de fase de "deslumbre" com essa possibilidade, fascinados com o acesso a pequenos conteúdos ao alcance (literal) das mãos. A palavra-chave aqui é **vontade**.

Ainda será preciso estudar por muito tempo o comportamento e o impacto do tamanho do conteúdo nas mídias digitais e em suas interfaces de acesso. É um trabalho de laboratório, de "olhar ao microscópio", já que cada uma de suas peculiaridades é que importa ao produtor da informação.

Outro ponto a ser observado com cuidado é como tais características afetarão o consumo da informação em médio prazo. Quando a "paixão" pelo conteúdo curto se estabilizar, ele e o conteúdo longo travarão uma saudável luta pela atenção do usuário, cada vez mais certo da forma como deseja acessar o que está procurando ou consumindo.

Fato é que, daqui em diante, precisaremos estar atentos, observando públicos, "tempos" e intenções – sempre alerta, portanto. ;-)

20 SOBRE O "T" DE CONTEÚDO

Em movimento, smartphone em mãos, procuramos por informações objetivas que privilegiem cada dado e nos entreguem o que há urgência em acessar. Sentados em casa e no escritório, estamos dispostos a ir além, explorando e associando informações mais detalhadas em busca de conhecimento.

Vemos surgir, então, um novo cenário da gestão de conteúdo. Agora, o usuário tem acesso a duas interfaces – assim como a suas vantagens – à disposição: a praticidade do acesso à informação móvel e o tempo maior que dedicamos em nossos computadores pessoais à criação de conhecimento.

> **Em tempo**
>
> Vale ressaltar mais uma vez que estamos diante de um avanço no universo da gestão de conteúdo digital. Da mesma forma que podemos produzir conhecimento em interfaces móveis, também podemos procurar informações objetivas nas interfaces maiores de nossos desktops e notebooks.

Novamente, o filtro aqui é o uso e a utilidade que o usuário deseja aplicar ao conteúdo. Neste estudo, levemos em conta as duas interfaces de acesso a conteúdos textuais que temos hoje à disposição: a dos smartphones e a dos computadores pessoais.

Para estudar a relação entre essas interfaces, imaginemos a letra maiúscula "T". Considere ainda que seu topo, horizontal, representa a interface móvel, enquanto o restante, vertical, simboliza nosso acesso às interfaces maiores de desktops e notebooks. O eixo vertical representa as camadas de sites e portais a que temos acesso via computadores pessoais, em ambientes reservados, em situações confortáveis e/ou estáticas, como em casa ou no escritório.

Profundos em suas camadas e criados com este intuito, os sites e portais são propícios para a construção de conhecimento. Página a página, de acordo com a necessidade do usuário, ele navega recolhendo informações. Muitas vezes, vai além das camadas iniciais, em busca do que, em conjunto, proporciona o conhecimento que o visitante deseja elaborar.

A haste horizontal do "T" simboliza a interface móvel, morada dos aplicativos que acessamos via smartphone. É o cenário da multiplicidade de apelos intensos, visuais e auditivos que nos cercam, estimulando a dispersão.

Intencionalmente superficiais, os aplicativos – com poucas telas de conteúdo – são ideais para oferecer informação direta e objetiva. Sua função é entregar dados úteis e, desta forma, esclarecer rapidamente uma dúvida ou resolver uma questão – seja uma consulta a um sistema ou a compra de um produto. Aqui, não há necessidade de profundidade, pelo contrário: o que se deseja está na superfície.

O avanço para a comunicação social no que tange a esse "T" de conteúdo não está em reafirmar que existem dois sistemas de gestão da informação diversos, mas que os usuários desejam essa coexistência. Por vezes, queremos apenas uma informação simples, que nos atenda pontualmente, sem necessidade de detalhamento ou associação a outras informações.

Em outras ocasiões procuramos criar conhecimento, recolher um extenso conjunto de informações ao longo de diversas páginas e telas para tecer uma tapeçaria de dados que atenda às necessidades mais profundas. Mais uma vez, deparamo-nos com os conceitos de uso e utilidade.

A forma e o momento do uso são determinantes na escolha de um dos dois caminhos em busca de conteúdo. Por um lado, quando queremos construir conhecimentos e, por isso, precisamos associar informações, optamos por interfaces mais profundas em ambientes com menos apelos que nos distraiam. Por outro, quando procuramos apenas um conjunto de dados que nos atendam pontualmente, optamos pelas interfaces mais superficiais que suportem apelos intensos e constantes como os que encontramos no convívio social.

Não há, neste cenário, nenhum parâmetro de qualidade em questão. Ambos os tipos de conteúdo atendem às necessidades do usuário. Da mesma forma, é a necessidade, um dos atributos da utilidade, que irá nortear a utilização das interfaces.

Se o conteúdo que buscamos é apresentado de modo que atenda a nossa necessidade, seja ela qual for, este é o que iremos priorizar. Mais uma vez, dentro do conceito de utilidade, entender quais são as necessidades do usuário é o segredo para criar bons conteúdos.

No formato de UX Writing

Sobre o "T" de conteúdo

Hoje, o usuário tem duas interfaces – assim como suas vantagens – à disposição: a praticidade do acesso à informação móvel e o tempo maior que dedicamos em nossos computadores pessoais à criação de conhecimento. Novamente, o filtro aqui é o uso e a utilidade que o usuário deseja aplicar ao conteúdo.

Para estudar a relação entre essas interfaces, imaginemos a letra "T". O topo da consoante, o eixo horizontal, representa a interface móvel, já o eixo vertical simboliza nosso acesso às interfaces maiores de desktops e notebooks. O eixo vertical representa as camadas de sites e portais a que temos acesso via computadores pessoais, em ambientes reservados, em situações confortáveis e/ou estáticas, como em casa ou no escritório.

Profundos em suas camadas e criados com este intuito, os sites e portais são propícios para a construção de conhecimento. Página a página, de acordo com a necessidade do usuário, ele navega recolhendo informações. Muitas vezes indo além das camadas iniciais, em busca do que, em conjunto, proporcionará o conhecimento que o visitante deseja elaborar.

A haste horizontal do "T" simboliza a interface móvel, morada dos aplicativos que acessamos via **smartphone**. É o cenário da multiplicidade de apelos intensos, visuais e auditivos que nos cercam, estimulando a dispersão.

Superficiais, os aplicativos – como poucas telas de conteúdo – são ideais para oferecer informação direta e objetiva. Afinal, a função deles é entregar dados úteis e, assim, esclarecer rapidamente uma dúvida ou resolver uma questão – seja uma consulta a um sistema ou a compra de um produto. Aqui, não há necessidade de profundidade, pelo contrário: o que se deseja está na superfície.

O avanço para a comunicação social no que tange a esse "T" de conteúdo não está em reafirmar que existem dois sistemas de gestão da informação diversos, mas que os usuários desejam essa coexistência. Às vezes, queremos apenas uma informação simples; em outras ocasiões, procuramos criar conhecimento.

Para ir além do assunto

PARA (A) SUA INFORMAÇÃO

De nada adianta insistirmos na necessidade de um entendimento sobre a importância do conteúdo em sites, portais e redes se não paramos para entender o que de fato é a informação. Logo ela, a alma do conteúdo.

Pode parecer óbvio que é a informação o que move o conteúdo que se deseja transmitir. Mas passamos rápido demais por aspectos responsáveis pelo sucesso (ou pelo fracasso) do trabalho que executamos. Precisamos refletir. Sempre.

Há alguns pontos que não podem passar despercebidos:

A informação não é algo etéreo

Conteúdo não deve ser visto como um fluxo "descontrolado" de informação, para o qual abrimos a "porteira" e ficamos torcendo para que se espalhe conforme o planejado. Informação bem construída pode e deve ser rastreada, mensurada, mantida e conservada. Ou seja, um conteúdo é algo extremamente palpável e não "invisível"; digital é apenas seu meio e formato. Há tempos o mercado criou ferramentas capazes de avaliá-lo.

A informação é uma massinha de modelar

O que você quis transmitir com uma informação pode – e provavelmente irá – sofrer uma "mutação" assim que virar a esquina. Acontece desde o início da web, mas virou regra com a ascensão das redes sociais: o usuário assume que o conteúdo é dele e lhe dá outro formato. Funde o conteúdo com outras informações, insere-o em textos, imagens, posts e vídeos e, assim, o que aparentava ser intocável assume formatos e faces diferentes. A verdadeira "cuidadoria de conteúdo" (uma parente mais realista da tal "curadoria") age a partir desse ponto: quando o que era 100% seu passa a ser de todos. Por esse motivo, deve-se acompanhar sua trajetória no meio online.

A informação é um bem

Conteúdo não pode ser produzido em escala industrial. A criação de uma informação é um trabalho delicado; seu conteúdo deve ser visto como um produto elaborado em pequena escala, feito para um público definido (por mais amplo que ele seja). Esse esforço em colocar em *slow motion* a produção de um conteúdo reforça a nossa necessidade de atenção, acentua a urgência em darmos valor ao que, no final das contas, é responsável pela imagem das marcas no meio digital.

Entendidos estes aspectos que, por vezes, sabemos que existem, mas não damos a devida importância, é hora de decidir com que tipo de informação vamos lidar e qual função vamos aplicar a cada uma delas. Os tipos de informação mais utilizados em marketing de conteúdo são também os mais usuais entre os consumidos pelos públicos no meio online: a **notícia** e a **informação institucional**.

A notícia tem relação profunda com a origem do meio digital. As primeiras iniciativas de informação na internet, assim que a web ousou sair dos recônditos acadêmicos, foram notícias. Eram conteúdos que pretendiam dividir com os internautas o material noticioso produzido pelos grandes veículos, seja de modo oficial ou amador. Mas para trabalhar com material noticioso é importante ter noção clara do tipo de informação com que estamos lidando e observar suas peculiaridades.

A notícia movimenta a web

Não à toa o jornalismo impresso passa por uma crise terrível. A função noticiosa foi "tragada" pelo meio digital de uma forma imprevisível. Apostava-se em um equilíbrio "pacífico" até alguns anos atrás – e os mais diversos ambientes, dos blogs às redes sociais, apropriaram-se da missão da imprensa, várias vezes com sucesso. A "credibilidade sacrossanta" dos meios impressos começa a esvair-se à medida que o meio digital amadurece. O que antes era visto como regra, ou seja, desconfiar da notícia que surge dos recônditos obscuros da internet, começa a ser encarado com menos desconfiança.

A notícia é objetiva ao extremo

Pode parecer estranho apontar a objetividade de uma notícia – sua razão de ser – como um problema ou defeito. Mas no trabalho de marketing de conteúdo o material noticioso é visto como hermético e praticamente incapaz de ser usado como um recurso para trabalho de marca. A notícia se basta. É recurso de divulgação. Uma ferramenta "ponto a ponto" que se esgota. Como informação, a notícia existe com o propósito de atender estritamente as necessidades do leitor – qualquer intenção que ela tenha de ser trabalhada como um recurso de apoio à imagem e/ou marca morre na praia. A notícia é como um carro que vem de fábrica sem nenhum opcional: ele anda, mas não surpreende em absolutamente mais nada.

A notícia perde o valor rapidamente

O material noticioso é o tipo de informação que não pode ser retrabalhada. A notícia retrata o momento: é veiculada, depois mixada a outras informações, mas sua "alma" não é eterna. O fato jornalístico condena o conteúdo à morte. A validade da notícia esfacela a informação.

Por isso, como bem, o horizonte de valor do conteúdo noticioso para uma marca não vai muito além do imediato. Ele cumpre sua função imediata de emissão da informação, mas perde o peso em um piscar de olhos. O universo do conteúdo não vive sem a notícia, mas já foi provado que não podemos contar em sobreviver apenas com a notícia.

Da mesma forma, o conteúdo institucional tem vantagens e alguns riscos:

- O conteúdo institucional é emocional – se tratado dessa forma

  As redes se esbaldam com o conteúdo ligado a marcas. Fazem com ele a festa que anos a fio não conseguimos com sites e portais. Nos recônditos da "informação estruturada", aquela em que a informação é "consultada" via menus ou ferramentas de busca, a informação com o maior potencial de persuasão se viu sitiada e logo extrapolou para achar sua morada definitiva nos posts das redes.

Não há emoção que sobreviva a ambientes de consulta, e o conteúdo institucional conquistou o mundo – e os usuários – quando abraçou de vez a subjetividade de Facebook, Twitter e Instagram. "Ficar bem na fita" é, antes de tudo, emocionar – e é disso que toda marca precisa.

- O conteúdo institucional é vigiado

  Hoje você cobra de uma marca nas redes, não nos sites. A sua interatividade com produtos acontece em um meio em que a conversa é a pedra de toque, não a "consulta". Assim, somos eternamente vigiados nas mídias sociais. Somos "embaixadores das marcas", mas não percebemos que, na verdade, exercemos a função de "mantenedores" da integridade do bem mais precioso que há nestes ambientes: a informação que nós mesmos publicamos. O valor que uma notícia esgota em um piscar de olhos fica como tesouro e maldição em nossos posts em redes, como um lembrete de permanência e promessa. É muito risco e muita oportunidade, ao mesmo tempo.

Informação tem rosto e temperamento. Já deu para perceber, não é? Pronto para encarar? ;-)

21 O CONTEÚDO NA INTERFACE MÓVEL

Como umas das principais consequências – e qualidades – do recurso da mobilidade, o conteúdo consumido via smartphones aponta para um caminho oposto ao das interfaces maiores. A explicação é simples: o conteúdo para dispositivos móveis busca atender ao que parece ser um caminho sem volta, a nossa ferocidade de consumo da informação.

Não é de hoje que procuramos informações extremamente objetivas. À medida que as gerações crescem e vivenciam a evolução e o amadurecimento do meio digital, as exigências naturalmente aumentam.

Afinal, se um conteúdo encontrado em um site qualquer é objetivo e de qualidade, por que todos não podem ser assim em todas as plataformas? Embora esta exigência tenha se acentuado desde a última década com o desenvolvimento da tecnologia móvel e, consequentemente, da adaptação das informações ao meio, a demanda por conteúdos mais objetivos independe de interfaces.

Ao estudar o comportamento da informação no meio móvel, não estamos apenas retratando uma realidade específica. Este é o norte a ser seguido por quem produz conteúdo digital, independentemente da plataforma.

Como vimos, a elaboração de conteúdo para interfaces maiores como desktops e notebooks tem características próprias, com a possibilidade de distribuição de informações por camadas mais profundas – a haste vertical do "T" de conteúdo. Do mesmo modo, a produção de conteúdo para interfaces móveis tem espelhado a ferocidade com que buscamos, dia após dia, dados cada vez mais diretos – como na haste horizontal do "T" de conteúdo.

Vale frisar que, ao analisar como os diversos formatos de informação têm se mostrado nessas interfaces, estamos estudando os primeiros momentos do UX Writing. Além disso, podemos vislumbrar caminhos que o conteúdo digital – como um todo – poderá trilhar.

Comecemos, então, analisando os elementos textuais: títulos; textos; fotografia e ilustração; e áudio e vídeo.

Títulos

Os títulos são indexadores habituais de qualquer texto na web, tanto para os mecanismos de busca como para nossos modelos mentais. Nas interfaces menores, eles têm uma missão ainda maior: estimular a continuidade da leitura.

Como a absorção da informação em telas pequenas é mais custosa, cada pedaço de informação – o *chunk*, apresentado por Crawford Kilian há mais de duas décadas – precisa de um reforço. Afinal, o leitor precisa ser avisado de que o conteúdo que ele está à procura encontra-se na página onde ele está, evitando que o visitante seja vítima da dispersão típica do meio e vá embora.

Ou seja, a inserção de entretítulos entre parágrafos é fundamental para que a construção da informação não se perca. Eles também permitem que os dados apresentados na tela façam sentido e tenham utilidade, já que precisam ser associados para compor um conjunto coeso – o conteúdo.

Textos

Desde o início do estudo do comportamento de textos em telas o conceito de *chunk*, de Crawford Kilian tem se mostrado de grande relevância. Em uma interface em que a informação se aproxima sempre do menor pedaço que a compõe, ou seja, do dado, esse preceito mostra-se ainda mais importante.

Sabe-se que no meio móvel, o que o usuário mais procura é a informação extremamente objetiva, com dados que sejam essenciais sob o ponto de vista da utilidade – muitas vezes imediata e urgente. Nesse sentido, cada pedaço de informação deve ser apresentado de forma quase independente, indo ainda além da tradicional definição de parágrafo.

Nessa interface, o uso de itens é um dos caminhos que podem solucionar a dispersão. A cada conjunto de dados relevantes, um item não apenas ressalta visualmente sua importância, como facilita o seu consumo justamente devido ao formato apresentado.

Para a praticidade que se procura ao acessar conteúdo via meio móvel, o uso de lista de itens, e não de parágrafos – que muitas vezes não vão direto aos dados que o usuário busca – é a solução. Não só para garantir a permanência do usuário na tela, como para ajudar a construir a credibilidade de que as informações que o visitante procura serão sempre o item mais relevante.

Fotografia e ilustração

A proposta do UX Writing não é estudar o consumo da fotografia ou da ilustração em interfaces móveis. No entanto, o Webwriting já sinaliza há anos que é improvável que um elemento textual seja percebido como parte essencial do conteúdo em uma tela se não houver a preocupação com o equilíbrio no design de interface. Sem a distribuição de dados entre imagens e textos, a informação digital também não funcionará como um todo. Afinal, estamos em uma interface primordialmente visual, em que os elementos textuais são percebidos somente após os usuários notarem os elementos gráficos.

No meio móvel, contudo, o smartphone, com sua pequenez de tela, não estimula o consumo – e, portanto, a inserção – de dados complexos em imagens. É um cenário bem diferente daqueles das telas maiores, em que o Webwriting nos aponta, já há algum tempo, que a ferocidade do usuário no consumo de informação exige que cada imagem apresentada inclua dados. No smartphone, porém, imagem é pano de fundo, ainda que seja um item fundamental no quebra-cabeça para a composição da informação.

Quando o usuário está em movimento enquanto consome informação através de uma interface pequena, assume-se que ele deseja dados diretos e objetivos no meio móvel. Nesse sentido, a possibilidade de um dado – de fato relevante – inserido em uma imagem, tal como uma fotografia, ser percebido torna-se remota.

Áudio e vídeo

É de amplo conhecimento que informações como texto e imagem exigem somente um de nossos sentidos – a visão – para serem percebidos e consumidos. Ainda assim, elas demandam um tratamento mais rigoroso para interfaces móveis. No caso do áudio e do vídeo, que exigem o uso de um sentido adicional – a audição –, essa demanda por uma adaptação ao meio é ainda maior.

No reino da informação a utilização de mais de um sentido pelo usuário para consumir um conteúdo é considerado como um estímulo a mais para que ele seja atraído – e envolvido – pelo que viu. Entretanto, no meio móvel a realidade é bem diferente.

Um vídeo em um smartphone é por vezes assistido em situações – na rua, no transporte público – em que o usuário, ao contrário do que a lógica afirmaria, não usa fones de ouvido. Dependendo do vídeo, se ele se sente mais confortável apenas vendo o conteúdo, ele não utiliza o sentido da audição e apenas lê as legendas.

Afinal, como já vimos, o usuário, cercado por estímulos audiovisuais enquanto utiliza o meio móvel em espaços públicos, precisa estar sempre alerta ao ambiente que o cerca. Esse instinto é reafirmado por nosso modelo mental coletivo. Por isso, não é sempre que ele deseja estar à mercê de uma informação.

Nessa equação, os conceitos de uso e utilidade mais uma vez vêm à tona. Por isso, o uso de nossos sentidos é diferente no meio móvel, como também o tempo que um usuário deseja dedicar a um conteúdo em vídeo.

Embora esperássemos que, nessa interface, um usuário não desejasse assistir a vídeos longos, esse é um comportamento que também surge no meio móvel. É comum que usuários, no transporte público, seja em pé ou sentados, assistam a conteúdos longos, como filmes de longa-metragem nas versões móveis de plataformas como o YouTube, por exemplo.

Como no caso de um texto, em que os conteúdos curtos são cada vez mais demandados via plataforma móvel, também em conteúdos audiovisuais o determinante será a demanda posta pelo usuário. Nada impede que o momento do usuário – seu objetivo de uso – ou a utilidade de uma informação o faça despender mais tempo assistindo a um vídeo. Isso pode ocorrer independentemente de sua duração, seja uma série, um filme institucional de uma marca ou uma peça publicitária – o balizador é o desejo do usuário.

No caso do conteúdo em áudio, a realidade não é a mesma no que tange aos sentidos, já que, mais uma vez, apenas um sentido é usado: a audição. Como acontece com a leitura de textos em ambientes públicos, em que é possível ficar alerta ao que nos cerca, pois apenas a visão é o sentido utilizado, ao ouvir arquivos em áudio preservamos a percepção do ambiente que nos cerca ao mesmo tempo que consumimos informação.

Vale dizer que, nessa análise, estamos indo muito além do consumo da música em interfaces móveis e focando em podcasts e audiolivros. Esses conteúdos exigem mais atenção, pois o objetivo, nesses casos, é transmitir informações e não privilegiar percepções emocionais, uma das características mais relevantes do conteúdo musical.

Basta comparar as características do texto no meio móvel com as dos outros formatos da informação para perceber as respectivas peculiaridades. No texto do meio móvel, os elementos textuais são aqueles que têm menos diferenças em relação ao seu comportamento em interfaces maiores como as de desktops e notebooks.

Por um lado, isso demonstra a força dos elementos visuais em ambientes essencialmente gráficos. Por outro, ressalta a permanência do texto, ainda que por meio do uso de sua essência – a palavra.

Ao preferir na interface móvel uma simples lista com itens objetivos ao invés de um texto, o usuário deixa claro que privilegia o dado, menor pedaço da informação. Sendo assim, é importante lembrar, mais uma vez, da importância da palavra como dado e sua relação com a função da indexação do conteúdo.

Como classificador das informações espalhadas na web, a palavra é o cerne da indexação de um conteúdo. Sinaliza, portanto, para sites como o Google, que irão listá-lo nas páginas dos resultados de busca.

Ressaltar a palavra é também um dos parâmetros utilizados pelos buscadores desde os primeiros testes aplicados pelo Webwriting. À época, grifar palavras-chave foi comprovado como um recurso para facilitar a indexação do conteúdo textual para o olhar e, portanto, para o modelo mental. Fica claro, portanto, que o futuro do texto, seja em qual interface ele estiver inserido, aponta para a valorização crescente da palavra como dado e recurso de indexação.

No formato de UX Writing

Na interface móvel

Como umas das principais consequências – e qualidades – do recurso da mobilidade, o conteúdo consumido via smartphones aponta para um caminho oposto ao das interfaces maiores. O conteúdo para dispositivos móveis busca atender ao que parece ser um caminho sem volta: nossa ferocidade de consumo da informação.

Não é de hoje que procuramos informações extremamente objetivas, contudo. À medida que as gerações crescem e vivenciam a evolução e o amadurecimento do meio digital, as exigências naturalmente aumentam. A produção de conteúdo para interfaces móveis tem espelhado a avidez com que buscamos, dia após dia, dados cada vez mais diretos – como na haste horizontal do "T" de conteúdo:

Títulos

Os títulos têm uma missão ainda maior nas interfaces menores: estimular a continuidade da leitura. A absorção da informação em telas pequenas é mais custosa, logo cada pedaço de informação precisa de um reforço para que o leitor seja avisado de que o conteúdo que ele está à procura encontra-se na página onde ele está. Assim, evita que o usuário seja vítima da dispersão típica do meio e seja levado a sair de onde está.

Textos

Para a praticidade que se procura ao acessar conteúdo via meio móvel, indica-se o uso de lista de itens, e não de parágrafos – que muitas vezes não vão direto aos dados que o usuário busca. A lista é a solução não apenas para garantir sua permanência na tela, mas para ajudar a construir a credibilidade de que as informações que o visitante procura sempre serão o mais relevante na elaboração da interface.

Fotografia e ilustração

No meio móvel, contudo, em sua pequenez de tela, o smartphone não estimula o consumo – e, portanto, a inserção – de dados complexos em imagens. É um cenário bem diferente daqueles das telas maiores. Nestas, o Webwriting nos aponta já há algum tempo que a ferocidade do usuário no consumo de informação exige que cada imagem apresentada inclua dados.

Áudio e vídeo

Um vídeo em um smartphone é por vezes assistido em situações – na rua, no transporte público – em que o usuário, ao contrário do que a lógica afirmaria, não usa fones de ouvido. Dependendo do vídeo, se o usuário se sente mais confortável apenas vendo o conteúdo, ele não utiliza o sentido da audição e apenas lê as legendas.

A leitura de textos em ambientes públicos possibilita que os leitores continuem alerta ao cotidiano ao redor, pois apenas a visão é o sentido utilizado. O mesmo ocorre ao ouvir arquivos em áudio, que também preserva a percepção do ambiente ao redor ao mesmo tempo em que a informação é consumida.

22 A PALAVRA COMO ORIENTAÇÃO

A palavra é o norteador do conteúdo textual em interfaces pequenas como a de smartphones. Por essa razão, a objetividade dos dados é o motivador do consumo da informação: é a escolha do termo certo o ponto de partida do UX Writing.

Clareza e concisão, dois dos paradigmas associados à boa escrita, podem nos ajudar entender como esse caminho deve ser trilhado. No entanto, é a clareza das informações, herança do meio impresso, a ferramenta a ser utilizada como ponte para outras duas definições que se aplicam ainda mais ao meio móvel: a utilidade e a orientação.

Quanto à utilidade, este é um conceito que, a cada passo que damos no campo da experiência do usuário, torna-se ainda mais essencial. A utilidade promove a compreensão do comportamento do consumo dos públicos, em especial nas interfaces móveis.

"Precisamos" e "dependemos" são verbos associados à utilidade e a um de seus atributos – a necessidade. Esses vocábulos são fundamentais para compreender a ferocidade do consumo da informação no meio móvel.

Mas será que existem informações que poderíamos considerar essenciais à nossa sobrevivência? Seria possível criar conteúdos que atendessem a questões diretamente ligadas à sobrevivência? Essas e outras questões foram os primeiros norteadores do UX Writing.

Tentar produzir conteúdos textuais úteis o suficiente para superar a dispersão provocada pelo meio móvel é o desafio inicial de uma área que dá apenas seus passos iniciais. Ainda assim, a tarefa de estimular o consumo de informações no meio móvel promete ir além da criação de um conteúdo útil e indispensável, que tenha atributos que mantenham a atenção do usuário.

Ao utilizar um aplicativo, por exemplo, fica claro que não basta um conteúdo ser útil. O modo encontrado para facilitar seu uso também é fundamental para que o usuário alcance seu objetivo. O ponto-chave daquele que se apresenta como principal norteador do UX Writing, a orientação, é a maneira com que o usuário será levado a executar uma tarefa ou a encontrar a informação que procura.

É importante notar que, sem o conceito de orientação, os atributos de uso – forma e momento – não têm relevância. Sem orientação, o uso torna-se apenas uma intenção e não chega a se cumprir. Afinal, o elo da compreensão é quebrado, e o que seria uma proposta de comunicação com o usuário torna-se um ruído.

Não à toa, um dos princípios do Webwriting é a navegação. Esse preceito contém em si a mesma proposta da orientação: levar o usuário aonde ele deseja chegar ou apontar caminhos para que ele crie conhecimento ao recolher informações.

Contudo, em um sistema de informação como um aplicativo, em que o consumo de dados é horizontal – lembremos do "T" de conteúdo –, sem estímulo de aprofundamento, o princípio da navegação não consegue ser amplamente aplicado. Afinal, em um aplicativo, a estrutura de camadas verticais, típica do modelo de site ou portal, não existe. A navegação aqui é simplificada, horizontal, pois a proposta é a execução de uma tarefa.

O que o usuário busca não é a orientação opcional de clicar ou não em um link. Neste cenário, ele precisa que uma palavra ou expressão o encaminhe corretamente até onde precisa ir, sem desvios ou dúvida e com muita clareza.

A orientação funciona como uma boa sinalização de trânsito. Tanto do ponto de vista da comunicação e da compreensão com que se pretende trabalhar como por conta do processo de absorção da informação que se desenvolve ao longo do processo de aprendizagem.

Durante as primeiras vezes que dirigimos um carro em uma autoestrada é normal que fiquemos mais atentos a tipos de placas que não são tão comuns em áreas urbanas. Elas se sobressaem ao longo de uma viagem. À medida que a sinalização se repete ao longo do caminho e que esse trajeto também seja constantemente refeito, nosso modelo mental vai absorvendo o propósito de sua informação.

As informações trabalhadas nas imagens continuam a ter relevância, mas nosso modelo mental não precisa mais interpretá-las. O significado já foi compreendido anteriormente, e os dados que a compõem já foram registrados em nossa mente. Uma placa nesse cenário funciona apenas como um lembrete. O mesmo vale para uma navegação que pretenda ser intuitiva, fluida e rápida em produtos digitais como a de um aplicativo. É a escolha da palavra ou da expressão correta a orientação de que precisamos.

No formato de UX Writing

A palavra como orientação

O ponto de partida do UX Writing é a escolha do termo certo. A clareza das informações, herança do meio impresso, é a ponte para outros conceitos que se aplicam ainda mais ao meio móvel: a utilidade e a orientação.

Quanto à utilidade, os verbos "precisamos" e "dependemos", associados à utilidade e a um de seus atributos – a necessidade –, são fundamentais. Os vocábulos ajudam a compreender a ferocidade do consumo da informação no meio móvel. Tentar produzir conteúdos textuais úteis o suficiente para superar a dispersão provocada pelo meio móvel é o desafio de uma área que dá seus primeiros passos.

É na maneira com que o usuário será levado a encontrar a informação que procura ou a executar uma tarefa que está o ponto-chave daquele que se apresenta como o principal norteador do UX Writing: a orientação. É importante notar que, sem o conceito de orientação, os atributos de uso – forma e momento – não têm relevância.

Sem orientação, o uso torna-se apenas uma intenção e não chega a se cumprir. Afinal, o elo da compreensão é quebrado, e o que seria uma proposta de comunicação com o usuário torna-se um ruído.

23 OS PRINCÍPIOS DO UX WRITING: SEMÂNTICA

Em resumo, o UX Writing é a aplicação de elementos textuais, como palavras e expressões, a produtos digitais como apps, sites e portais. Alguns desses exemplos são diálogos criados para chatbots de texto ou voz e elementos orientadores pensados para telas de design instrucional.

O objetivo da escrita para interfaces digitais é facilitar o contato entre usuários e produtos criando uma comunicação cristalina. Por isso, o estudo da semântica dos públicos é um dos princípios centrais do UX Writing.

A semântica está presente em diversas etapas da produção de conteúdo. Seja ao escolher o termo certo para um componente como um botão em aplicativo ("comprar"), ao construir diálogos que sejam facilmente compreendidos em roteiros para chatbots ("Olá, em que posso ajudar?") ou ao trabalhar uma informação objetiva ao longo de uma aula a distância ("Resuma o capítulo que você acabou de ler em um parágrafo"). Para entender como um público se comunica, é preciso mergulhar em seu universo de escrita e de fala.

Compreender como o usuário utiliza palavras e expressões nas interações diárias com o mundo que o cerca é o ponto de partida. Assim como entender que uma linguagem se origina da comunicação espontânea entre grupos – um limite que precisa ser respeitado.

Afinal, se o foco é perceber a linguagem natural usada entre os públicos, o propósito aqui é o da coleta semântica. Ou seja, recolher termos que sejam constantemente utilizados no universo da comunicação interpessoal.

No UX Writing, o objetivo não é transpor para os produtos digitais o universo semântico criado por empresas e marcas. Pelo contrário: visa-se a composição de um dicionário que seja composto por palavras e expressões surgidas da comunicação constante com os públicos. O que, em biblioteconomia, chama-se dicionário de vocabulário controlado.

A conversa, neste cenário, dá-se de baixo para cima, e não o contrário, como por diversas vezes é determinada a forma de comunicação das empresas com os consumidores de suas marcas. Nesse processo de criação de um vocabulário de onde serão pinçados termos que ajudarão a compor itens de menu para sites, botões em aplicativos, conversações em chatbots, são levadas em conta ambas as fontes semânticas: a fala e a escrita.

Embora apresentem diversos pontos de interseção, o universo da escrita diverge nesse tópico. A escrita busca nas regras da ortografia e da gramática a padronização que garante o entendimento da mensagem sem a presença de quem a formulou. Já o universo da fala, no formato de um diálogo, busca a rapidez da comunicação com a presença de quem está produzindo a informação. As regras são as da compreensão imediata, sem a necessidade de uma formalização. Assim, a semântica é outra, e sinônimos tomam o lugar de termos mais rebuscados em nome da fluidez na compreensão da mensagem.

A voz pode ser uma armadilha para o produtor de conteúdo textual. Ao supor que um público fala do mesmo modo que escreve – ou que sua oralidade se aproxima da escrita –, um redator responsável por diálogos elaborados para chatbots de voz, por exemplo, corre o risco de criar ruídos graves de comunicação.

No formato de UX Writing

Os princípios do UX Writing: semântica

O objetivo da escrita para interfaces digitais é facilitar o contato entre usuários e produtos criando uma comunicação cristalina. Por isso, o estudo da semântica dos públicos é um dos princípios centrais do UX Writing.

A semântica está presente em diversas etapas da produção de conteúdo. Seja ao escolher o termo certo para um componente como um botão em aplicativo ("comprar"), ao construir diálogos que sejam facilmente compreendidos em roteiros para chatbots ("Olá, em que posso ajudar?") ou ao trabalhar uma informação objetiva ao longo de uma aula a distância ("Resuma o capítulo que você acabou de ler em um parágrafo"). Para entender como um público se comunica, é preciso mergulhar em seu universo de escrita e de fala.

Afinal, se o foco é perceber a linguagem natural usada entre os públicos, o propósito aqui é o da coleta semântica. Ou seja, recolher termos que sejam constantemente utilizados no universo da comunicação interpessoal.

No UX Writing, o foco não é transpor para os produtos digitais o universo semântico criado por empresas e marcas. Pelo contrário: o objetivo está exatamente na criação de um dicionário com palavras e expressões surgidas da comunicação constante com os públicos. O que, em biblioteconomia, chama-se dicionário de vocabulário controlado.

Para ir além do assunto

COMO MERGULHAR NA SEMÂNTICA DOS PÚBLICOS

Se o foco principal fosse apenas na escrita, bastaria ao UX Writing autodenominar-se Writing. Mas o UX não existe à toa como abre-alas, ele serve como lembrete de que não basta ter anos de prática como redator para trabalhar com a escrita voltada para produtos digitais.

Atualmente, existem recursos à disposição na web, como o Google Trends, para checar quais são os termos mais buscados – e, de certa forma, os mais usados – pelos públicos. Mas esta é apenas a ponta do iceberg. É preciso treino e prática de mergulho na semântica para graduar-se, pouco a pouco, no assunto.

Embora o UX Writing ainda esteja em seus primeiros dias, algumas técnicas já têm sido utilizadas como recurso de aprofundamento no universo da fala e da escrita dos públicos. Listo a seguir as quatro técnicas mais adotadas, sendo três delas voltadas para a percepção da escrita e, a última, tanto para o universo da fala quanto para o da escrita.

Em tempo

Não à toa os métodos de avaliação da escrita que você lerá a seguir lembram as provas e os testes dos tempos de colégio. Ao procurar construir um dicionário com palavras e expressões que reflitam o universo da redação dos públicos, busca-se os recursos mais comuns de recuperação de um vocabulário.

Técnica "Preencha as lacunas"

Construa um parágrafo sobre o tema que faça parte do universo semântico a ser estudado. Certifique-se que o trecho contenha também lacunas a serem preenchidas com termos sobre os quais você tenha dúvida se são os corretos ou os melhores. Depois, peça ao usuário que preencha cada um dos espaços, dando mais de uma opção, se possível.

Você pode usar essa técnica de forma aberta, ou seja, deixando, como sugerido, que o usuário insira o que acha por bem incluir. Ou, então, pode dar algumas opções que, já se sabe de antemão, são termos usados por aquele público (essa é a forma fechada).

Por experiência própria, prefiro a técnica de forma aberta. Nela, o usuário naturalmente não é influenciado e seu modelo mental irá explicitar os termos que realmente são os mais utilizados.

A grande questão nessa técnica – e isso também acontece em outras a seguir – é que ela foi feita para ser aplicada sem a presença do pesquisador. Ou seja, sabe-se apenas o quê da questão, mas não o motivo da escolha, o oposto do que enseja o UX Writing. Como o nome indica, para a escrita com base na experiência do usuário, o mais importante é descobrir o porquê da escolha de um termo ou outro. Ainda assim, "Preencha as lacunas" é uma técnica riquíssima para a construção de um dicionário de vocabulário controlado dos públicos.

Técnica "Caneta marca-texto"

Aparentemente simples e banal, ela é o que parece – e por isso mesmo é tão especial. Imprima as telas de sites ou aplicativos nos quais haja dúvida sobre o uso de palavras ou expressões. Em seguida, peça ao usuário para marcar com uma caneta verde o que ele achar que faz sentido e o ajuda na compreensão de uma tela – e na navegação a partir dali – e com caneta vermelha o que ele não gosta. E, então, pergunte os porquês das escolhas.

Vale ressaltar que, para as técnicas aqui listadas, o ideal é que os participantes tenham o estilo "sincero", e não meçam palavras para criticar o que estão lendo. De nada adiantará um entrevistado que fique receoso em ferir os sentimentos de quem está aplicando a técnica.

Técnica de Compreensão de Textos

Prepare um texto sobre um tema específico que seja caro ao universo de seu público e que seja seu objeto de estudo. Então, questione sobre a compreensão de textos inteiros, parágrafos ou trechos.

Embora funcione para um conjunto de dados mais extensos – parágrafos ou textos inteiros – a eficácia é maior quando o foco é em pequenos pedaços de informação, ou seja, palavras ou frases. Quanto mais dados um trecho tiver, mais difícil fica perceber o porquê da dificuldade de compreensão do usuário.

Técnica "Fala que eu te escuto" / "Escreva que eu te leio"

Sim, quando voltada para o universo da fala, a ferramenta indicada é o tradicional grupo focal (*focus group*). A técnica consiste em uma aplicação em grupo com um objetivo bem definido e tocado por um facilitador.

Comecei a aplicar o grupo focal intuitivamente, e logo comecei a aparar arestas – uma delas diz respeito ao número de participantes. Como logo notei que o mais importante – claro – é ouvir os participantes, desisti de fazer anotações ao longo da aplicação da técnica, e passei a gravar a conversa.

Contudo, por mais que eu aconselhe avisar mais de uma vez, ao longo do grupo focal, que é para um falar de cada vez para que a gravação surta efeito, muitas vezes controlar o ritmo da conversa tira a naturalidade. Ou seja, tente manter-se no universo de cinco participantes.

Sem falsa modéstia, esse é o método mais rico para recolher termos e expressões para o universo semântico. Mas vale uma observação importante, que também aprendi com o tempo: conduza a conversa, não a deixe simplesmente fluir.

Um recurso que utilizo para encaminhar a discussão é o que chamo de "funil". Imagine que você tem um tema bem específico que deseja investigar no universo semântico: não comece por esse caminho. Suba pelo menos dois degraus.

Primeiro, jogue na roda o assunto genérico no qual o tema específico está incluído. Depois, desça um degrau, mais próximo do ponto que você deseja abordar. E, então, feito o levantamento do universo que cerca o assunto que você realmente deseja estudar, foque no ponto desejado. Fazendo dessa forma, você vai perceber que o seu dicionário de vocabulário fica mais abrangente e rico – e, ao mesmo tempo, específico.

Outra dica: jamais aplique essa técnica com apenas um participante na esperança de que ele possa representar o universo de fala de todo um público. Nesse caso, quem subirá ao palco será o modelo mental individual daquele usuário. Por mais que ele ache que fala como todo o público que representa, você terá acesso, em muitos momentos, apenas à semântica de um indivíduo em particular, e não a do público em questão.

Mais um motivo pelo qual a dinâmica em grupo é caminho certo a se tomar: é a solução que vem do consenso, sem que o facilitador tenha que interferir e perder tempo. Se existe uma encruzilhada semântica, deixe o próprio grupo escolher qual caminho irá tomar. O consenso pode acabar não representando, algumas vezes, a real fala do público, mas se aproximará bastante dela.

Já essa técnica, em sua versão de avaliação da escrita, além de solitária, é mais difícil de ser aplicada. Afinal, o participante a ser estudado precisa gostar de escrever, já que a ideia é que ele produza um texto sobre o tema que se pretende estudar. Além de ter esse empecilho, para que a técnica seja representativa, é preciso que haja vários participantes, o que muitas vezes se mostra inviável.

Por que falo dele, aqui, então? Porque, por mais enviesado que seja o resultado de apenas uma redação, ainda assim é uma fonte preciosa de entendimento do universo de escrita daquele público.

Uma última dica: registre gírias e regionalismos, mas jamais os utilize nas tarefas que envolvam UX Writing. A sensação que temos é que a língua precisa de séculos para se transformar, mas é puro engano, e é justamente nas gírias e regionalismos que percebemos que um prazo de validade pode ser bem mais curto do que se imaginaria.

24 OS PRINCÍPIOS DO UX WRITING: MICRORREDAÇÃO

Consequência do mergulho na semântica, a redação que utiliza os menores elementos textuais, como palavras ou expressões, é o objetivo final do princípio da orientação em UX Writing. Como o foco no usuário é ainda maior do que acontece no Webwriting, para o UX Writing, quanto menor a quantidade de dados, mais cristalino e preciso será o elemento textual.

Nascido especialmente para os produtos digitais, o que se deseja no UX Writing é evitar a interpretação de um termo. O trabalho anterior em semântica existe justamente para escolher não apenas o que é um espelho do universo da fala e da escrita, mas para buscar a objetividade da palavra. Aqui mais uma vez vista como um dado para a indexação do conteúdo para o modelo mental.

A microrredação (*microcopy*) é o nome dado ao uso desses dados (palavras) ou pequenos conjuntos deles (expressões ou frases curtas) como elementos textuais orientadores em produtos digitais. Vale ressaltar que o trabalho de microrredação já existia em interfaces maiores desde o início da web, quando os primeiros sites surgiram – ainda que sem a noção, que é recente, da necessidade do mergulho na semântica dos públicos. Contudo, é no contexto de produtos criados para pequenas interfaces que a microrredação explicita com maior força sua função de recurso de orientação para o usuário.

Há diversos componentes nos produtos digitais em que a microrredação é indispensável. Por exemplo, na escolha da terminologia correta para itens de menu, em botões que determinam ações ("fechar compra", "selecionar assento") e na elaboração de frases que comporão os links de "Leia ainda", "Saiba mais" e semelhantes.

É importante lembrar mais uma vez que a microrredação pode ser aplicada a pequenas ou grandes interfaces – apesar de ser nas interfaces menores que seus benefícios são mais notados, pois o consumo de conteúdo é mais custoso. Também é importante perceber como as técnicas de *copywriting* (a redação publicitária) são úteis no trabalho de seleção de termos ou expressões. Na tarefa de orientar o usuário por meio da microrredação, o poder de persuasão de cada palavra é tão importante quanto o de informá-lo.

No formato de UX Writing

Os princípios do UX Writing: microrredação

A redação que utiliza os menores elementos textuais, como palavras ou expressões, é o objetivo final do princípio da orientação em UX Writing. Quanto menor a quantidade de dados, para o UX Writing, mais cristalino e preciso será o elemento textual.

A microrredação (*microcopy*) é o nome dado ao uso desses dados (palavras) ou pequenos conjuntos deles (expressões ou frases curtas) como elementos textuais orientadores em produtos digitais. É no contexto de produtos criados para pequenas interfaces que a microrredação explicita com maior força sua função de recurso de orientação para o usuário. Para a tarefa de orientar o usuário por meio da microrredação, o poder de persuasão de cada palavra é tão importante quanto o de informar.

25 OS PRINCÍPIOS DO UX WRITING: ARQUITETURA DA INFORMAÇÃO

Em sua essência, qualquer informação já contém uma arquitetura. Quando um contexto é criado a partir da junção de dados – ou seja, a informação, em si –, a lógica que os mantém ligados é justamente a arquitetura da informação.

O UX Writing tem quatro palavras de ordem que sustentam seu estudo e aplicação: organização, navegação, rotulagem e busca. Embora seja um amplo campo de pesquisa, os tópicos que mais interessam na arquitetura da informação são a organização e a rotulagem.

A identificação entre UX Writing e rotulagem é imediata, pois a escolha de "rótulos" (palavras e expressões) que identifiquem corretamente conjuntos de informações é a essência da escrita centrada no usuário. É o que se faz, por exemplo, quando selecionamos termos que nomearão itens de menu em aplicativos ou elementos nas telas de ensino a distância.

Para a criação de diálogos para chatbots, contudo, a ferramenta mais útil entre as apresentadas pela arquitetura da informação é a organização. Como toda a estrutura de um diálogo é a formulação de um roteiro, estamos falando, aqui, na criação de um fluxograma, com todo o encadeamento de dados e ideias que irão compor uma conversação.

A construção dessa lógica é a base de um chatbot. Um roteiro de conversações bem estruturado, em que diversos caminhos possíveis são mapeados – "sim" ou "não" como resposta a uma pergunta levam a caminhos diferentes. Desse modo, não traz apenas consistência aos diálogos, mas é a razão de ser desse tipo de inteligência artificial.

Portanto, é essencial compreender a importância de conceitos como hierarquia e contexto. Assim, o fluxo de uma conversação pode espelhar a real maneira de pensar e organizar a informação do modelo mental de cada público.

Em um chatbot, hierarquia é sua própria arquitetura da informação, a lógica que cria a relação entre as conversas. A contextualização surge com o mapeamento de caminhos criados a partir dos diálogos, ou seja, de qual será a informação oferecida com base no trajeto que o usuário escolheu.

Embora sejam conceitos distintos, organização e rotulagem têm pontos de intercessão, em especial quando o foco é a orientação – um dos principais pilares do UX Writing. A arquitetura da informação lida com dois modelos de organização, o exato e o ambíguo, e ambos são fundamentais também no processo de rotulagem.

A ideia que, na maioria das vezes, tem-se de algo exato traduz o propósito desse modelo. Trata-se de algo "matemático", que não dá margens a dúvidas: transparente, autoexplicativo e direto.

A ambiguidade, contudo, é o oposto, traduz a ideia de dúvida, de duplo sentido, de algo que não é claro e carece de explicação. Mas, ao analisarmos com mais cuidado o modelo ambíguo, logo percebemos que o foco está em estimular o raciocínio do usuário, em fazer com que ele pense – e, entre as várias ações provocadas está, sim, a de dissipar dúvidas.

No UX Writing, contudo, com o senso de orientação sendo uma de suas razões de existir, buscamos por palavras e expressões que sejam bem cristalinas. Quando exploramos a semântica de nossos públicos, tudo o que queremos evitar é o uso de termos que façam o usuário parar, nem que seja por alguns segundos, para interpretar o que se quer dizer.

Pelo contrário, queremos que a comunicação seja imediata e sem necessidade de interpretação. Ou seja, pedimos do modelo mental do usuário apenas a compreensão da informação.

Nesse sentido, seja em itens que sinalizam etapas de compra dentro de um aplicativo ou na árvore de diálogos construída para um chatbot de texto ou voz, o importante é preservar a capacidade de orientação da palavra. Busca-se, portanto, a total identificação do usuário com a semântica utilizada pela organização e pela rotulagem em uma arquitetura da informação.

No formato de UX Writing

Os princípios do UX Writing: arquitetura da informação

O que mais interessa ao UX Writing na arquitetura da informação são dois de seus conceitos: a organização e a rotulagem. A identificação entre UX Writing e rotulagem é imediata, pois a escolha de "rótulos" (palavras e expressões) que identifiquem corretamente conjuntos de informações é a essência da escrita centrada no usuário. Já para a criação de diálogos para chatbots, a organização é a ferramenta mais útil entre as apresentadas pela arquitetura da informação.

Embora sejam conceitos distintos, organização e rotulagem têm pontos de intercessão, em especial quando o foco é a orientação – um dos principais pilares do UX Writing. Quanto à organização, há dois modelos com os quais a arquitetura da informação lida: o exato e o ambíguo. Vale destacar, no entanto, que ambos são fundamentais, também, no processo de rotulagem.

A ideia que, na maioria das vezes, tem-se de algo exato traduz o propósito desse modelo. Trata-se de algo matemático, que não dá margens a dúvidas: é transparente, autoexplicativo e direto.

A ambiguidade, contudo, é o modelo oposto; traduz a ideia de dúvida, de duplo sentido, de algo que não é claro e carece de explicação. Mas, ao analisarmos com mais cuidado o modelo ambíguo, logo percebemos que o foco está em estimular o raciocínio do usuário, em fazer com que ele pense – e entre as várias ações provocadas está, sim, a de dissipar dúvidas.

No UX Writing, contudo, com o senso de orientação sendo uma de suas razões de existir, buscamos por palavras e expressões que sejam cristalinas. Queremos que a comunicação seja imediata, sem necessidade de interpretação, ou seja, pedimos do modelo mental do usuário apenas a compreensão da informação.

Dessa forma, seja em itens que sinalizam etapas de compra dentro de um aplicativo, ou na árvore de diálogos construída para um chatbot de texto ou voz, o importante é preservar a capacidade de orientação da palavra. Busca-se, portanto, a total identificação do usuário com a semântica utilizada pela organização e pela rotulagem em uma arquitetura da informação.

Para ir além do assunto

A EVOLUÇÃO DO CONTEÚDO E O ASSISTENTE DE VOZ

Produzir conteúdo é como subir uma escada interminável. Sempre há degraus à frente, e estes devem ser o nosso norte. Mas, de vez em quando, é preciso olhar para trás e rever o caminho e a evolução do que veio antes para compreender o que existe logo adiante. Estamos em um desses momentos transformadores e fundamentais. Acompanhem-me, portanto!

Todos conhecem o princípio básico da comunicação: de um lado está quem produz uma mensagem e, do outro, quem a recebe. Ao longo do século passado, muito da história se confundiu com a tarefa – sempre fascinante – de fazer com que a informação fosse entregue da maneira mais rápida, simples e clara possível. E conseguimos.

Do jornal ao rádio, do cinema à televisão, da internet dos sites e portais às redes sociais, o talento dos profissionais se aliou à tecnologia e nos trouxe até aqui, à beira da terceira década do século XXI. Mas agora a questão coloca-se de outra forma: **qual a maneira mais confortável de um público se relacionar com a informação, e como esse conteúdo deve se portar?**

O meio digital rompeu barreiras com as empresas; uma mensagem enviada por uma marca hoje é estressada, dissecada e questionada pelos públicos. Atualmente, uma corporação que se preze tem a exata noção de que quem recebe a informação também é, de certa forma, **dono dela.**

A relação, então, transformou-se radicalmente. Se eu participo ativamente da divulgação de um conteúdo, e muitas vezes de seu repensar, eu me permito, agora, exigir que a relação com cada informação demande o mínimo de mim. Eu consumo conteúdo, sim, mas quero fluidez no processo. No centro dessa evolução, estão os nossos sentidos.

Quando a comunicação era unilateral, bastava ler e consumir o que a mídia havia produzido para o impresso. Sem recursos para interagir, só nos restava absorver a informação. Nossas opiniões se esvaíam no ar com a fragilidade de uma "carta do leitor" de um jornal.

Na televisão – um rádio com imagens – **bastava ver e ouvir**. Fascinados com o poder da imagem, mais uma vez consumíamos a informação de uma grade definida e em que pouco tínhamos influência. As pesquisas de opinião eram realizadas não quando os públicos achavam necessário, mas quando os detentores da informação decidiam que era adequado.

Não foi diferente com a internet dos primeiros anos: sites e portais eram os novos jornais e revistas; os vídeos, ainda em sua primeira infância, eram produzidos e veiculados por quem tinha recursos para tal. Mais uma vez, éramos espectadores – apenas digitais, agora.

Então, surgiram os espaços para comentários nos sites. Depois, a explosão dos blogs. E vieram as mídias sociais. Passamos a usar outros sentidos – da leitura passiva, fomos à escrita ativa. Ao produzirmos nosso conteúdo em áudio ou vídeo, passamos, literalmente, a ter voz e a aparecer.

Quando os primeiros assistentes de voz surgiram, seu uso e sua estrutura eram como os de uma simples gravação, compreendida por um sistema que, por sua vez, provocava uma ação. Longe de ser um conteúdo, as mensagens via voz eram um conjunto de informações que não esperavam interatividade, apenas um comando para a execução de uma ação.

Com sistemas mais avançados como os da Amazon e do Google, espera-se interatividade e, por isso, conversa. Por onde antes circulava apenas a informação, agora há conversa e troca. Conteúdo, portanto.

Com o uso da voz, tudo é mais simples. Retornamos, finalmente, ao mais básico da comunicação: a oralidade. Fluida e, antes de tudo, pessoal, a fala facilita a comunicação e transforma a relação com o conteúdo que nos cerca.

Ao profissional da informação, contudo, resta perceber em que degrau nós estamos e utilizar as ferramentas com que se construiu a comunicação do passado para alçar novos voos.

26 OS CAMINHOS DO UX WRITING

Assim como aconteceu com cada um de seus "irmãos mais velhos": design, desenvolvimento e pesquisa, o UX Writing ainda está crescendo e criando sua identidade dentro da área de experiência do usuário (*User Experience*). É preciso que as demandas do mercado, tanto dos usuários como das marcas, fiquem mais claras para que seja possível que boas práticas sejam estabelecidas.

Ao Webwriting, por exemplo, foram necessários vários anos para que técnicas específicas de redação para sites e portais pudessem provar sua eficácia. E, então, com propriedade, passarem a ser chamadas de boas práticas.

Uma boa prática não é um título honorífico que se recebe. Ela é a comprovação de que, após uma estrada repleta de erros e acertos, pode-se listar o que se provou para a maioria como um recurso útil por meio da aplicação dos seus princípios – semântica, arquitetura da informação e microrredação, no caso do UX Writing.

Há mais de duas décadas, venho estudando e trabalhando com Webwriting, e, há três anos, me dedico a pesquisar as sementes do UX Writing. Com base nisso, acredito que a redação para produtos digitais tão específicos como apps e chatbots ainda precisará dar maior atenção a algumas variáveis que não faziam parte, por exemplo, da realidade do Webwriting.

No tocante às variáveis, uma delas diz respeito ao recurso da padronização. Sabe-se que um dos focos do UX Writing é escolher palavras e expressões que espelhem o universo da fala e da escrita dos públicos. Logo, talvez não seja possível buscar a intercessão entre a linguagem dos públicos e criar um dicionário de vocabulário controlado comum a todos eles.

Por exemplo, determinar um termo único a ser utilizado em todo aplicativo, dentro de um botão de compra. Independentemente do público em questão, isso seria uma tarefa senão impossível, bastante complexa, e que poderia gerar ruído e não clareza na comunicação. Outra barreira na determinação de um dicionário de vocabulário controlado único para todos os públicos diz respeito não à linguagem, mas à língua.

As técnicas de localização aplicadas na área de tradução são bem claras quando nos mostram que não basta a simples tradução de uma palavra ou expressão para que elas surtam o mesmo efeito. Uma língua está inserida em uma questão maior, a da cultura do país a que ela pertence – o que é um cenário complexo e multifacetado.

No entanto, o recurso da padronização tem se mostrado um dos principais caminhos do UX Writing quando o objetivo é trabalhar um público específico. Por meio de um universo de fala e escrita restrito, é possível criar um dicionário de vocabulário controlado que seja consistente e representativo do universo semântico.

O dicionário servirá como base e fonte constante na elaboração de um manual de padronização de termos, mas voltado para produtos digitais desenvolvidos por uma determinada empresa e seus públicos. Ou seja, uma proposta direcionada de uso de vocabulário.

Um dos instrumentos de padronização na área de UX é o *design system*. Esse sistema de design nada mais é do que manual que lista padrões de design e desenvolvimento levantados por meio do estudo dos produtos digitais criados por uma empresa. Atualmente, já há marcas enveredando por esse caminho e incluindo capítulos voltados para UX Writing em seus *design systems*.

27 COM A MÃO NA MASSA: GENTE QUE FAZ O UX WRITING ACONTECER

Ao longo deste livro procurei deixar claro que a tarefa de criar escrita para produtos digitais extrapola a redação. Aprender a escutar os públicos é, a meu ver, a melhor forma de conhecer os caminhos do UX Writing. Por isso, acredito firmemente que esta é uma atividade mais ligada à pesquisa – UX Research – do que à estratégia de conteúdo. É como acontece no Jornalismo: a redação é o produto final de uma atividade cuja essência é a apuração.

Durante o processo de produção desta obra, e em busca de padrões que ainda não encontrei, o material mais precioso a que tive acesso foram os profissionais que atuam neste mercado nascente. Por isso, para encerrar, convidei alguns profissionais que já são considerados expoentes em UX Writing no Brasil para darem sua visão sobre o futuro da área. É gente nova, talentosa e que aposta mais uma vez na história da comunicação social e na palavra como um poderoso instrumento de criação de laços com os públicos.

Vamos ouvi-las, então.

Alexandra Periard

Apaixonada pelas palavras desde a infância. Alexandra Periard é pós-graduada em user experience design and beyond pela Pontifícia Universidade Católica do Rio Grande do Sul (PUCRS) e graduada em letras pela Universidade Veiga de Almeida (UVA). Atualmente, trabalha como UX writer sênior no Mercado Livre e atua como professora em cursos de UX design, UX Writing, content design e afins. É cofundadora e mentora do Clube do UX Writing, a maior comunidade focada em UX Writing do Brasil, podcaster host no UX Writing cast e voluntária na VagasUX e Soul Bilíngue.

Como vê o futuro

Iremos além das boas práticas e faremos um UX Writing cada vez mais estratégico. Baseado cada vez mais em dados, desde a pesquisa até a entrega final, nosso trabalho contribuirá ainda mais para a estratégia de UX e sucesso do negócio. Teremos mais espaço para trabalhar a acessibilidade, a escrita inclusiva e a Linguagem Simples em nossos produtos e serviços digitais. Desenvolveremos mais habilidades para usar a inteligência artificial a nosso favor. Seremos mais produtivos e cada vez mais necessários para trazer uma perspectiva humana e dar personalidade para as marcas. Continuaremos unidos nas comunidades dedicadas à área e conquistaremos mais visibilidade, oportunidades e crescimento na carreira, com lideranças técnicas (e de pessoas) focadas em conteúdo.

Alzira Bastos

Formada em jornalismo e apaixonada pelas palavras, dedica-se desde 2007 à redação digital, na área financeira, com foco em gestão de equipe. Participou da criação da área em uma grande empresa, sendo responsável pela elaboração de documentações e processos e pela implantação da cultura de UX Writing. Eterna aprendiz, tem como missão ajudar na formação e evolução de talentos, a fim de construir experiências digitais que conectem os objetivos das empresas às necessidades das pessoas – sempre de forma simples e fluida.

Como vê o futuro

Simplicidade, acessibilidade, neutralidade; pesquisa, palavra como dado, metodologia, ciência, inteligência artificial...esses são só alguns dos conceitos que fazem parte da construção e do fortalecimento da área de UX Writing. Muitas vezes, surgem como grandes desafios e até receios, mas a capacidade de buscar soluções nos trouxe até aqui. Somos uma comunidade unida, que estuda, aprimora, valoriza a colaboração e, desse jeitinho, consolidamos nosso presente e cuidamos do futuro. Saber aproveitar o melhor da inteligência artificial (IA), explorar o universo das interfaces de voz, se aprofundar na escrita para games, estar no metaverso – são vários novos caminhos, sem abrir mão de tudo que já aprendemos e conquistamos. Em alguns momentos, ainda é preciso lutar por espaço e provar valor; mas, a cada dia, temos um repertório mais consistente para alcançar esses lugares. No fim, é sempre sobre pessoas, humildade e saber servir. Não importa a plataforma ou o produto digital; o que vale é ouvir, ter empatia e, com esse entendimento, guiar de forma simples. Vida longa ao UX Writing!

Atila Velo

UX writer, publicitário, webwriter (leitor do Bruno Rodrigues) e escritor. Ex-Sami e ex-Hospital Israelita Albert Einstein.

Como vê o futuro

Vimos bolhas, tendências passageiras e outras que se consolidaram. Técnicas evoluíram, inclusive a redação para a web (que já criava interações). Derivada desse Webwriting, surgiu a escrita com foco na experiência das pessoas usuárias, o UX Writing. Com o tempo, incorporamos mais conceitos e ferramentas do design, então há quem prefira o termo designer de conteúdo. Suponho que continuaremos a ter uma simplificação geral de interfaces digitais e produtos físicos, com menos espaço para criatividade. Tudo será cada vez mais intuitivo e fácil de usar, seja lendo ou escutando (no caso das interfaces de uso por voz, as *voice user interfaces* – VUIs). Já o UX Writing continuará a ser fundamentado na cuidadosa análise de pessoas, com alteridade, empatia e conexão; habilidades que a inteligência artificial não deverá apresentar tão cedo. Na pesquisa e na criação das experiências, o mais importante continuará sendo o olhar humano, mesmo que mudem as formas de prototipagem e de desenvolvimento.

Bianca Reis

Bianca Reis é publicitária de formação, pós-graduanda em UX Design, certificada em acessibilidade, UX Design e UX Writing. É autora dos livros *Seu primeiro portfólio de UX Writing em 10 dias* e *Manual de textos UX para o dia a dia.*

Como vê o futuro

Para falar de futuro precisamos falar sobre o agora. Como estamos nós UX writers hoje? Bom, acredito que a melhor palavra que define é "conquistando". Estamos conquistando espaço, conquistando voz, conquistando respeito, conquistando valor, conquistando algumas coisas que ainda não são tão inerentes a nossa área, infelizmente. Existem pessoas que não sabem o que fazemos, outras não querem saber, mas existem algumas que se empolgam e acreditam que o trabalho do UX designer só faz sentido junto ao do UX writer. Ainda falando do presente, vivemos em um contexto em que algumas pessoas veem no UX Writing apenas o ato da escrita, como se todos os esforços envolvidos em melhorar a experiência não tivessem relação com nossa área. Grande engano. Bom, talvez você que esteja lendo esse texto pense que sou negativa ou que esse texto é muito pessimista. Por favor, não é essa minha intenção. É porque para mim não existe avanço enquanto não colocarmos os problemas à mesa. Não existe futuro enquanto não nos movimentarmos no agora. Eu acredito no UX Writing, acreditei o bastante para abandonar uma carreira de anos em marketing e recomeçar como júnior na área. Eu acredito o bastante para criar e compartilhar conteúdo sobre UX Writing todas as semanas da minha vida. Eu acredito o bastante para não só trabalhar e criar conteúdo, mas também ser uma educadora na área. Eu acredito no UX Writing porque sem ele é impossível criar boas experiências em quase 100% dos casos. Por mais que algumas pessoas relutem, ele é e sempre vai ser primordial para o sucesso de qualquer produto. Hoje, lutamos pelo nosso valor, amanhã colheremos os frutos. Mas qual é o futuro do UX Writing, afinal? Para mim, vai além de entenderem o nosso papel, mas parte de nós também. Para mim, o futuro habita no impacto. No dia que provarmos o nosso impacto em negócios poderemos nos sentar à mesa e ter voz. Mas como fazer isso? Entendendo qual é a relação entre o nosso trabalho e os resultados do negócio, e aprendendo a correlacionar o que fazemos a metas importantes. Precisamos parar de nos render ao discurso de "somos de humanas" e ampliar nossa atuação para "melhoramos a experiência das pessoas, mas também alavancarmos negócios". Por meio desses esforços, no dia que o mercado entender que somos mais que escritores e que UX Writing é também sobre mais dinheiro e relevância, aí sim eu vou poder dizer: chegamos no futuro.

Caio Calado

É um manauara que cresceu em Recife e durante um breve período morou fora e em Belo Horizonte. Hoje, reside em São Paulo. Ama a diversidade do Brasil e tem uma curiosidade sobre diferentes culturas. Gosta de ter vivências diferentes e que possam agregar no seu repertório de habilidades. Nos últimos anos, já abriu uma escola, já atuou como gerente de programas para um projeto global da Microsoft voltado para fomentar relacionamentos com startups e comunidades técnicas, trabalhou como marketing de produto para o Botsociety (adquirida pelo Google) e, claro, no mercado de interfaces conversacionais, atuando nas principais empresas do segmento aqui na América Latina, a Blip (antiga Take) e o Smarters. Sempre teve uma admiração genuína pelo design conversacional e é uma área a que dedica uma atenção especial, sobretudo para os outros temas relacionados a ele, como transformação digital, inteligência artificial e tecnologias emergentes. Atualmente, trabalha com estratégia, inteligência de mercado e produtos educacionais. Nessa sua jornada, além de criar diversos conteúdos, artigos e palestrar em eventos, também incentiva e ajuda outras pessoas a ingressarem nesse mercado, e atua como coorganizador da comunidade Bots Brasil (um grupo de profissionais dedicado ao mercado de interfaces conversacionais, inteligência artificial e mensageria de negócios).

Como vê o futuro

Carl Sagan uma vez afirmou que o livro é uma das maiores invenções humanas, conectando pessoas de diferentes épocas e lugares. É uma prova da capacidade humana de criar mágica. Isso só é possível devido às palavras e à escrita. Em um mundo cada vez mais volátil, incerto, complexo e ambíguo (BANI), a escrita desempenha um papel fundamental em todos os aspectos. Ela guia a transformação e molda as experiências das pessoas, seja na busca por informações ou na realização de transações. No futuro cada vez mais conversacional e invisível, empoderado pela inteligência artificial e pelas novas tecnologias emergentes, a capacidade de escrever é fundamental para todas as pessoas, especialmente para aquelas que utilizam a escrita e o conteúdo como ferramenta para projetar experiências.

Camila Gaidarji

É paranaense, cursou letras português/inglês por dois anos e graduou-se em comunicação organizacional. Atuou como UX writer em empresas como Electrolux, PicPay e Mercado Livre. Apaixonada por palavras e curiosa que só.

Como vê o futuro

UX Writing é escrever para guiar o usuário na experiência de um serviço ou produto. É ajudar as pessoas a realizarem o que querem, de maneira fácil. E o futuro dessa disciplina é entrelaçar o objetivo da empresa a experiências possíveis de usar, por meio da tecnologia, tendo as palavras como guia, seja numa tela de aplicativo, seja com perguntas para uma tecnologia de inteligência artificial.

Camila Tavares

UX Writing lead com 9 anos de experiência em aplicativos, sites, e-commerce e varejo. Bibliotecária de formação, sempre se interessou pelos problemas que poderia resolver por meio da arquitetura da informação. Há quase 10 anos se dedica a aprender a desenvolver times de UX para alavancar produtos e entregar experiências incríveis.

Como vê o futuro

Acredito que uma forte tendência é a necessidade de tornar UX Writing cada vez mais escalável. Há algumas maneiras de atuar em escala. Ressalto aqui a "componentização" de textos, que permite que a equipe de UX Writing responda rapidamente às alterações, atualizações ou expansões do produto, uma vez que as mudanças em um componente se refletem automaticamente em todas as instâncias em que ele é usado. Para isso ser possível, é necessário um longo processo de planejamento, pesquisa, organização e manutenção do objeto de trabalho, tendo em vista que novas informações e contextos surgem todos os dias. Embora seja difícil prever exatamente o que o futuro trará, tenho alta confiança de que velocidade e consistência continuarão sendo pilares fundamentais.

Carine Zanotto

UX designer e UX writer com experiência em software *business-to-business* (B2B) de documentos eletrônicos. Entusiasta da acessibilidade digital.

Como vê o futuro

À medida que a tecnologia evolui e o volume de informações disponível para os usuários aumenta, o papel do UX writer se torna ainda mais importante, porque nosso trabalho é entender o que e como comunicar em interfaces, nos mais variados contextos e produtos. E o futuro desse campo de estudo, sem dúvidas, é promissor, porque a forma como as pessoas consomem conteúdo muda o tempo todo e nós precisamos estar atentos a isso e adaptarmos nossos produtos a essas mudanças. É preciso adaptarmos nossos produtos às pessoas, observando a mudança no seu comportamento, e não o contrário.

Danielle Cruz

É designer, graduada em comunicação visual pelo Senac em 2008. Por 13 anos, dedicou-se à estratégia de conteúdo digital em agências de publicidade, festivais de música e veículos de imprensa. Atua na liderança de times de design, com foco em melhorar a experiência de conteúdo da pessoa usuária de produtos digitais de diversos setores.

Como vê o futuro

É sempre complexo falar do futuro das profissões de tecnologia, mas fico feliz ao imaginar o que será da área de UX Writing daqui para frente. Cada vez mais, seremos parte essencial dos times de design. Nosso olhar amplo para questões de acessibilidade, inclusão e pesquisa serão essenciais na construção dos produtos do futuro. No mundo que queremos, não há mais espaço para o design excludente, e nossa especialidade é projetar experiências para todas as pessoas. Para isso, precisaremos olhar além do texto (e do contexto) das telas, desenvolver o pensamento estratégico além das palavras e nos tornar reais agentes de mudança.

Ericka Kellner

Formada em jornalismo, sou uma redatora multifacetada, com experiências que vão desde o copywriting até o UX Writing. Esse meu perfil generalista enxerga tendências promissoras para todas as frentes de redação, especialmente o UX Writing. Tecnologias como o ChatGPT podem potencializar ainda mais o trabalho de UX writers.

Como vê o futuro

Afinal, um acesso mais prático a uma base valiosa de informações pode ajudar a entender o perfil dos usuários – e, assim, auxiliá-los em suas jornadas com produtos digitais. Então, minha visão de futuro é de que profissionais da linguagem, de forma geral, terão papel mais central do que nunca para garantir a humanização e utilidade das mensagens de uma marca.

Felipe Madureira

Trabalha com escrita digital há mais de uma década. Já teve agência, site de música e certo dia se apaixonou por UX Writing. Com experiência em fintech e healthtech, o que ele curte mesmo é uma tarde de sol com a família, ouvindo rap, bossa-nova ou rock and roll.

Como vê o futuro

Em um mundo hiperconectado, imerso em novas tecnologias e guerras de narrativas, a disciplina de UX Writing poderá alcançar campos inimagináveis, explorando as complexidades conversacionais e a diversidade semântica em constante transformação. Espero que o Writing siga rompendo barreiras e impacte profundamente as comunidades, seja na quebrada, no mercado ou na academia. Isso significa um elo consistente com a linguagem simples e inclusiva, com a acessibilidade, o UX research e o design universal.

Janaína Pereira

Mulher preta que estudou comunicação e roteiro, mas emprega tudo em design de interfaces, principalmente, as invisíveis e conversacionais. Sua trajetória conta com atuação de especialista técnica e de gestora, abrangendo variados nichos do mercado. Desde TV a cabo, financeiro, aviação, e-commerce e telefonia até todos os tipos de plataforma; incluindo URAs ativas e receptivas, tanto de DTMF quanto de REC VOZ, Alexa, Google Assistente, chatbots in app e WhatsApp. Sempre usando árvores de decisão, IA discriminativa e IA generativa.

Como vê o futuro

Se o futuro está logo ali, precisamos observar o hoje. E fazer isso por perspectivas diversas não é nada fácil, porém necessário. O futuro da área e da profissão está intrinsecamente relacionado a quatro aspectos fundamentais: as variadas configurações da área de UX e/ou design nas empresas; a adaptação de conhecimentos e aprendizados prévios para a atual profissão de UX writer; a busca pela constante conexão das propostas de design com as métricas de produtos e KPIs da empresa; e o desprendimento com o fato de que a etapa da escrita propriamente dita está cada vez mais a cargo de um algoritmo em uma inteligência artificial. Isso sem esquecer que a acessibilidade é a melhor bússola para quem sabe o poder que a palavra, seja falada ou escrita, tem tanto de incluir quanto de excluir pessoas.

João Alcântara

Formado em publicidade e propaganda, atuou como redator em agências até resolver experimentar o chapéu de UX writer. Acredita que as boas práticas na profissão estão sempre evoluindo, mas a escuta, empatia e interesse genuíno no universo do outro são o ponto de partida de qualquer experiência. É apaixonado por histórias, sejam elas em forma de música, filmes, peças ou lembranças.

Como vê o futuro

Como aconteceu com "desenhar", "escrever" é outro verbo que atinge a premência de englobar mais do que ideia transposta em palavra. Se antes usávamos a metáfora do canivete suíço, em que a escrita UX era uma das lâminas, dela agora partem muitas outras que precisam de refinamento constante. Processamento de linguagem natural, comunicação não verbal, paralinguagem... ferramentas para tarefas distintas e específicas — essenciais, sobretudo. Acredito que nunca tivemos tantas oportunidades. E, nessas venturas, os princípios da escrita digital mantêm nossa cabeça fixa no norte. O futuro do UX Writing segue em paralelo ao da comunicação: expansivo e urgente.

Joice Lima

Jornalista, relações públicas e UX writer lead em content design, UX Writing e UX conversacional. É especialista em tom de voz, content Ops e escrita para interfaces digitais com foco na melhor experiência da pessoa usuária de app, site e chatbot. Escreveu para o jornal *Valor Econômico*, *Jornal Grande ABC* e revistas setoriais. Na comunicação corporativa, passou por empresas nacionais e multinacionais. Riso frouxo, otimista, adora ópera, chocolate e viajar.

Como vê o futuro

Já estamos vendo o UX Writing ter um importante papel na relação das pessoas com os produtos digitais. Acredito que, em pouco tempo, não será mais visto como um "textinho" que complementa o UI/UX, a tela, mas um recurso de experiência fundamental para o entendimento da jornada e consumo do produto digital. Quanto mais a pessoa usuária se identificar com a forma de se comunicar de um aplicativo ou site, e suas necessidades forem atendidas, mais ela será fiel àquela marca. Muitas empresas estão percebendo isso e vão começar a investir nessa área.

Júlio Lira

Designer de conteúdo há seis anos. Viu muitas mudanças no mercado e, de lá para cá, atuou na construção, evolução e estratégia do design na perspectiva do conteúdo para produtos digitais nas indústrias de saúde, educação, finanças e bens de consumo em empresas como Mutant, Via e Accenture.

Como vê o futuro

Em 2023, do lugar de onde falo, construir uma visão sobre o futuro do UX Writing é uma tarefa desafiadora. O mercado passou por momentos de excitação e ressaca, e a inteligência artificial generativa já ensaia coreografias cada vez mais elaboradas com as palavras. Somos trabalhadores da tecnologia no século XXI e nos acostumamos com mudanças frequentes. Assim, não ouso cravar o nosso futuro. O que sei é que as palavras continuarão aí e só uma pessoa pode compreender a fundo os comportamentos e as necessidades de seus semelhantes, pelo menos até o momento em que escrevo isto. Em um mundo cada vez mais digital, o UX Writing seguirá como uma das grandes trincheiras do acesso e da compreensão das coisas. Continuaremos a missão de descomplicar o que está ao redor, falar com mais pessoas e fazer a mensagem chegar ao destinatário com clareza, relevância e ética.

Keyce Sarmento

Sou Keyce Sarmento, uma jovem mulher trans intersexo que está começando uma carreira no mercado de trabalho, em reta final do curso de Publicidade e Marketing Digital, mas já batalho pelo reconhecimento na área, desde estágios no setor de marketing e freelas durante a pandemia. Já conhecia e tinha muitas referências de UX Writing por ser algo muito abordado em matérias da grade curricular do meu curso.

Como vê o futuro

Me encantei com o assunto e vi futuro próspero no UX Writing, com novas tecnologias surgindo a cada dia para agregar na experiência do usuário ao qual prezamos sempre melhorar. Me fazendo crer em um melhor atendimento com chatbot, pois com o aperfeiçoamento das IA será possível uma maior abrangência e eficácia na parametrização de respostas programadas. Tudo indica que poderemos ter um amadurecimento dos dados de UX, com ferramentas novas e estruturação melhor, com comunidades e grupos com líderes que buscam desenvolver nossos estudos na área.

Laura Reinas

UX writer especialista em escrita para entretenimento e jogos e localização para fintechs. É professora e estudiosa sobre inteligência artificial e em como a escrita pode impactar na experiência das pessoas.

Como vê o futuro

Começo com a máxima de que "o conhecimento liberta". Saber usar novas ferramentas para ajudar no nosso trabalho e aproveitar essas oportunidades para desenvolver pesquisas e criações é uma delícia! Precisa estudar sempre? Claro, faz parte do nosso trabalho, cada dia temos uma novidade. Mas a gente precisa lembrar também que o futuro já começa hoje, com uma maior integração da escrita em muitas áreas da tecnologia. Por exemplo, usar a escrita desde o começo de um desenvolvimento de produto facilita testes, prototipagens e documentação. Ela faz parte do design e fará cada vez mais. Afinal, nós não criamos só textos, criamos interações.

Letícia Remigio

UX writer/ content design com mais de 6 anos de experiência em produtos digitais, formada em publicidade pela Universidade Anhembi Morumbi e com MBA em marketing pela Escola Superior de Propaganda e Marketing (ESPM). Atuou em empresas como Bradesco Seguros e Valtech, liderando projetos de ponta a ponta para aprimorar a experiência do usuário. Sua jornada também inclui experiência como integrante da equipe de mentoria do curso UX Writing Expandido (2022) e como palestrante para a escola How Education.

Como vê o futuro

Visualizo um futuro em que o UX Writing desempenhará um papel ainda mais transformador. Com a evolução da experiência do usuário, a pessoa UX writer já provou ser imprescindível. Afinal, o UX não existe sem o Writing e, progressivamente, o mercado entenderá – e valorizará – isso. Sinto que está por vir um futuro bastante apoiado na tecnologia e é importante lembrar que nosso trabalho nunca deverá ser substituído pela IA. Devemos encará-la como uma ferramenta de suporte, e não como uma ameaça. Também não podemos pensar no futuro sem falar de inclusão, acessibilidade e empatia. A convergência desses pilares é essencial não apenas para aprimorar a qualidade dos produtos digitais, mas também para impulsionar importantes transformações sociais. A história do UX Writing só está começando e o futuro espera ainda para ser escrito por todos nós.

Lucas Zanini

É jornalista, mas nunca atuou formalmente na área. Iniciou a carreira como redator publicitário na agência Incomum, com passagem pela produção audiovisual no Instituto Federal de Educação, Ciência e Tecnologia Sul-rio-grandense (IFSul) e redação SEO no Melhor Envio. Nesta última, migrou para a área de produtos, onde criou e liderou o time de UX Writing e UX research. Os gatos Luna, Nebulosa e Mostarda atestam que é gente boa.

Como vê o futuro

Vejo que a grande oportunidade de o UX Writing ser uma área cada vez mais consolidada nas empresas é também o grande desafio: provar sua importância para o negócio. A padronização da escrita é importante, os guias de estilo são importantes, mas são passos iniciais. Agora que o UX Writing existe em mais empresas, é com pesquisa, análise de dados e entendimento de negócio que vamos conquistar mais espaço, respeito e valorização para a área – e, consequentemente, para seus profissionais. Com esses ingredientes em mãos, acredito que possamos ter um futuro bonito: quando impactamos financeiramente o negócio, até quem duvida da nossa relevância vai precisar aceitar. E, com isso, continuaremos podendo usar nossa voz para impactar positivamente a vida das pessoas que usam nossos produtos.

Ludmila Rocha

Brasiliense, jornalista formada pela Universidade Católica de Brasília (UCB), mãe da Mari. Atua como content designer desde 2017. Teve passagens por empresas como ContaAzul, PicPay e Nubank.

Como vê o futuro

Acredito que o UX Writing caminha para ser uma área cada vez mais ligada à estratégia. À pessoa UX writer caberá treinar equipes – e até brifar e treinar também robôs – a fim de que tenham autonomia para escrever para produtos digitais sem tanta dependência do especialista UX writer ou content designer. O foco desse profissional será conhecer melhor o público-alvo da empresa, realizar pesquisas e testes. Além de compartilhar conhecimento e escalar o processo de produção de conteúdo.

Maíra Duarte

É content designer e UX writer na área de insurtechs, jornalista, mentora e especialista em marketing digital. Com mais de 10 de anos na área de comunicação digital, atuou em assessorias, agências de publicidade e colaborou com empresas de alcance nacional e na América Latina, como as marcas da CNH Industrial, e ainda projetos de digitalização e UX, como do Banco [digital] do Nordeste, Banco do Estado de Sergipe (Banese - Desty). Também participou de projetos de inovação na Secretaria de Estado de Desenvolvimento Econômico, Ciência, Tecnologia e Ensino Superior (Sedectes) de Minas Gerais, e palestras.

Como vê o futuro

Acredito na capacidade intrínseca de aprendizado e colaboração que nos impulsiona, tanto como indivíduos quanto como profissionais. Quando entrei no mercado de comunicação digital, tecnologias emergentes, como redes sociais, ainda que mal compreendidas na época, foram integradas às estratégias de negócios, tornando-se aliadas essenciais para uma comunicação personalizada e eficaz. Agora, como content designer, uso ferramentas de inteligência artificial para aprimorar técnicas de UX Writing e otimizar meu trabalho, priorizando a experiência do usuário, e sem deixar de lado a empatia e a ética em uma era de automação. Quando penso nos desafios futuros da profissão, vejo a necessidade contínua de adaptação e a importância de abraçar a mentalidade de aprendizagem contínua, como o conceito de "lifelong learning".

Nataly Lima

É UX writer, maranhense e trabalha na área desde 2019. Já atuou em empresas de saúde, tecnologia, agronegócio e inovação. É a criadora da primeira calculadora de leiturabilidade adaptada para o português brasileiro.

Como vê o futuro

Eu acredito que o UX Writing caminha para se tornar uma disciplina cada vez menos operacional e mais estratégica. A inteligência artificial vai nos ajudar a interpretar dados e escrever com mais velocidade, mas precisaremos aprender a dar os comandos corretos para essas IAs. Com isso, ganharemos tempo para nos aproximar dos usuários para fazer mais pesquisas e testes. Imagino também que os assistentes de voz vão ganhar cada vez mais espaço, trazendo a conversa, a linguagem falada, para dentro dos produtos e serviços. Estamos começando a conversar com robôs e esse diálogo tende a evoluir. Por fim, espero que pautas como acessibilidade e inclusão também evoluam e que a tecnologia nos ajude a validar se os conteúdos que produzimos atendem a todas as pessoas.

Paula Völker

Jornalista por formação e apaixonada pelas palavras. Com mais de dezesseis anos de experiência em comunicação, já atuou em agência de comunicação empresarial, teve uma curta jornada em um jornal impresso, passou pela área de assessoria de imprensa e jornalismo cultural, trabalhou com marketing digital e copywriting e, durante um tempo, trabalhou até com gerenciamento de mudanças. Em 2018, descobriu o universo da escrita para experiência do usuário e não largou mais. Atua como UX writer e content designer, mas nos últimos anos tem focado seu trabalho na área de content Ops (operações de conteúdo). É professora, uma das escritoras do livro da Comunidade Mulheres de Produto e uma das fundadoras da comunidade UX Writers BH.

Como vê o futuro

O mercado de tecnologia, assim como a nossa profissão, vem passando por diversas transformações ao longo do tempo, mas acredito que nosso futuro está na interdisciplinaridade. Para mim, a pessoa que atua com conteúdo (content) deve buscar ter uma visão cada vez mais estratégica, saindo dessa parte tática - de validar, revisar e escrever - para entender do negócio, do produto, e fazer parte das tomadas de decisão. A cada ano que passa, temos um entendimento maior da importância desse papel, mas a maturidade dos times é essencial para que a gente consiga sair do que Rachel McConnell chama de armadilha de conteúdo, que é aquele trabalho de baixo impacto, com foco diluído, diversas mudanças de contextos e pouco espaço para entregas de valor. Nosso futuro está em irmos além do Writing, do UX, e aprendermos cada vez mais sobre negócio, produto, dados etc.

28 A PALAVRA COMO DESPEDIDA

Começou com uma tontura, e depois outra, e após alguns dias sem os médicos descobrirem o motivo, meu pai foi diagnosticado com câncer no pâncreas. Dali em diante foi rápido: a doença se espalhou para um dos pulmões e em pouco tempo meu pai alternava internações e períodos em casa. Até que, um dia, não houve mais como voltar, e o hospital tornou-se a sua casa.

– Sem problema algum, tenho 85 anos, já vivi demais – dizia.

Ele conseguia enfrentar o dia a dia sem dor, e o combinado com a família era que, no dia em que ela chegasse, ele seria sedado. Foi o que aconteceu nos últimos dias de março de 2019, quando as conversas com meu pai, ainda que lentas e difíceis, passaram a dar lugar ao sono e ao silêncio. Em uma das noites, enquanto uma enfermeira aplicava medicações, fomos surpreendidos por um sussurro:

– A embarcação, a embarcação...

Curioso, olhei para a enfermeira, que apenas sorriu:

– É delírio, faz parte do processo. Não é a primeira vez que ele diz isso.

Mas "embarcação"? O que ele queria dizer como uma palavra tão específica?

No dia seguinte, comentando com a minha mãe, veio a solução do mistério: uma das viagens de que meu pai mais tinha gostado, e que sempre arrumava uma forma de comentar com os amigos, era um cruzeiro que os dois haviam feito pelo Nordeste alguns meses antes – para o meu pai, um dos momentos inesquecíveis em seus mais de oitenta anos de vida.

Eu não estava convencido. E não sabia o porquê. Até que, em uma das vezes, a palavra voltou, agora como uma pergunta:

– A embarcação, quando ela vai passar?

No final da tarde do dia 24 de março de 2019, para alívio do meu pai, a embarcação finalmente passou. Gosto de imaginar que era uma noite estrelada e que batia um ventinho gostoso, e que meu pai, feliz da vida, pegou a mala e atravessou o cais. Olhou pela última vez para trás e, então, em paz, cumprimentou quem o aguardava, que retribuiu, atencioso:

– Boa noite, Seu Milton, podemos ir?

– Claro, tenho 85 anos, já vivi demais – e subiu a rampa do navio, prontinho para novas aventuras.

CONSIDERAÇÕES FINAIS

Por ser essencialmente prática, voltada para elaboração de produtos digitais, a área de experiência do usuário, na qual o UX Writing se insere, necessita de comprovações para que suas técnicas sejam consideradas boas práticas adotadas pelo mercado. Do mesmo modo, a academia precisará de tempo para acolher a teoria que surgirá dessas boas práticas.

Ao longo do processo de elaboração deste livro, seja analisando produtos digitais, seja conversando com profissionais, pude comprovar que seria um erro listar um conjunto de boas práticas, visto que o UX Writing é extensivamente aplicado em várias empresas e marcas brasileiras.

Assim, o caminho que optei por trilhar foi o de recolher, ao longo da pesquisa, as "sementes" dos recursos utilizados em UX Writing. Estes, em algum momento no futuro, provarão sua eficácia.

Durante esse processo, percebi áreas de conhecimento adjacentes ao estudo da informação no meio digital que poderão nortear os rumos do UX Writing:

- Linguística
  O mergulho na semântica de cada público promete ser a chave na comunicação em meio online, e a interface móvel funciona como um laboratório nesse processo. Visto que o smartphone é um aparelho móvel e extremamente pessoal, é como se o conteúdo invertesse sua direção: ele agora nos acessa, e não o contrário. Suas premissas começam, nesse novo processo, pelo uso da linguagem correta, indo além da semântica do público como um todo, mas procurando compreender o universo da fala e da escrita de cada um de nós.

- Biblioteconomia

  É a ciência voltada para a catalogação da informação. Cada vez mais, a biblioteconomia será uma ferramenta essencial no processo de organização de sistemas de informação complexos como portais e redes sociais. Além disso, o estudo será fundamental para o entendimento das raízes da indexação de dados, instrumento-chave dos mecanismos de busca de conteúdo. A arquitetura da informação, por sua vez, é a área nascida da biblioteconomia. Ela é o alicerce dos produtos fundamentados em diálogos, cerne de aplicações como as que utilizam inteligência artificial. Os chatbots são os precursores de uma realidade em que o conceito de interatividade irá muito além do que hoje compreendemos.

- Ciência da informação

  Na realidade da microrredação, na qual a palavra sinaliza a informação e orienta o usuário, será fundamental compreender, cada vez mais, que a ideia de dado vai além da visão matemática que se tem da área. Como se apenas números fossem relevantes para a ciência da informação. Cada vez mais, palavras e expressões são percebidas e utilizadas como dados preciosos que, mesclados a outros, resultam em informações e conhecimentos múltiplos. Estes, por sua vez, continuarão a atender a objetivos puramente comerciais, como já ocorre no modo de anunciar no Google, calcado na semântica do público e na escolha dos termos mais buscados. Contudo, palavras vistas como dados também apontam para um recurso de autoconhecimento, em que o indivíduo, partindo da noção dos dados que o definem – relacionados à saúde, aos seus gostos ou às suas metas, por exemplo –, poderá programar sua vida com mais clareza e detalhamento.

- Pesquisa

  Em pouco tempo será possível que o UX Writing seja visto como uma disciplina – ainda que fundamental – dentro do universo da UX research. Será mais uma prova de que, com os métodos de investigação dos públicos se sofisticando a cada dia, a área de pesquisa firma-se como um dos pilares da comunicação digital. Sem ela, não há como linguística, arquitetura da informação ou ciência da informação serem aplicadas do jeito correto, visto que o conhecimento profundo dos modelos mentais e individuais dos públicos é ponto pacífico nas ações atuais de marketing no meio digital.

- Visualização de dados

  Em uma realidade como a que já vivemos, em que a granularidade dos dados toma a frente do universo da comunicação, conseguir estudá-los, estando eles imersos na complexidade dos sistemas de informação digitais, é tarefa delicada e que pode dificultar o processo. Compreender mecanismos de visualização de dados será cada vez mais relevante para quem lida com a informação no meio digital. De formatos mais simples, como infográficos, a sofisticados *dashboards* (painéis), que espelham em tempo real métricas de acesso a produtos digitais, encontrar maneiras de representação apropriadas para cada conjunto e tipo de dados fará parte do futuro do estudo do UX Writing.

Estamos apenas no início de uma longa e promissora estrada, em que a palavra, mais uma vez, mantém sua relevância.

POSFÁCIO

Só lembro que fazia muito calor. Era algum dia do verão de 1984, eu estava parado no semáforo, aguardando para atravessar a rua. Não aguentei de curiosidade e abri com vontade o envelope: eu tinha acabado de sair do meu teste vocacional, aquele que diz qual a profissão cai melhor para você. Bati os olhos no resultado e ele dizia em letras garrafais: "Suas habilidades o tornam apto a alcançar sucesso tanto em comunicação social como em informática".

O sinal de trânsito abriu, mas fiquei ali parado, estático. Comunicação ou informática? Eu queria saber qual profissão seguir, uma ou outra, e aí dá empate? Dois anos antes o microcomputador tinha sido criado nos Estados Unidos, faltavam longos cinco anos para a web surgir e ainda havia muita estrada pela frente até que passasse pela cabeça de alguém o termo redação online. "O que eles querem que eu faça? – pensei, olhando o resultado – Que eu passe a vida escrevendo manuais para microcomputadores?" Não posso dizer que tecnologia foi um tema que sempre me atraiu. A verdade é que gosto da ideia de futuro – mas futuro com tecnologia.

Quando criança, fui morar em Brasília, por lá fiquei dois anos e meio. Ué, o futuro existia e estava lá. Afinal de contas, você viver, pequeno, o dia a dia em uma cidade desenhada por Lúcio Costa e pontilhada por obras de Oscar Niemeyer, isso é o quê? Voltei para o Rio como quem volta do futuro.

Um ano antes do teste vocacional, fiz um curso de microcomputador no colégio onde eu estudava. Parei no meio. Achei chato, o que me interessava era o que o computador podia fazer, não como. Afinal, eu tinha acabado de ver o futuro de perto, mais uma vez, agora no Epcot Center, que ainda cheirava a tinta de tão novinho. Tela touch screen? Era por uma tela sensível ao toque que eu tinha reservado uma mesa em um restaurante, e sozinho.

Claro que nada daquilo era futuro, era presente – e nos dois sentidos. Ali percebi, maravilhado, que tecnologia podia ter interação, não era apenas um conjunto de códigos verdes na tela. Eu estava me achando, é fato. A verdade é que na raiz de uma Brasília e de um Epcot está a utopia de um futuro perfeito, ou pelo menos a ideia de que a tecnologia pode nos fazer felizes.

Naquela época, a inteligência artificial, um dos pilares de um futuro em que acredito, ainda ecoava de um filme bem tedioso da década de 1960, *2001: uma odisseia no espaço*. A obra, baseada em um conto, posteriormente, viraria um livro, que, por sua vez, se transformaria numa quadrilogia (e, curiosamente, viria a ser minha série preferida na literatura). Minha ideia de futuro não era aquela coisa misteriosa, silenciosa e distante do filme, que muita gente endeusava e eu, quando adolescente, rejeitava: a tecnologia era algo bem legal, não estava distante, entre as luas de Júpiter. Ela estava em Brasília, estava no Epcot, estava no que o microcomputador podia fazer pela gente.

Antes mesmo de me formar em comunicação social, eu já atuava como redator publicitário. Sempre gostei de lidar com a persuasão na escrita, mas o que me frustrava era a falta de retorno, de uma opinião sobre meu trabalho. Desde pequeno, sempre via texto como uma massinha de modelar. Se você elogia o que escrevi, eu quero saber o porquê; se você não gostou, quero saber o que tenho que fazer para melhorar. Cada um de nós tem aquele cantinho do ego que é o mais sensível, e a habilidade para a escrita nunca foi meu ponto mais delicado. Pode pegar um texto que escrevi, jogar para o alto e deixar ele cair no chão, como peças de quebra-cabeça, que lá vou eu feliz remontá-lo. Mesmo.

Em redação publicitária, nunca tinha retorno. Perguntava para meus chefes por que um texto meu estava ruim ou porque eles tinham gostado, e a justificativa – quando eu insistia – sempre ficava no terreno do "está bom porque está, e está ruim porque está". Frustrado, fui navegar em outras águas da comunicação.

Em dezembro de 1995, entrei pela primeira vez na internet. O primeiro site que visitei era um dedicado ao cantor Sting. Com o tempo, participando de listas de discussão, li sobre Webwriting (que não tinha esse nome ainda). Pela primeira vez na história da comunicação social, e por conta do meio digital, o texto estava embebido em métricas, na capacidade científica de medir o envolvimento do leitor com a palavra escrita, bem longe de achismos. Foi paixão à primeira vista. O resto? É a história da minha vida.

Sobre o que fiz depois, liderar equipes de escrita digital durante duas décadas, escrever colunas na internet, publicar livros no Brasil e no exterior, ser citado no *Dicionário de Comunicação*, ser autor do padrão brasileiro de redação digital, transformar minha dissertação de mestrado no primeiro livro brasileiro sobre UX Writing, tudo isso vejo como consequência não apenas de esforço, mas de crença. Nunca deixei de acreditar no futuro. Nunca achei que o futuro poderia ser algo ruim (e olhe que, às vezes, ele tenta). Nunca achei que a pandemia ia durar para sempre, do mesmo modo que continuo entrando, fascinado, em um avião, pensando "meu Deus, como essa coisa pesada consegue flutuar?"

Sigo achando que o grande mal da humanidade é a falta de fé, nas pequenas e nas grandes coisas. Se não existisse fé, não haveria vacina para a covid-19. Se não existisse acreditar em si mesmo, não existiria o avião (grande Santos Dumont). Foi acreditar no possível que pôs Brasília de pé, tirou o Epcot do papel, que criou o computador e a web. Foi a fé que levou o homem à Lua – e, espero, um dia nos leve a Júpiter. Em 30 anos lidando com comunicação digital – o grande motivo deste livro existir – e em meus quase 60 anos de vida, nunca perdi a fé. Que ela continue a me guiar.

REFERÊNCIAS

AGNER, Luiz. *Ergodesign e arquitetura da informação:* trabalhando com o usuário. 4. ed. Rio de Janeiro: Senac Rio, 2018.

AGUILAR, Audilio Gonzalez; PINTO, Adilson Luiz; SEMELER, Alexandre Ribas; SOARES, Ana Paula Alves. *Visualização de dados, informação e conhecimento.* Florianópolis: EDUFSC, 2017.

BARROS, Aidil Jesus Paes de; LEHFELD, Neide Aparecida de Souza. *Fundamentos de metodologia:* um guia para a iniciação científica. 2. ed. São Paulo: Makron Books do Brasil, 1986.

BRASIL. Ministério do Planejamento, Orçamento e Gestão, Secretaria de Logística e Tecnologia da Informação. *Padrões web em governo eletrônico:* cartilha de redação web. Brasília: MP, 2010. Disponível em: https://www.governodigital.gov.br/transformacao/compras/orientacoes/identidade-digital-do-governo/epwg-padroes-web-em-governo-eletronico/cartilha-de-redacao-web. Acesso em: 20 jun. 2019.

CHOMSKY, Noam. *Novos horizontes no estudo da linguagem e da mente.* São Paulo: Unesp, 2005.

CRESWELL, John W. *Investigação qualitativa e projeto de pesquisa:* escolhendo entre cinco abordagens. 3. ed. Porto Alegre: Penso, 2014.

ERTHAL, Ana. *A comunicação multissensorial:* compreendendo modos de sentir. Rio de Janeiro: E-papers, 2019.

FERNANDES, Fabiane Rodrigues. *Design de informação:* base para a disciplina no curso de Design. Limeira: FRF Produções, 2015.

GARRETT, Jesse James. *The Elements of User Experience:* User-Centered Design for the Web and Beyond. 2. ed. Berkeley: New Riders, 2011.

GLASSER, William. *Teoria da escolha:* uma nova psicologia de liberdade pessoal. São Paulo: Mercuryo, 2001.

GRILO, André. *Experiência do usuário em interfaces digitais:* compreendendo o design nas tecnologias da informação. Natal: SEDIS-UFRN, 2019. Disponível em: https://repositorio.ufrn.br/jspui/handle/123456789/27011. Acesso em: 14 mar. 2024.

HENRIQUES, Cecilia; IGNÁCIO, Elizete; PILAR, Denise. *UX Research com sotaque brasileiro:* ou sobre como fazer pesquisas com usuários no Brasil sem apegos acadêmicos ou erros do mercado. Rio de Janeiro: Casa do Código; Alura, 2019.

JEVONS, William Stanley. *A teoria da economia política.* São Paulo: Nova Cultural, 1987.

JOHNSON, Steve. *Cultura da interface:* como o computador transforma nossa maneira de criar e comunicar. Rio de Janeiro: Jorge Zahar, 2001.

KALBACH, Jim. *Mapeamento de experiências:* um guia para criar valor por meio de jornadas, blueprints e diagramas. Rio de Janeiro: Alta Books, 2017.

KILIAN, Crawford. *Writing for the web.* Vancouver: Self-counsel Press, 2001.

KRUG, Steve. *Não me faça pensar:* uma abordagem de bom senso à usabilidade web e mobile. Rio de Janeiro: Alta Books, 2014.

MACCEDO, Paulo. *Copywriting:* o método centenário de escrita mais cobiçado do mercado americano. São Paulo: DVS, 2019.

MAEDA, John. *As leis da simplicidade:* vida, negócios, tecnologia, design. São Paulo: Novo Conceito, 2006.

MORVILLE, Peter; ROSENFELD, Louis. *Information architecture for the world wide web:* designing large-scale web sites. 3. ed. Sebastopol: O'Really, 2006.

NIELSEN, Jakob; BUDIU, Raluca. *Usabilidade móvel.* Rio de Janeiro: Elsevier, 2014.

NONAKA, Ikujiro; TAKEUCHI, Hirotaka. *Gestão do conhecimento.* Porto Alegre: Bookman, 2008.

NORMAN, Donald A. *Design emocional:* por que adoramos (ou detestamos) os objetos do dia-a-dia. Rio de Janeiro: Rocco, 2008.

NUNNALLY, Brad; FARKAS, David. *UX Research:* practical techniques for designing better products. New York: O'Reilly, 2016.

PODMAJERSKY, Torrey. *Strategic Writing for UX:* drive engagement, conversion, and retention with every word. Sebastopol: O'Reilly, 2019.

RODRIGUES, Bruno. *Webwriting:* redação para a mídia digital. São Paulo: Atlas, 2014.

SAFFER, Dan. *Microinteractions:* designing with details. New York: O'Reilly, 2013.

SAPOLSKY, Robert. *Comportamento:* a biologia humana no nosso melhor e pior. Lisboa: Temas e Debates, 2018.

WITTGENSTEIN, Ludwig. *Investigações filosóficas.* São Paulo: Nova Cultural, 1991.

WOLF, Maryanne. *O cérebro no mundo digital:* os desafios da leitura na nossa era. São Paulo: Contexto, 2019.

YIFRAH, Kinneret. *Microcopy:* the complete guide. Haifa: Nemala, 2017.

YIN, Robert K. *Pesquisa qualitativa do início ao fim.* Porto Alegre: Penso, 2016.

A Editora Senac Rio publica livros nas áreas de Ambiente,
Saúde e Segurança; Gestão, Negócios e Infraestrutura;
Desenvolvimento Social e Educacional; Hospitalidade,
Turismo, Lazer e Produção Alimentícia; Produção Cultural
e Design; Informação e Comunicação.

Visite o site **www.rj.senac.br/editora**,
escolha os títulos de sua preferência e boa leitura.

Fique atento aos nossos próximos lançamentos!

À venda nas melhores livrarias do país.

Editora Senac Rio
Tel.: (21) 2018-9020 Ramal: 8516 (Comercial)
comercial.editora@rj.senac.br
Fale conosco: faleconosco@rj.senac.br

Este livro foi composto na tipografia Iowan Old Style e impresso pela
Imos Gráfica e Editora Ltda., em papel *offset* 90 g/m², para a Editora
Senac Rio, em junho de 2024.